智能与数字传播丛书
编审委员会
（按姓氏笔画排序）

王成军（南京大学）　　　王国燕（苏州大学）

韦　路（浙江大学）　　　匡文波（中国人民大学）

杨　正（苏州大学）　　　吴小坤（华南理工大学）

沈　阳（清华大学）　　　张梦晗（苏州大学）

张新明（华中科技大学）　陈积银（西安交通大学）

周荣庭（中国科学技术大学）周葆华（上海交通大学）

周舒燕（苏州大学）　　　高博文（苏州大学）

曹三省（中国传媒大学）　巢乃鹏（深圳大学）

喻国明（北京师范大学）　程　曦（苏州大学）

智能与数字传播丛书

DATA JOURNALISM TUTORIAL
数据新闻教程

王国燕　韩景怡 ◎ 著

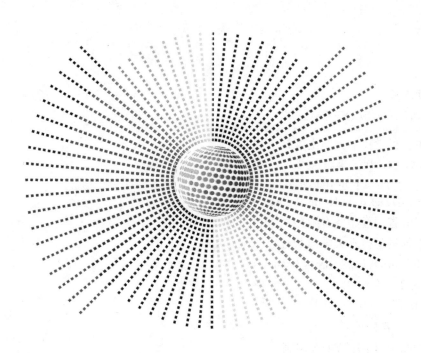

中国科学技术大学出版社

内 容 简 介

本书为智能与数字传播丛书之一,包括数据新闻导论、数据新闻的类型与制作、数据新闻的选题与策划、数据新闻的呈现、获取数据、数据清洗与分析、数据可视化实操、国内外可视化数据新闻经典案例解读8章内容。通过理论与实战操作任务并重的内容设计,针对零基础的与传媒相关的文科专业学生,系统培养其数据新闻理论、数据获取与数据分析、可视化报道制作的基本技能,从而能够初步胜任数据新闻可视化应用相关工作。

图书在版编目(CIP)数据

数据新闻教程/王国燕,韩景怡著. ——合肥:中国科学技术大学出版社,2022.10
(智能与数字传播丛书)
ISBN 978-7-312-05512-6

Ⅰ.数… Ⅱ.①王… ②韩… Ⅲ.数据处理—应用—新闻学—教材 Ⅳ.G210.7

中国版本图书馆CIP数据核字(2022)第169230号

数据新闻教程
SHUJU XINWEN JIAOCHENG

出版	中国科学技术大学出版社 安徽省合肥市金寨路96号,230026 http://press.ustc.edu.cn https://zgkxjsdxcbs.tmall.com
印刷	安徽省瑞隆印务有限公司
发行	中国科学技术大学出版社
开本	787 mm×1092 mm 1/16
印张	16.25
字数	416千
版次	2022年10月第1版
印次	2022年10月第1次印刷
定价	56.00元

前　言

信息技术的发展日新月异,传媒生态也处于不断变革之中。随着智能设备的升级、"开放数据"运动的兴起以及可视化技术的不断成熟,"大数据"逐渐渗透到人们的日常工作与生活之中。2013年被称为大数据元年,随着大数据时代的到来,数据分析、数据可视化等概念不断向各个领域渗透,其中就包括新闻传播领域,数据新闻便应运而生。在读图时代的背景下,数据新闻作为一种全新的报道形式受到媒体青睐,并成为传媒发展过程中不可阻挡的趋势,其携带的信息价值正以全新的图景影响大众生活。数据新闻成为推动传媒产业革新的重要力量之一,在当下的新闻实践中,掌握数据新闻的制作方法已经成为新闻传播从业者的硬核技能。

数据新闻的重要性不言而喻,各大新闻传播院系也将数据新闻相关课程的建设提上议事日程。国内新闻传播学院在最近几年开始加速建设数据新闻相关课程体系。2014年中国传媒大学开设了我国第一个数据新闻专业方向,苏州大学传媒学院的网络与新媒体系于2020年开始将数据新闻相关课程纳入教学实践,这在国内起步并不算早,并非源于对数据新闻课程的重要价值视而不见,而是缺乏能够胜任该课程教学的师资和教学资源,这是国内新闻传播专业在数据新闻课程开设中面临的普遍问题。本教材的编写即是为了解决国内相关教学资源缺乏的问题。

从数据的搜集、清洗到分析、可视化呈现,每一步都使得数据的价值逐渐浮现。一则完整的数据新闻作品通常要经历选题策划、搜集、清洗、分析数据,以及可视化呈现等阶段,本书也是按照该实践流程来编排章节的。本书在介绍数据新闻的概念、特征和发展历程的基础上,力图用最简洁的语言教授数据新闻制作过程中最核心的知识,确保读者能够快速入门。为扩展知识储备,本书还对国内外的优秀数据新闻作品进行了简介,同时附原文二维码,读者可通过扫描二维码实现即时阅读,起到开阔眼界的作用。

以下为本书各章的主要内容介绍:

前三章介绍了数据新闻制作前需要了解的基础知识。第一章对数据新闻进行简介,首先介绍了数据新闻的概念、特征与缘起,在此基础上梳理了数据新闻的发展历程与未来趋势,最后介绍了数据新闻的人才需求与技术门槛,可以让读者初识数据新闻,对其有一个直观认识。第二章介绍了数据新闻的类型与制作,根据数据规格、数据来源、选题性质以及操作方式将数据新闻划分为五种类型，并进一步以具体实例介绍了制作团队的构成。第三章介绍了数据新闻的选题与策划，首先从选题分类谈起，而后阐明故事与数据是相辅相成、共生共存的关系，最后通过介绍媒体选题策划的实战过程来分析数据新闻如何落地生根，并通过翔实的案例阐释了选题策划这一重要环节。

第四章到第八章介绍了数据新闻的相关实操内容。第四章介绍了数据新闻的呈现，具体包括信息图及数据新闻应用，可视化的类型和误区，还介绍了设计与配色的基本原理，以使读者对数据可视化有一个基本认识。第五章介绍了获取数据的几种途径，还阐明了获取数据的注意事项，以确保所获数据的真实、权威与准确。第六章介绍了数据清洗的相关知识，在理解数据的基础上，介绍了清洗脏数据的常用软件和方式。在数据分析方面，从常用函数切入，可以实现哪怕从最基础的 Excel 入手，你也可以挖掘出数据的价值。第七章教授数据可视化操作技术，着重呈现了 Tableau 的操作方法，此外还介绍了 Echarts、镝数图表等相关工具，可以让初学者快速上手来实现数据可视化。第八章主要对国内外的数据新闻经典案例进行介绍，可以从选题角度和呈现方式层面帮助初学者开拓视野。

本书的创新之处主要体现在以下三个方面：一是以简洁的语言介绍了数据新闻制作的全流程。本书定位为适合文科生学习的新闻传播学本科教材，通过理论与实战操作并重的内容设计，针对零基础的与传媒相关的文科专业学生，系统培养其数据新闻理论、数据获取与数据分析、可视化报道制作的基本技能，从而能够初步开展数据新闻的可视化应用实践。二是兼顾基础知识、操作过程和经典案例，使得读者用阅读一本书的时间了解更多的数据新闻相关知识。同时兼顾理论与实操，辅以国内外经典案例，能够开阔眼界，令读者对数据新闻形成更加全面的认识。三是扫码阅读的便捷性，能够实现读者扫描二维码即时阅读原文。传播技术的进步也使得案例呈现有了新的方式，用作品链接展示案例的方式可能并不十分方便读者阅读，本书在案例旁边附以二维码，读者只需用手机"扫一扫"功能，就可以实现经典案例的即时阅读，体现出传播技术更新所带来的便捷。

在本书的整理写作过程中，要特别感谢苏州大学传媒学院研究生袁玥琪、杨玉琴、金心怡、钱静楠、蒋欣欣等同学，她们为本书的成稿、校正都付出了非常多的心血。还要感谢未名学院的可视化实操教程，以及华南理工大学吴小坤教授提供的"数据新闻"网络课程资源，在此一并表示感谢。

本书主要面向相关专业的本科生，同时还可作为数据新闻实践和研究的参考书，希望每一位阅读此书的读者都能有所收获。由于作者水平所限，书中不足之处在所难免，还请广大读者批评指正。

目 录

前言 ……………………………………………………………………………… (i)

第一章 数据新闻导论 ………………………………………………………… (1)
第一节 数据新闻的概念、特征与缘起 ……………………………………… (1)
第二节 数据新闻发展历程与未来趋势 …………………………………… (11)
第三节 数据新闻人才需求与技术门槛 …………………………………… (14)
第四节 数据新闻课程教学实践探索 ……………………………………… (18)

第二章 数据新闻的类型与制作 ……………………………………………… (24)
第一节 数据新闻的类型 …………………………………………………… (24)
第二节 数据新闻的制作流程 ……………………………………………… (33)
第三节 数据新闻的生产团队构成 ………………………………………… (38)

第三章 数据新闻的选题与策划 ……………………………………………… (43)
第一节 数据新闻选题分类 ………………………………………………… (43)
第二节 数据新闻选题策划与操作：故事还是数据？ …………………… (53)
第三节 数据新闻选题策划实战 …………………………………………… (56)

第四章 数据新闻的呈现 ……………………………………………………… (64)
第一节 信息图及数据新闻应用 …………………………………………… (64)
第二节 可视化的类型 ……………………………………………………… (81)
第三节 可视化的误区 ……………………………………………………… (87)
第四节 设计与配色原理 …………………………………………………… (94)

第五章 获取数据 ……………………………………………………………… (102)
第一节 公开数据的获取 …………………………………………………… (102)
第二节 搜索引擎命令的使用 ……………………………………………… (111)
第三节 通过爬虫抓取数据 ………………………………………………… (116)
第四节 调查采集原始数据 ………………………………………………… (121)
第五节 采集数据的注意事项 ……………………………………………… (127)

第六章 数据清洗与分析 ……………………………………………………… (130)
第一节 理解数据 …………………………………………………………… (130)
第二节 数据审查与质量分析 ……………………………………………… (135)
第三节 脏数据清洗 ………………………………………………………… (137)
第四节 数据分析的常用函数 ……………………………………………… (149)

第七章　数据可视化 ·· (163)

 第一节　数据可视化原则与工具 ·· (163)

 第二节　Tableau 可视化基础 ·· (171)

 第三节　Tableau 可视化进阶 ·· (182)

 第四节　ECharts、镝数图表等其他可视化工具 ······························· (206)

第八章　数据新闻经典案例解读 ·· (214)

 第一节　《纽约时报》案例 ·· (214)

 第二节　《卫报》案例 ·· (217)

 第三节　中国数据新闻案例 ·· (220)

 第四节　国际数据新闻获奖作品分析 ··· (225)

附录 ··· (236)

 附录一　各章案例链接汇总 ·· (236)

 附录二　公开数据平台清单 ·· (240)

 附录三　数据新闻重要赛事 ·· (250)

 附录四　数据新闻平台清单 ·· (251)

第一章 数据新闻导论

数据作为信息化时代的重要载体,已然成为各行各业的辅助推动力量,作用于信息生产和资讯传播,应用于新闻传播行业。数据的应用从根本上改变了新闻报道基调,数字化带来了报道速度与报道创新的双赢,展现了互动社交与联通搜索一体化的新趋势。与此同时,公众能够更加便捷地获得以数字方式分发的信息资讯内容,并成为数据新闻的信源提供者和内容传播者。此外,数据新闻还能够增强媒体在公共领域中的效用,实时监测并反馈舆情动向,对社会的现代性有所助益。了解数据新闻的魅力、挖掘其背后价值成为学界、业界及相关爱好者的重要研究命题,数据新闻正在成为媒体创新的新方向。

第一节 数据新闻的概念、特征与缘起

从互联网诞生到"互联网+"来临,信息的获取、处理与传播出现了翻天覆地的变化。数据新闻携带的信息价值正以全新的图景影响大众生活,并推动社会发展进程。数据新闻的诞生离不开基础设施的升级,离不开政治经济文化政策的扶持,并以其交互性、工具性、可视化、个性化等特点成为推动传媒产业革新的重要力量之一。随着数据新闻的应用愈加深入,相关人才的需求量日益增加,对数据新闻的系统性教育也应得到重视。

一、数据新闻的概念

"数据新闻"不是一个独立诞生的名词概念,其概念、内涵经历了信息时代的发展更迭,在学界和业界引发了诸多讨论与争议。综合中西方学界和业界的观点,目前关于数据新闻的概念阐释主要有以下两种:

数据新闻是从精确新闻的历史渊源中而来的,在互联网和大数据加持下成为带有数据技术可操作性的新闻报道形式,是传统精确新闻报道理念的延伸和拓展;

数据新闻是以计算机辅助报道的形式发展起来的,通过二进制计数的逻辑,借由数据结构化、公式化的处理和信息图标的设计完善,实现对新闻报道的质变和深度阐释。

为了更好地厘清数据新闻的定义边界与实质内涵,我们首先对精确新闻、计算机辅助报道和数据新闻的概念进行辨析。

(一)精确新闻

精确新闻是指记者应用社会科学的方法和手段对一些社会现象深入调查研究,通过数理统计的方法对事件信息进行处理分析后写出的深度报道形式。美国著名新闻学者、普利

策新闻奖获得者菲利普·迈耶(Philip Meyer)于20世纪70年代初出版了《精确新闻学》一书,最早提出了"精确新闻"这种报道方式,之后精确新闻学的教科书和各种参考书在美国流行一时。精确新闻的倡导者把"准确性"和"客观性"奉为新闻工作的信条,要求采写新闻的过程如同算术与统计那样"细致",以"保证"新闻的精确性①。

美国在越南战争失败和"水门事件"丑闻曝光后,"道德危机"和"精神危机"开始在社会大众间涌现,公众对新闻媒介也产生了一定的"信任危机"。业界观察到传统新闻行业的生产流程和固定化的新闻信息采编模式已经显得不合时宜,如何通过更为精准客观、立体多维的角度呈现新闻信息,获得公众的信任和忠诚成为业内的共识与追求目标。精确新闻报道先驱菲利普·迈耶就是在这样的社会背景下,将计算机辅助报道技术引入新闻生产之中。

他采用随机抽样的方式调查了美国底特律地区深陷种族骚乱情形的400多位黑人,并将调查数据交给计算机进行特定数理公式下的统计分析,结果显示参与骚乱活动的大部分黑人都是在北方生活的,最终他写出了著名的新闻报道——《十二街那边的人们》。这篇报道为《底特律自由报》(Detroit Free Press)赢得了1968年的普利策新闻奖,同时也成为精确新闻报道的开山之作②。这种将数理科学统计方法引入新闻传播过程的思维和模式,展现出了客观、公正、用数据说话的报道路径。

(二) 计算机辅助报道

从狭义来说,计算机辅助报道(Computer-Assisted Reporting)主要是指运用计算机软件来分析、处理新闻事件的原始资料数据,从而使报道更准确、更客观。如果说精确新闻是一种运用数理统计方式让新闻报道更加客观公正的形式,数据新闻是一种运用数据可视化等手段呈现的新闻报道类型,那么计算机辅助报道可被意指为实现上述两种新闻报道的辅助手段,它不是一种独立存在的新闻类型,而是需要依附具体的新闻内容和软件技术来实现自身的价值。

"历史上,计算机辅助报道起源于精确新闻报道或调查性报道的需要,计算机辅助的是精确新闻报道过程中的数据采集处理和分析。"③除此以外,计算机辅助新闻报道的兴起也与国家政策的推动密不可分。美国在1967年出台《信息自由法》,从制度上保障数据的可获得性,从而确认了媒体、记者对数据的控制,保证了媒体在进行计算机辅助报道时获得数据的权力,这为计算机辅助报道技术投入数据新闻日常的操作流程提供了政策基础和扶持。迈耶进一步提出,"记者要成为数据库管理者",因此通过计算机辅助报道的新闻从一开始的精确新闻走向了数据新闻发展的新时代。

从目前国内外新闻报道的转变和趋势来看,数据新闻报道远不止在理论上的价值。在美国哥伦比亚大学新闻学院数据新闻研究中心开设的计算机新闻和相关课程中,乔纳森·史特里(Jonathan Stray)指出,我们常用的计算机技术在四个维度对新闻报道的发展有着突破和推动:信息开源采集、数据挖掘统计、报道呈现方式、深层事件追踪。这让数据新闻的报道彰显了计算机技术的生命力,与国家政治背景、信息技术发展的推动相关,这是新时代数据新闻颠覆传统新闻报道和开启报道新局面的重要特点。

---

① 刘建明,王泰玄.宣传舆论学大辞典[M].北京:经济日报出版社,1993.
② 李煜.数据新闻:现实逻辑与"域"本质[J].现代传播(中国传媒大学学报),2015,37(11):47-52.
③ 卜卫.计算机辅助新闻报道:信息时代记者培训的重要课程[J].新闻与传播研究,1998(1):11-20.

（三）数据新闻

广义来看,学界和业界对数据新闻多理解为"数据新闻是通过数据的采集、提取、数理统计、可视化解读制作的新闻报道模式,采取大数据技术推动新闻报道的崭新形态,是信息科技手段对新闻传媒行业进行全面作用的结果"[1];狭义来看,数据新闻是通过对数据的结构化处理与信息图表的设计制作,基于数据分析和计算机技术的可视化新闻样式,在新闻叙事中使用数据呈现原本仅靠文字所难以呈现的内容或者通过数据分析所发现的问题,进而挖掘出数据背后的新闻故事,达到对新闻表达方式创新与新闻深度开掘并行的一种新闻报道方式[2]。对数据新闻的理解要注意以下几点。

首先,数据≠数字,数据新闻不是浅尝辄止于具体事件的数字信息呈现,而是强调数据个体之间的因果联系和发展趋势。当前,世界范围内诸多主流或新兴媒体都开设了数据新闻专栏,或者将数据新闻作为其在互联网时代探索性报道转型的重要部分。如美国西部最大的对开日报《洛杉矶时报》、华盛顿的《华盛顿邮报》等,中国的财新网、新华网、网易、第一财经等,这些媒体的数据栏目都是从整体角度或专业角度来揭示某一社会事件或某种经济、文化、教育现状的发展走向。隐藏在大量数据背后的社会问题被一一揭示,数据成为一种现实的隐喻等待着被解码。

其次,数据新闻的传播核心在于经过采编工作的宏观报道抵达受众层面的轻简化阅读。"数据新闻"最早的表述之一,是阿德里安·哈罗瓦提(Adrian Holovaty)于2006年提出的,他是Every Block的创始人。伯明翰城市大学的保罗·布拉德肖(Paul Bradshaw)和"德国之声"的米尔科·洛伦兹(Mirko Lorenz)总结到:数据新闻本身能够协助新闻工作者通过可视化数据图表来报道相对复杂的新闻事件,同时还能够阐述事件本身是如何与社会大众的日常生活、行事决策产生关联的,与此同时数据新闻也能够自己汇聚新闻信息。图解新闻的主要目的之一便是把晦涩繁杂的文字信息转换为简明易懂的形象符号,以视觉化的方式引导读者对信息进行关注和思考,对冗长的文字信息和庞杂的关系链条进行梳理编排,以精简的信息概括新闻事件[3]。

值得一提的是,数据新闻在反映整体报道与全面报道上比传统新闻报道更具优势。其他诸如消息、通讯、访谈等新闻报道形式只能从几个维度来展现新闻事件与社会现实,新闻真实性是有限度的。而大量现实数据汇聚浓缩的数据新闻却从全体样本的维度,概括了某一具体的社会现象全貌,隐性的数据表达和走势生动展现了新闻报道的整体面貌,也符合大数据时代对新闻传播的要求。

数据新闻工作者不断将新鲜的数据技术应用到新闻报道中,努力逼近事实真相,意图维护正在形成的"公民社会",并许诺承担更多的社会责任。数据新闻借助信息技术的东风,真正实现在全球范围内的扩散[4],凭借其生动解释社会现象和预测未来的独特优势在现代传播中占据一席之地。

---

[1] 章戈浩.作为开放新闻的数据新闻:英国《卫报》的数据新闻实践[J].新闻记者,2013(6):7-13.
[2] 吴小坤.数据新闻:理论承递、概念适用与界定维度[J].新闻与传播研究,2017,24(10):120-126.
[3] 刘义昆.大数据时代的数据新闻生产:现状、影响与反思[J].现代传播(中国传媒大学学报),2014,36(11):103-106.
[4] 沈浩,罗晨.数据新闻:现代性视角下的历史图景[J].新闻大学,2016(2):1-5,146.

二、数据新闻的特征

新技术给新闻内容的深度、新闻表征的形式以及新闻功能的延伸带来了巨大变革,使当下的新闻作品比以往任何时候都更具多元色彩与融媒属性。数据新闻的特征有很多,总结当下的代表性观点,共有以下几个关键特征——新闻性、统计性、工具性、交互化、个性化。

(一)新闻性

数据新闻可以被看作精确新闻在大数据时代的进一步延伸与拓展。当然这并不意味着用数据报道新闻便是"数据新闻",传统意义上使用数据进行辅助性展示和呈现的新闻充其量只能被称作"新闻数据"。数据新闻强调数据成为新闻信源,新闻性的特征充分渗入到数据提取、处理、制作、展示等一系列环节。数据因新闻而生,深刻体现并符合新闻的真实性、客观性、公正性等原则。实现数据深度挖掘和报道价值传递的数据新闻,建立在对巨量数据统计和处理分析的基础上,像《纽约时报》的"Election Results 2008""Michael Jackson's Legacy: Readers React"等系列专题报道[①],都是经由专业的新闻工作者编辑,以新闻报道的样态呈现在公众面前。

(二)统计性

大数据具有信息量大、价值密度低的特征,因此在制作数据新闻时需要对数据进行信息筛选和融合报道,以提取最有传播意义的内容。因此,数据新闻处理的首要环节体现了统计分析的基础性特征,对数据进行爬取和归类的过程运用了多种统计分析软件,再通过具体的计算公式化零为整,以集合、整体的面貌向大众展现了某一社会事件或现象的全景。

以澎湃新闻推出的《2个月,13753例,新冠肺炎如何蔓延全球?》(图1.1.1)为例,报道以六大洲、76个国家先后发现了新冠病毒的"足迹"为展示对象,融合了多个国家和地区的数据统计信息,以条状图的形式呈现了新冠肺炎疫情感染病例的增长趋势。

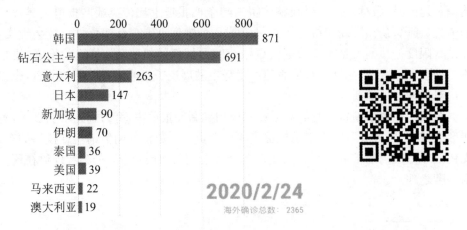

图1.1.1 澎湃新闻 |《2个月,13753例,新冠肺炎如何蔓延全球?》(扫码阅读)

---

① 周均.数据新闻的特点和发展趋势探析[J].对外传播,2016(9):40-42.

(三) 工具性

数据新闻作为大数据时代衍生的技术产物，必然离不开技术性工具的支撑与运作。中西方各类媒体逐渐将 Google fusion tables、Tableau 等数据统计可视化工具纳入新闻报道的日常运作中，对于新手而言，这些工具可操作性较强，受到了诸多新闻采编部门和项目组的青睐。但是相较国外成熟的数据新闻报道案例，国内的数据新闻大多显得枯燥乏味，例如，新浪的"图解新闻"（图1.1.2）、网易的"数读"，平面媒体如《温州都市报》的"我有数"、《华西都市报》的"华西数据"等，基本都采取了平面化的报道方式，不仅传播内容非常有限，读起来也异常乏味。国内外的对比显示出我国数据新闻对工具性软件的开发与运用尚存不足。此外，工具性色彩过浓也使不少新闻作品出现机械性、乏味性等问题，如何平衡数据新闻的工具性与人文性是业界亟须解决的难题之一。

图 1.1.2　新浪新闻中心"图解新闻"栏目

(四) 交互化

交互是一个比较宽泛的概念，主要运用于计算机及多媒体领域。当用户点击一个链接时会到达一个新的页面，赋予用户更多的参与权与主动权。大数据让个人数据不再是独立存在，而是成为落在数据网中的一个个节点，彼此紧密连接。通过精准的分析，数据新闻可以向公众提供个性化的信息服务，为他们的生活决策提供高效率的选择依据。

数据新闻鼓励用户参与到新闻制作中去，开启了众包新闻时代。众包新闻，即在新媒体环境下，新闻工作者依托网络向一定范围内的社会群体发出新闻主题，受众参与事件线索提供、新闻内容创作，甚至新闻修改编辑等一系列新闻生产流程的新型报道模式。例如，2011年10月，《卫报》的 Data Blog 数据新闻栏目（图1.1.3）推出关于政府各部门开支的报告，数据编辑制作了一个动态图表，点击后可通过缩放效果看到不同部门的开销，以不同大小的气泡予以展现[①]。

图 1.1.3 《卫报》Data Blog 数据新闻栏目界面

再如,"数据博客"曾在撒切尔夫人去世后刊登出一系列交互式图表,将撒切尔夫人执政前后的一系列政治经济数据指标罗列出来。由于图表的交互性特征,读者点击图表上不同的时间点可以显示出特定历史时刻的各项数据,从而可以进行比较,继而做出自己的判断和评价。数据新闻的交互性使人们走出传统单向传播的无反馈困境,打破了"5W 模式"的局限性,使用户越来越零距离地感受到新闻的真相,解放信息接收者和编辑的固有角色,正确反映社会舆论,从而造就民主的新闻传播环境。

(五) 个性化

个性化体现了精准传播思维下的定制性与独特性,充分提高了产品与用户之间的黏性与忠诚度,进一步增强了新闻报道的亲民性与接近性。个性化不仅是指 Web 2.0 背景下受众可以定制自我感兴趣的新闻内容,也指可以通过网站的大数据爬虫技术描绘用户画像,以过滤器的方式推送符合用户特征的信息内容。用户的信息需求、行为表征已经成为了数据新闻的重要来源。数据新闻的个性化设计是为了改善用户体验,保障用户在不同的终端都能获得最佳阅读体验。

用户调查显示,身处大数据时代的公众已经在多元化媒介洪流中深陷"富余化"的信息泥淖,信息生产成本的降低使受众倾向于无深度的思考。然而,数据新闻的出现,能够结合个性化数据平台,通过有效的数据采集和舆情反馈做到"我的新闻我做主",再通过交互式手段,实现新闻报道意见反馈的自主化和实时化,促进新闻内容的纵深化传播。

三、数据新闻的缘起

传统的新闻生产模式和环节流程往往难以跟上互联网时代,而借助大数据信息环境充分挖掘数据价值,正成就着数据新闻实践的创新[②]。数字化信息处理方式为专业新闻媒体从

---

① 任瑞娟. 预测与发现:数据新闻的理论与实践[M]. 北京:科学出版社,2019.
② 章戈浩. 作为开放新闻的数据新闻:英国《卫报》的数据新闻实践[J]. 新闻记者,2013(6):7-13.

事新闻采集、制作、编发的各个环节注入了动力,媒体利用其容量大、种类多样、及时性高等技术特点进行内容分析、文本挖掘,在新闻生产过程中获得了各方青睐,逐渐成为全球新闻业应对大数据时代发展变革中的新兴领域,也成为世界各国传媒工作者实现新闻业务数字化转型的关键性技术之一。这种崭新的新闻生产模式,能够将冗乱的新闻线索和新闻要素进行合理性重组,然后经由直观生动、简洁清晰的表达形式呈现在观众面前,使广大群众能够通俗易懂地掌握新闻案件的来龙去脉。这或许对新闻业来说是一种颠覆性改造,但也为日渐衰落的传统新闻业带来了转型活力[①]。

数据新闻的诞生和发展与其所处的时代背景密不可分。历史上第一个利用数据进行新闻报道的实践可追溯到1821年5月5日,来源于英国《卫报》的一条头版新闻——《曼彻斯特在校小学生人数及其平均消费统计》,直至现在还可以从《卫报》的网站下载到这篇新闻报道的原版PDF数据[②]。

数据新闻的产生是有一定的历史渊源和行业基础的,从个人PC端的演进、互联网的发展应用,通过新闻传播的实践操作,让记者从采集数据、发现新闻事实线索的繁复劳动中解放出来,投入更多的心力在深度新闻的挖掘、阐释和传播上来,推动形成人机共生的新闻协作报道模式。数据新闻与传统新闻生产模式相较而言有其自身优势,比如发布要依赖于公开信息的基础上、选择独特实用的软件处理信息、通常以生动直观的沟通方式来发布新闻,这些特征都决定了数据新闻会成为媒体领域的发展趋势之一,也是大数据时代背景下的必然产物。

(一)新闻信息公开化与互联网高速发展

自广播、电视、报纸等传统媒体出现,将世界各地发生的新闻事件传递到普罗大众面前开始,信息的公开透明程度一直是新闻业界和社会各界共同关心的话题。作为数据新闻采集环节的重要来源,信息公开化程度成为数据新闻生成的一大先决条件。

中国最早涉及政府信息公开制度的条例来源于2002年11月6日广州市政府颁布的《政府信息公开规定》(以下简称《规定》),这是我国地方政府制定的第一部系统规范政府信息公开的政府规章。此后,制定政府信息公开规定的工作在各地政府及有关行政部门中相继展开。2008年5月1日,国务院颁布的《中华人民共和国政府信息公开条例》,是我国民主法治建设的一个里程碑(以下简称《条例》)。到2015年4月,国务院办公厅印发的《2015年政府信息公开工作要点》则更加明确地强调推进行政权力清单、财政资金、公共服务、国有企业、环境保护等9大领域的信息公开工作。其中,不少政策内容被首次纳入公开范围,如要求地方各级政府部门公布权力清单、公开棚户改造建设项目信息、国有企业信息、社会组织和中介机构信息等[③]。这些攸关国家政治、经济、文化、基础建设等各方面的社会信息公开化进程的推动,为数据新闻采集真实、有权威的信息线索提供了重要前提。

国家民主法治建设的推动,带来了信息公开化的实质发展。依托现有的高速网络信息环境,政府可推动传统新闻内容向数据新闻方向转变。数据新闻基于语义技术,方便建立对

---

① 任瑞娟.预测与发现:数据新闻的理论与实践[M].北京:科学出版社,2019:5.
② 章戈浩.作为开放新闻的数据新闻:英国《卫报》的数据新闻实践[J].新闻记者,2013(6):7-13.
③ 凤凰网.国办印发工作要点社会组织首次纳入信息公开范围[EB/OL].[2015-4-22]. https://gongyi.ifeng.com/a/20150422/41063854_0.shtml.

网络内容复杂适应性的监管机制,政府可将传统治理理论中的治理重心转型为激励与监管同步。以数据新闻为趋势的传媒内容生产机制,尤其是新闻可视化、交互性能够为网络信息传输与流动带来保障,满足跟踪性追逐信息公开的信息需求。同时,门户网站、社交媒体、融媒体等多元媒体传播形式的出现,一定程度上也为各个数据新闻平台获取社会民生、娱乐休闲、经济文化等方面的新闻信息提供了可靠的来源。因此,互联网基础设施的不断演进和移动通信技术的高速发展,成为进一步推动数据新闻兴起的助力剂。

《第46次中国互联网络发展状况统计报告》数据显示,截至2020年6月,我国网民规模达9.40亿人,较2020年3月增长3625万人,互联网普及率达67.0%,较2020年3月提升2.5个百分点。2019年上半年中央密集部署加快"新基建"进度,多个重要领域取得积极进展:截至2020年6月底,5G终端连接数已超过6600万,三家基础电信企业已开通5G基站超40万个①。由于互联网普及率的逐渐上升,网民数量的成倍增长,人类社会进入了海量信息时代,并逐步开启Web 2.0时代的序幕。更注重交互作用的Web 2.0时代是互联网的一次理念和思想体系的升级换代,实时交互与可读可写为主要特点的双向信息传播模式成为了孕育数据新闻的摇篮。围绕互联网用户进行语义化场景识别的知识传递,利用本体、关联数据发现并揭示数据关系与趋势,从而进行个性化推送,能够满足场景化时代随时随地接收新闻信息的个性化要求。

(二)数据新闻软件研发与应用落地

19世纪80年代,在知名新闻院校里求学时,为故事收集数据意味着需要拿出大量时间探讨文本内容或观看一些缩微胶片。随着时间推移,这种状况已经发生了天翻地覆的变化。尽管印刷资料仍然有其独特作用,但越来越多的信息开始以网络为载体呈现在新闻工作者面前。在技术成果的有力推动下,数据新闻迎来了辉煌的繁盛时期,数据新闻类信息技术与软件应用的研发落地为数据新闻实现高速率获取、精确编辑处理、多样化可视生成奠定了重要基础。

数据人员面对数据新闻报道任务,需要做的是紧密围绕主题进行数据采集,运用多种工具与方法进行数据的过滤、清洗、组织和挖掘等处理环节,之后还要进行可视化呈现的方案制定,基本以表格、图形、地图等可视化元素为主,通过钻取、联动、跳转、高亮等分析手段进行分析呈现,而后形成各类丰富多元的数据新闻报道或者数据分析报告。以下将介绍目前市面上常见的几款数据新闻处理工具。

1. 数据获取——Scrapy, Web Scraper

Scrapy是适用于Python的一个快速、高层次的屏幕抓取和web抓取框架,用于抓取web站点并从信息页面中提取框架化的数据,常应用于包括数据挖掘、信息处理或存储历史数据等一系列的程序中。通常数据采集人员会通过Scrapy框架实现一个爬虫,抓取指定网站的内容或图片。Scrapy用途广泛,可以用于数据挖掘、监测和自动化测试等任务,通过新建项目—明确目标(编写 items. py)—制作爬虫(spiders/xxspider. py)—存储内容(pipelines. py)这四个环节来实现数据信息的全面采集。Scrapy吸引人的地方在于它是一个框架,任何人都可以根据需求进行修改,使用方便,这一技术的普泛性特点受到了广大工作者的青睐。它也提供了多种类型的爬虫的基类,如BaseSpider、sitemap爬虫等,最新版本又提

---

① 《第46次中国互联网络发展状况统计报告》发布[J]. 中国广播,2020(11):54.

供了 Web 2.0 爬虫的支持。作为一款命令行工具，Scrapy 能够快速从网络当中提取结构化数据。值得一提的是，虽然 Scrapy 在安装与设置方面难度相对较高，但一旦投付运行就能够充分享受它所带来的多种便利功能，精通 Python 的程序员还可以对这些功能进行快速扩展。

Web Scraper 是一款免费的，适用于普通用户的爬虫工具，可以便捷地通过鼠标和简单配置获取你所要的数据。例如，知乎回答列表、微博热门、微博评论、淘宝、天猫、亚马逊等电商网站商品信息，以及博客文章列表等等。

2. 数据清洗与处理——Excel，Open Refine

Microsoft Excel 是 Microsoft 为使用 Windows 和 Apple Macintosh 操作系统的电脑编写的一款电子表格软件。直观的界面、出色的计算功能和图表工具，再加上成功的市场营销，使 Excel 成为最流行的个人计算机数据处理软件。Excel 控件会有公式计算引擎去支持内置函数，并支持通过内置函数和运算符来自定义公式。通过计算公式的引用和处理，可以对数据进行初步的提取和筛选，过滤数据信息杂质，建立相应的数据库信息来源。

然而 Excel 也存在诸多限制，比如其为直接对数据进行操作，容易导致误操作；透视表功能太过简单。Open Refine 很好地解决了以上问题。Open Refine 前身是谷歌公司（Google）开发的数据清洗工具 Google Refine，它类似于 Excel，但是工作方式更像是数据库，以列和字段的方式工作，而不是以单元格的方式。它是一个开源的网络应用，可以在计算机中直接运行，这样可以避开信息上传到外部服务器的问题。它提供 Subversion、Mercurial 和 Git 源代码托管，用于处理混乱的数据。通过清理过滤，可将它从一种格式转换为另一种格式，并用 web 服务扩展它，将其链接到 Freebase 等数据库。

3. 数据可视化——Tableau，Data Wrapper

Tableau 的运作原理与 DocHive 比较相似，产品特性是轻松整合、交互性、完全免费。这款软件在不强迫用户编写自定义代码的情况下，可以帮助任何人在不同情境下快速识别、分析、可视化并分享信息。目前已有超过 42000 家客户通过使用 Tableau 在办公室或会议厅随时随地快速获得结果；有数以万计的用户使用 Tableau Public 在博客与网站中分享数据。只需通过几分钟的下载入门和免费培训课程，普通大众就能利用 Tableau 简便地拖放式界面自定义数据视图、布局、形状、颜色等等，辅助展现独特的数据报道视角。

Data Wrapper 是一款在线数据可视化呈现工具，能够将可视化成果创建任务分成四步来进行：从电子表格中复制数据—数据描述与分析—选择个性化图像类型—创建可视化数据图像。由于 Data Wrapper 的创始团队有不少工作人员是传统媒体记者出身，因此 Data Wrapper 专注于满足没有计算机编程语言基础的工作者需求，帮助他们轻松制作数据图表或动态地图。

有了 Data Wrapper，用户可以制作出丰富的图表来吸引读者的眼球，同时更生动地呈现数据信息。此外，Data Wrapper 的创始团队还在网站的博客中撰写了许多有趣的文章，分享他们制作图表的心得以及各种数据背后的故事（见 https://github.com/datawrapper/datawrapper）。

除此以外，运用于数据新闻制作的软件还有很多，包括数据采集提取软件——OutWit；数据清洗与过滤的工具——Google Docs；数据分析与编辑的工具——Ucinet、CiteSpace、Python、R 语言等，行业内大多数新闻工作都会选择其中的几种工具进行组合搭配使用，满足日常的数据新闻的报道需求。数据驱动将新闻报道与数据呈现相结合，为媒体提供了一种常态化的新闻选题思路,也扩展了新闻报道的视角,提高新闻内容质量的同时也为读者提供了理解新闻的崭新路径。大数据技术是数据新闻科学性和权威性的重要支撑,作为数据新闻产出的重要组成部分——数据的获取、清理与分析始终处于数据新闻生产链的上游[1]。因此,学界和业界均有必要认识、掌握、应用各类数据信息软件,以便更好地理解、支持数据新闻的发展与推广。

(三)媒介融合的新闻传媒业态背景

媒介融合最早由美国的尼古拉斯·尼葛洛庞帝提出,随后美国马萨诸塞州理工大学教授浦尔在其知名著作《自由的技术》中概括了媒介融合的概念——各种媒介呈现的多功能一体化的趋势。美国西北大学 Rich Gordon 教授将新闻传播学视角下的"媒介融合"总结为以下 5 个层面的内涵——媒介技术融合、媒介支配权融合、媒介战略性联合、媒介组织结构融合、媒介信息报道融合[2]。媒介信息技术的大变革,带领社会各界人士进入了以人为本、以科技为生产力的互联网传播新阶段。数字技术的发展,加之新媒体的冲击,使得人类进入全媒体时代,媒体大融合成为不可逆转的大趋势,而数据新闻作为新型传播模式的代表,将传统媒体与新媒体进行有效融合,以极简呈现的方式使新闻传播内容走向轻量化,这种浓缩精华要点式的报道符合融媒体时代的轻度阅读特点和受众需求。

数据新闻是适应媒介融合与转型的必然选择。新闻传播方式是新闻成品出世的关键决策环节,相比以往的新闻报道形式,数据新闻实现了新闻报道理念的全线转变,同时也对传统媒体的报道方式和报道逻辑产生了重要影响。新闻主题决定新闻信息的传播领域,而新闻渠道决定了获取资讯的平台选择。在传统新闻模式下,不管是报道形式还是传播方式均无法满足分众化主体的个性需要,而基于系统数理技术应用和互联网传播方式的数据新闻带来了新的转变,数据信息的采集、分析、统计等应用于新闻报道,并通过事件时间轴、静态与动态图表并茂等方式呈现,弥补了平铺直叙式新闻报道的缺陷。

数据新闻报道的技术性、数据的公开性以及服务的公共性均值得传统纸媒借鉴经验,从而不断优化发展路径,实现可持续转型发展[3]。传统纸媒在解读数据方面拥有得天独厚的优势,其作为新闻制造的专业机构,也具有挖掘信息价值的独特能力,将"讲故事"的新闻理念重新融入数据新闻报道当中,发展以"数据处理"为核心,以"新闻叙事"为主线的融合新闻编辑思路[4]。就其具体操作过程而言,数据新闻通过改变以往传统的表现形式,充分结合数据本身的特点,通过分析数据的表面现象,利用多种数据分析方法和工具,发掘数据的实际内涵,最终提升数据的利用价值,这样便形成了具有大数据氛围的新闻传播内容和表现方式。

媒介融合推动数据新闻实现自身的迭新与完善。媒介融合对新闻传播行业的整合、革新、转变做出了各个方向的努力和成果,它包括"三微一端"多媒体渠道传播机制拓新、社交媒体交互式信息交流、公众主动参与新闻生产等诸多特征和态势。媒介融合对专业传媒工作者的赋能与赋权,推动着数据新闻这一具有交互性、生动性、多样性、可视化为一体的新型

---

[1] 刘英华,颜钰杰,陈淑敏. 数据新闻生产中的数据获取、清理与分析[J]. 新闻与写作,2020(12):102-105.
[2] 方洁. 美国融合新闻的内容与形态特征研究[J]. 国际新闻界,2011(5):28-34.
[3] 马雯. 数据新闻:基于媒介融合背景下纸媒的突围路径[J]. 新闻研究导刊,2017,8(21):296.
[4] 孟笛. 媒介融合背景下的数据新闻编辑能力重构[J]. 编辑之友,2017(12):74-78.

传播方式获得更多的生存空间与演变可能。在互联网瞬息万变的环境下,数据技术对新闻选题高度敏感的甄别能力使其获得平台的青睐,短视频、H5 动画等视觉化转型能够确立适合数据呈现的新闻选题并将可视化嵌入叙事之中;以互联网思维取代传统思维实现全媒体传播,综合运用可视化、故事化、社交化、定制化思维,帮助数据新闻在媒体市场上吸引用户并得到他们的认可和参与。固定采访线路的形成将导致社会精英始终掌控着新闻传播的话语权和解释权,而在大数据时代诞生的数据新闻去除了固定采访线路作为主要新闻来源的功能,消解了社会精英与专业主流媒体在新闻中所拥有的一家独大地位。数据新闻使新闻业的发展更符合融媒体背景要求下的大众新闻传播。

国外媒介融合的进展相对国内更早,知名传统报刊在自身媒介融合进程中正推动着数据新闻的转型。作为西方传媒界融合转型、报道转型领头羊的《纽约时报》,自 2007 年就成立了"互动新闻技术部",打通新闻采编部和信息技术人员的组织协作的桥梁;2014 年,《纽约时报》在原有部门的基础上推出了数据新闻的专业平台——"The Upshot",形成了"新闻采编+统计分析+可视化报道"的独立运作团队。

大数据技术的落地应用为新闻传播提供了新的转型方向,以数据挖掘和分析为支撑的信息技术化报道触及了以往传统媒体无法探及的新闻主题,以数据可视化为呈现基调的融合报道显然已经成为传统新闻转型的一大"转折口"。西方媒体以媒介融合带动数据新闻发展的方式和手段,值得国内传统媒体学习和反思——比如,培训新闻记者/编辑了解基本的计算机技术应用,培训技术专家了解新闻的基本常识,通过双向培训促进两种文化的对话与交融[①]。这一发展思路生动反映了在媒介融合背景下数据新闻的人才培养思维和现实路径。

在借鉴西方媒体数据新闻报道优势的同时,还需培养我国专业新闻团队对国际新闻的鉴别意识和风险评判。深入洞察海外媒体对中国发展的态度,对客观报道的数据新闻予以认可,对虚假操纵数据形成的攻击性报道进行辟谣。如针对《纽约时报》发布的中国疫苗、北京冬奥会等系列新闻中的抹黑式图文报道,不应以学习借鉴数据新闻报道技术为由纳入宣传教育范畴,应通过真实客观的报道予以辟谣。

第二节 数据新闻发展历程与未来趋势

从 20 世纪 50 年代"计算机辅助新闻报道"的起源说起,发展到 60 年代"精确新闻"不断完善,再到 Web 2.0 时代网络新闻的兴起、众包新闻模式的落地,学界和业界对数据新闻的呼声可谓一浪高过一浪。当前,在我国新闻业界力争"讲好中国故事,传播好中国声音"的大背景下,数据新闻有望成为新媒体时代新闻革新的突破口,有助于塑造中国形象。

一、数据新闻的发展历程

"数据新闻"的概念自西方媒体尝试性运用之初便诞生了,最早来自英美新闻媒体的实际报道,而后伴随着大数据时代的技术发展、更迭,产生了"数据新闻"这一名词概念,其报道

---

① 孟笛. 媒介融合背景下的数据新闻编辑能力重构[J]. 编辑之友,2017(12):74-78.

理念由美国著名记者菲利普·迈耶提出。20世纪末,中国新闻媒体试图了解精确新闻的应用方式,并根据精确新闻的数理统计特征进行再模仿,随着90年代新闻改革的不断深入,推动了精确新闻报道的加速落地。1996年1月3日,《北京青年报》公众调查版冠以"精确新闻"之名,不定期公布社会热点、民生议题的民意调查结果,成为了大陆影响力较大的传统媒体调查性报道版面,这一版面的刊登揭开了我国新闻媒体科学、规范的精确新闻报道序幕。与此同时,国内的一些相关高校也陆续开设精确新闻学这一专业,并推出相关课程供人们学习和参考,数据新闻在国内开始萌芽[①]。

精确新闻时期是数据新闻发展的萌芽时期。其中,计算机的作用就是辅助报道、进行技术化制作与传播,而数据除了作为参考使用外,也对新闻报道有一定的辅助呈现作用。《南方都市报》在数据新闻实践阶段的尝试中,最初的报道样式是以信息图表的方式展示新闻中的数据,供读者选择性地参考和观看,这一做法在当时的新闻传媒行业中起到了领头羊的表率作用。随着科技进步与发展,大数据技术的应用越来越广泛,尤其是近些年来国内的一些网站,比如搜狐、新浪、网易、腾讯等大型门户网站,均在自己的新闻栏目中尝试报道各具特色的数据新闻报道,具有代表性的有诸如"数可视""知数""数读""新闻百科"等图文并茂的数据新闻订阅号,数据新闻由此慢慢发展和勃兴。

2013年,《纽约时报》推出一篇以"雪崩"为主题的数据新闻,其以出色的创新多媒体报道方式大获成功,累计获得超过350万次的作品浏览量,而后还为该报赢得了"普利策新闻奖"。《纽约时报》的多媒体化运用为数据新闻的媒体融合、技术融合趋势开启了新纪元,也推动了众多传统媒体积极向数据新闻方式转型和革新。新华网是早期中国历史上第一个走向数据新闻实践之路的网络媒体,其凭借活跃的新闻思维,荣获第25届中国新闻奖。在这一阶段,交互式数据新闻体验开始获得广泛的关注,数据新闻从萌芽发展逐步过渡到繁荣兴盛阶段。

数据新闻的兴盛,在国内由一众专业垂直领域的商业媒体推进。2013年10月,财新传媒率先成立财新数据可视化实验室,推出数据新闻专栏"数字说",其发表的《青岛中石化管道爆炸事故》报道(图1.2.1)获得了亚洲新闻奖,使得财新传媒团队成为国内首个获得过大奖的数据新闻团队[②]。财新相关团队的负责人黄志敏指出,数据新闻建立在精确新闻的概念和报道方式基础上,通过可视化技术的加持,让静态的新闻动了起来。基于概念内涵的把握,不少媒体不再墨守成规于平淡的静态数据新闻设计,不再局限于特定栏目化的推文传播,而是更多地从产品开发角度,通过场景化设置以及细节部分的深度交互设计,满足不同类型用户的个性化需求。

2015年8月12日天津滨海新区的瑞海公司危险品仓库发生特大火灾爆炸事故,造成了近千人伤亡,并对当地经济发展和社会秩序带来巨大冲击。事故发生后,中国政府网和澎湃新闻在第一时间发表了相关数据新闻报道,结合滨海新区当地的地理位置信息将民众反馈的事故中仓库易燃品等危险物资的摆放位置进行了答疑解惑,并同步上线了伤亡遇难人数滚动更新状态栏,公众通过网页客户端同步的数据新闻专栏即可了解最新的事故抢救进展和社会各界有关该事故的资讯动态。

---

① 涂曼子. 数据新闻发展现状与发展趋势分析[J]. 新闻研究导刊,2021,12(4):62-63.
② 陈虹,秦静. 数据新闻的历史、现状与发展趋势[J]. 编辑之友,2016(01):69-75.

图 1.2.1　财新"数字说"|《青岛中石化管道爆炸事故大事记》(扫码阅读)

同样作为社会大众普遍关注的社会性事件,2015 年国庆期间"青岛天价虾"舆情乱象在社交媒体"全面开花",微信公众号"狐说"推送了一篇名为《用数据告诉你:青岛大虾如何破坏城市形象》的报道(图 1.2.2),展示了网民们在线热议的话题焦点,青岛整体旅游产业发展概括等,通过事件背景发展、舆论数据关键词等展示了这一社会事件对青岛当地带来的影响。

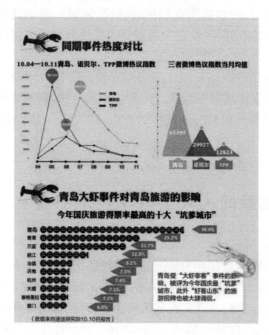

图 1.2.2　公众号"狐说"|《用数据告诉你:青岛大虾如何破坏城市形象》(扫码阅读)

数据新闻将传统媒体新闻采编的敏锐性、生动丰富的故事化能力进行结合,通过数据处理和统计,以一种客观、中立的角色感为传媒行业的发展带来新的契机,日渐成为不可或缺的报道形式。

面对数据新闻的高速发展,目前也面临着诸多发展困境与行业痛点。比如,数据信息来源开放性缺乏、数据库保密性过高、数据新闻工作者技能短板明显、无法深入挖掘数据的价值与意义等等,均需引起重视与反思。

二、数据新闻的未来趋势

面对各路媒体纷纷投身数据新闻的现状,如何冷静、理性地面对数据新闻生产过程中可能遇到的各类挑战,以及思考其今后的发展方向尤为重要。展望数据新闻的未来趋势,无论从现实因素还是预期设想,都可以用机遇与挑战并存来概括。

一方面,数据信息素养将不断提高,数据处理的人为偏见将进一步削弱。数据是数据新闻的核心,客观、准确是数据新闻生产的重要准则,养成对数据辨别与运用的批判性思维尤其重要。新闻从业者在面对浩瀚如海的数据信息和纷繁各异的信息渠道时,要秉持批判性的甄别思维,对鱼龙混杂的数据持辩证态度,避免产生各类不必要的偏见。此外,数据的采集分析能力也日益成为职业新闻工作人员提升专业素养,应对信息化时代行业革新和转换的重要砝码。

另一方面,随着开放式媒体平台的革新完善以及大众对数据公开的要求日益强烈,各类新闻媒体逐步强化信息共享应用平台的建设,不断提升数据监管的手段,为记者和公众提供多样、牢靠的数据信息,把握信息传播时代内容开放性与安全性传递之间的动态平衡。目前对于数据信息的储存和监管,国外知名媒体已经建立起网站交流、专家合作等协作把关模式,以求在最大限度上实现数据信息溯源、数据真实性核定以及专业化的评估。像ProPublica的网站工作人员通过第三方平台的数据库获取相应的代码信息,便于其他各家媒体实现对数据的监测和注入。这启示我国需要尽快建立起适合国情的数据管理机制与监察制度,保障数据新闻的运作平稳自如。

与国际的数据新闻实践相比,我国的数据新闻实践仍需完善。数据新闻发展最终以满足受众需求为驱动,能否契合用户需求影响数据新闻的未来。因此,数据新闻的未来趋势更应朝着人本精神的维度出发,优化自身开放性与共享性的特点,成为适应国家、社会需要的新闻报道形式。

第三节 数据新闻人才需求与技术门槛

数据新闻的革新发展,呼唤具备敏锐数据信息嗅觉、过硬数据处理技能、全面信息实操素养的新闻人才。媒体对复合型数据人才的需求与日俱增,但并未降低该职业的技术门槛,国内外掌握先进技术的媒体屈指可数,它们为行业的发展树立了标杆,也值得相关从业者反思数据新闻的发展方向。积极汲取优秀媒体的成功经验,培养适合新媒体时代发展需要的人才,才能保证数据新闻获得更多的前进动力。

一、数据新闻的人才需求

作为一种具有代表性的新闻业创新实践,数据新闻在全球范围内的人才需求量日益增加,其衍生发展而来的技术教育也日益重要,数据新闻工作坊、数据理论与应用课程、数据新闻学位等不同形式在各地高校、科研机构纷纷兴起。

数据新闻教育的发展和兴盛离不开相关人才的培养和扶持,但是从目前世界各国的教育实践来看,相关人才培育和成长速度还远远不够。发展中国家往往只有零散分布的一些科研机构定向培育一些服务于数据新闻的专门人才。比如中国的数据新闻专家和有关工作者仅仅是出现在各类公开活动和讲座中,这一职业的常态化和普遍性程度亟待进一步提高。

一个成熟的数据新闻教育人才需要具备跨学科知识,兼备理论素养和实践技术。面对日新月异的技术发展,职业工作者和行业专家需要更新个人的知识体系,这都意味着数据新闻人才的培养不可能一蹴而就,而是应该持续进行,需要汇聚行业精英和优势资源实现交叉学科体系下的授课、实操、培训的全线程教育,从而培养更多专业的数据新闻职业工作者。

从人才培养课程和培养模式来看,除了传统新闻编辑技能之外,数据新闻提出了更高的数据处理能力要求。数据新闻教育涉及交叉学科,其中包括了新闻传播学、应用统计学、信息与计算科学、艺术学、政治学、社会学、数学与心理学等。而在主流新闻教育中,较少涉及上述学科。基于此,高校新闻传播教育体系应充分发挥人才培养集中的优势,从人才培养理念、学科体系建设、教学模式、师资队伍、与企业合作、线上平台创建等维度进行人才培养的创新,以期向新闻行业输出适应性人才。目前,数据新闻的人才培养主要涉及以下几个方面①。

(一)数据搜寻与整理能力

数据搜寻与整理作为数据新闻制作的首要步骤,首先需要从业人员具备可以从政府、企业、机构等原始数据库直接获取数据的能力,这一方面取决于被报道主体的数据提供意愿,另一方面也取决于从业人员搜寻数据与整理数据的能力。其次,数据新闻从业人员需要借助专业软件、硬件以及第三方数据调查机构,这往往需要媒体组织支付高昂的调查费用。再者,数据新闻从业人员还需凭借自身及团队力量,从现存且公开的数据库信息中挖掘潜在的价值要素。当下,民众日益习惯于通过微信、微博等社交媒体传播渠道扩散新闻线索和信息,新闻职业工作者需要具备比以往更加敏锐的职业素养和媒介素养,进而从中挖掘出更多有意义的信息。

(二)统计分析与个性解读

数据信息的采集和分析环节中,数据新闻工作者对信息进行详尽分析与解读是重要的步骤。伴随新媒体技术的发展以及自媒体的不断涌现,数据新闻的线索和来源日益扩增,许多由网民提供的信息逐渐成为专业媒体进行创作的重要来源。然而,互联网高速发展使得对信息的把关不足,造成信息难辨真假,对分析数据造成困难。国外不少知名院校已经在下属的新闻学院开设了数据新闻相关课程,目的是通过科班训练培育扎实掌握数据技能和素

---

① 唐丹.数据新闻人才培养模式探析[J].中国广播电视学刊,2019(12):63-65.

养的专门人才,比如西北大学梅迪尔学院奈特实验室(Knight Lab)在每学年的通识课程中都会给学生发布相应的数据新闻学分课程,如《运用传感器报道环境新闻》《在 VR 中探索数据可视化》《为聊天机器人写作和设计》等,通过专业教材、课堂互动与研讨等形式进行学习,充分激发学生们学习数据新闻的兴趣。

(三)社交传播与平台意识

从传播策略角度来看,数据新闻融合报道要重视网络传播,尤其要重视社交媒体传播。在技术层面,需要通过搜索引擎快速检索到新闻页面,实现新闻作品的节点式扩散与链接化传递。在新闻采编角度,更加追求新闻标题抓住读者眼球,还要将文章内容与相关标签进行匹配,可以实现个性化的推送和阅读,由此促进数据新闻作品的曝光。此外,数据新闻还需要重视社交平台的分化扩散,新闻页面需要增设抖音、小红书、微博等平台的一键转评赞功能,还需要开设更多的富媒体账号,与受众建立起紧密的互动关系,通过日常社交媒体的作品发布与互动环节设置,吸引更多粉丝用户群体的主动参与和评论反馈。比如,The Upshot 新闻栏目就通过 Facebook 这一社交平台创作出了《NBA 北美粉丝地图》,新闻的主要内容来自社交媒体用户对 NBA 球队的支持点赞数据和他们自身对应的邮编信息。这一数据新闻作品利用社交媒体平台的用户行为数据进行专业化的新闻制作,还促使受众在社交平台积极发言和分享。主创团队经由官方 Facebook 账户和受众交流沟通,直面受众的疑虑和意见,成为当代社交媒体创作数据新闻的传播典型。新媒体时代,善于利用社交媒体实现内容扩散的网络用户,一般是某一话语圈层中具有一定话语地位的意见领袖。数据新闻从业者需要积极挖掘特定作品主题所在话语兴趣圈的流量大户,搭建关系渠道助力内容扩散与宣传;此外,数据新闻媒体人员自身也应有话题营销和社交传播意识,将自己打造成兼具数据技能、洞悉受众需求的专业新闻人才,通过数字传播的思维取代传统新闻报道的理念和方式,复合运用可视化、数据化、互动化、个性化的手段,协助数据新闻在竞争激烈的传媒市场中吸纳新群体,获得更多活跃读者的支持和参与,实现数据融合背景下的"众包新闻"生产新模式。

二、数据新闻的技术门槛

数据新闻作为一种集合传统新闻报道手段、数据软件操作技能的新闻报道类型,其从诞生之日起便需要较高的技术门槛。随着多媒体发展浪潮的持续推进,人工智能渗透到新闻报道的全流程、全环节,数据新闻走向立体化叙事,视听图文兼备的应用与推广的道路上急需优质全面的技术人才,这也为未来的多元报道设定了更高的技术门槛。全球最早的数据新闻专业荣誉,作为新闻行业评比的专业权威与发展前沿趋势——"数据新闻奖"(Data Journalism Awards, DJA),由全球编辑协会(Global Editor Networking, GEN)举办,随之举办的"国际数字媒体创新大赛"(Editors Lab),也是数据新闻创新探索的平台,诸如"新闻游戏"(News Game)、"增强现实"(Virtual Reality)等新闻主题,表明了国际新闻界对新闻呈现方式的探索与推进,对数据新闻作品的技术要求与呈现手段的持续革新。

从数据新闻的迭代革新历程中可以一窥技术门槛的提升,从单纯的创新协作性数据软件应用,到数据程序的开发与推广,再到结合沉浸式技术延展数据新闻深度的理念和设想。目前,全球不少高等教育研究机构与高等学校陆续开设了不同种类的数据新闻课程,美国是数据新闻教育学术机构发展最为成熟的国家,一大半的新闻传播学校都陆续开启了数据新闻的培养教学计划与相应课程,如斯坦福大学、西北大学、哥伦比亚大学、密苏里大学等新闻传播学科实力强劲的大学还专门设置了面向本科生和研究生的数据新闻系统课程与科研项目,用于发掘有志于数据新闻的学生。

数据新闻课程的基础是对计算机技术语言的解读和应用。数据新闻的制作软件主要以 Tableau、Scrapy 等为主,这些软件均要求从业者掌握较高的计算机实操能力,懂得计算机运作语言与思维模式建构,辅之以必要的爬虫技术手段对数据进行筛选分析和解读。挖掘数据核心功能、预测未来新落点是实现数据价值挖掘的重要目标。数据新闻的核心价值呈现,需要数据价值的挖掘得当、方法适宜,这是优秀的数据新闻作品呈现在大众面前的重要前提。因此,掌握熟练的计算机应用能力是制作数据新闻作品的先决条件。

此外,还需要增强多媒体平台投放的敏锐性和营销意识。当下多媒体新闻不再仅仅作为告知大众新近发生事件的信息而存在,还作为一种捕捉用户有限注意力,在最短时间内获取最多信息的生活帮手。数据新闻不仅是一种新闻报道类型,更是数字媒体时代的文化产品,通过新闻网站、客户端 APP、小程序 H5 等形式,融合多媒体传播矩阵的优势和特点,为数据新闻的深入发展提供渠道支撑。数据新闻的从业者在新闻作品完成后,需要有敏锐的平台选择嗅觉,结合短视频、H5、AR/VR 等新颖的平台渠道进行整合式传播,积极赋予数据新闻动态化、富视听的表现形式,抓住大众眼球来发挥数据新闻实现信息再结构化、全样本宏观解释的优势特征。

最后,努力提升数据库的开放程度成为致力于拓展数据新闻的信息来源、提升报道层次的重要方向。目前,世界上诸多国家和地区,其政府等行政部门作为官方数据库来源对数据的公开和透明程度远不如欧美等发达国家。由此,不少地方媒体组织和市民工作人员都把进一步推广优化数据新闻作为促使行政单位优化数据公开和公示的重要手段,能够让新闻传媒业界更加便捷和可靠地使用相关数据,从而推动整个社会的民主化进程。2011 年,印度有一群新闻专业工作者和数据新闻忠实爱好者建立了一个名为"遇见数据"的谷歌小组,早先是线上的交流和沟通,之后又逐步走向了线下的"开放数据训练营"活动,目的是汇聚印度当地更多优质的数据新闻人才,持续深入拓宽数据新闻和数据使用的渠道资源;无独有偶,巴基斯坦当地的传媒之夜工作人员和 IT 信息科技产业人员也一起举办了"巴基斯坦数据开放社区",为当地的民主化政策提供更多的数据信息和实在依据……诸多亚洲国家已经走在了开放数据库应用的前沿,中国作为最大的发展中国家也应在数据库的开放与应用中不断拓宽自身阈值。

除此以外,数据库的开放程度也取决于媒体部门对数据开放渠道的利用与拓展程度,比如我国知名的财经领域专业媒体——财新传媒,一共拥有三种数据信息来源渠道:一是政府行政单位或行业专家机构的公开数据信息,比如《三公消费龙虎榜》(图 1.3.1),就是政务官网的公示性权威报告;二是通过调查性报道等新闻工作长期积累下来的各类数据资源,财新记者团队在房地产、经济政策等领域通过长期考察积淀,积累了各类相关资源;三是通过对互联网巨头等官方 IP 网站的数据进行挖掘与调研,比如《阿里巴巴·IPO 风云录》中对于阿里的营收、交易等数据情报,都是来自其旗下的子产品天猫、淘宝等网站的数据抓取(图 1.3.2)。作为数据生产的基石,媒体人员对数据库的利用与挖掘是始终无法绕开的命题之一。

图 1.3.1 财新"数字说"|《2015 三公消费龙虎榜》(扫码阅读)

图 1.3.2 财新"数字说"|《阿里巴巴 IPO：史上最大，是有多大？》(扫码阅读)

  数据新闻的技术门槛，昭示着对专业人才的需求。无论是底层逻辑角度的计算机应用操作技术，还是终端投放的多媒体渠道意识，亦或是政策背景下的数据库开放程度，都显示了数据新闻的巨大发展潜力，数据新闻不仅是一种业界实践，还是新闻传播领域一个新的研究方向，让我们一起感受数据新闻的魅力吧！

第四节 数据新闻课程教学实践探索

  信息技术驱动着数据可视化成为重要的媒介呈现形式，在此背景下高校新闻传播专业亟须加强数据新闻相关课程建设，然而数据新闻课程的开设在多数院校面临较大瓶颈。本节以苏州大学 2020 年新开课程《数据新闻》为案例，采用自我报告与课堂评估相结合的方式,从课程设计、教学内容组织、教学效果评估等环节对教学互动过程进行了探索与研究,结合评估反馈将数据新闻课程目标归纳为开拓数据新闻视野、夯实数据可视化能力,期望为拟开设同类课程者提供一些有益的参考。

一、导论

伴随着信息技术的飞速发展,数据可视化成为了21世纪以来信息呈现的重要趋势。在此背景下,自2011年以来全球新闻编辑室开始发生了重大变化,数据新闻成为了新闻实践中的重要形式①,各个国家的许多新闻和传播学院已开始在课程中嵌入数据新闻的新模块和相应课程。

数据新闻借鉴了新闻学、信息科学、社会科学、数据和计算机科学、数据分析、信息设计等多个学科的知识②。它基于事实报道以可信的数据为基础从而促进新闻业的精确化,因此要求以类似科学调查的方式对待新闻实践③。关于数据新闻的定义,可认为是从公众感兴趣的数据中寻找故事,并以最适当的方式呈现故事,从而传达给公众④;也可将新闻学放在数据科学之后定义为"数据科学在新闻业的应用,其中数据科学被定义为从数据中提取知识的研究",并认为数据新闻包括"收集、清理、组织、分析、可视化和发布数据,以支持新闻作品的创建"⑤。

面对数据新闻可视化的业界趋势和巨大需求,不相称的是高校新闻传播教育中对于数据新闻教学能力的缺陷。Lewis 和 Westlund 将数据新闻起源追溯到源自美国的计算机辅助报道(CAR)⑥以及菲利普·迈耶的精确新闻⑦,这都有助于解释北美在数据新闻领域的主导地位。因此,哥伦比亚大学、密苏里大学、斯坦福大学等美国高校的数据新闻课程经验被引入国内⑧⑨。然而即使目前,中国的数据新闻教育仍处于起步阶段。即使与中国临近的韩国,2019年时在数据新闻教育上虽然已有学校开始将实地调查和课程教学进行整合,但也尚需在学校体系中有更进一步的努力⑩。

---

① Heravi B R. 3Ws Of Data Journalism Education What, Where and Who? [J]. Journalism Practice, 2019,13(3): 349-366. doi:10.1080/17512786.2018.1463167

② Splendore S. Di Salvo P. Eberwein T. et al. Educational strategies in data journalism: A comparative study of six European countries[J]. Journalism, 2016, 17(1): 138-152. doi:10.1177/1464884915612683

③ Meyer P. Precision Journalism: A Reporter's Introduction to Social Science Methods[M]. Blooming-ton: Indiana University Press, 1973.

④ Heravi B R. Teaching Data Journalism[M]//Mair J, Keeble R L, Lucero M. (eds.). Data Journalism: Past, Present and Future. Abramis Academic Publishing, 2017.

⑤ Howard A. The Art and Science of Data-driven Journalism[EB/OL]. [2014-5-6]. http://towcenter.org/wp-content/uploads/2014/05/Tow-Center-Data-Driven-Journalism.pdf.

⑥ Lewis, Seth C, Oscar Westlund. Big Data and Journalism: Epistemology, Expertise, Economics, and Ethics[J]. Digital Journalism, 2015, 3 (3): 447-466.

⑦ Meyer P. Precision Journalism: A Reporter's Introduction to Social Science Methods[M]. Blooming-ton: Indiana University Press, 1973.

⑧ 许向东. 对密苏里新闻学院数据新闻教学的考察[M]. 新闻爱好者,2014(11): 65-67.

⑨ 陈积银,杨廉. 哥大新闻学院数据新闻教学的解读与借鉴[J]. 新闻大学,2016(5): 126-133,152.

⑩ Yoon H. Y.. A Note on Data Journalism Education in the Era of Big Data: What to do, and How to do? [J]. Korean Journal of Journalism & Communication Studies, 2019, 63(5): 87-115.

二、课程开设背景

国内新闻传播学院在最近几年开始加速建设数据新闻相关的课程体系。2014年中国传媒大学开设了我国第一个数据新闻专业方向后,2015年起中国人民大学、复旦大学、南京大学、上海大学、华东师范大学、华南理工大学等高校相继开设了数据新闻课程[①]。苏州大学传媒学院的网络与新媒体系于2020年开始将数据新闻相关的课程纳入教学实践,这在国内起步并不算早,这并非源于对数据新闻课程的重要价值视而不见,而是缺乏能够胜任该课程教学的师资。这种状况也代表着国内新闻传播专业在数据新闻课程开设中面临的普遍问题。不仅仅是国内,在发达国家也面临同样的问题:Berret和Phillips曾说,许多发达的新闻课程没有一名能够精通数据新闻学的教师[②]。这不难理解:数据新闻课程的教学对于计算机技术和科学思维都有一定的门槛要求,并对业界实践和应用有一定的感知力和参与度,因此需要一种跨界融合的能力。

数据新闻实践与相关研究进展紧密相连,两者互相促进共生。为了更为清晰地了解数据新闻的发展阶段,笔者调研了中国学术期刊网和Google Scholar里"数据新闻"(data journalism)主题的学术论文数量,绘制出中英文语境中的历史变化趋势(图1.4.1)。虽然中英文文献在这两个平台中略有交集,但总体而言,知网代表以中文发表为主的学术阵营,谷歌学术则代表了以英语语言为主的学术阵营。

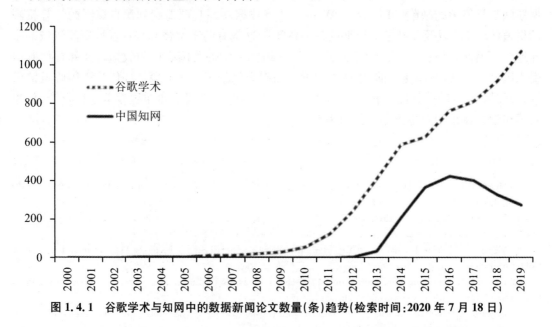

图1.4.1 谷歌学术与知网中的数据新闻论文数量(条)趋势(检索时间:2020年7月18日)

Google Scholar中data journalism的文献共计6740条,而知网中也多达2507条,知网作为收录以中国成果为主的学术平台相对于国际平台而言论文数量并不少。CNKI最早的数据新闻论文出现在1995年,可以清晰地发现:对数据新闻研究的快速起步的开端,在国际

---

① 吴小坤,童峥. 数据新闻教学的本土化实践与探索[J]. 教育传媒研究,2016(5):28-32.
② Berret C, Phillips C. Teaching Data and Computational Journalism[EB/OL]. [2016-3-29]. https://www.gitbook.com/book/columbiajournalism/teaching-data-computational-journalism/details.

环境中约开始于 2009 年左右,中国紧随其后开始于 2013 年。在变化趋势上,国际数据新闻成为持续的热点,论文数量一直高速增长直至目前也未有减缓趋势,而中国数据新闻的研究在 2016 年达到高峰之后就又开始回落。这与中国数据新闻业界的发展状况相互印证吻合：2011 年,搜狐推出《数字之道》在四大门户网站中率先试水数据新闻；2012 年陆续推出网易《数读》、新浪《图解新闻》、腾讯《数据控》持续刊发静态信息图类数据新闻；2013 年新华网推出《数据新闻》并获得中国新闻奖"新闻名专栏"一等奖,财新网推出《数字说》,新京报推出《图个明白》；2018 澎湃推出《有数》和《美数课》,等等。中国的数据新闻经历过一阵热潮后于 2016 年开始进入了冷静期,可能是需要热潮之后的理性思考,也更有可能是源于相关的教育培训和专业能力的瓶颈限制。相关从业者和教育培训资源已被高度采掘缺乏进一步发展的能动性,需要更多的活力和能量补充进来,这就亟须高校的新闻传播相关专业的数据新闻教育得到及时的快速跟进。

三、课程设计与教学安排

关于数据新闻课程的教学目的,高冉[①]和谢光玉[②]提出重在培养数据获取能力、数据分析能力和数据可视化能力,同时应兼顾新闻采写编等基本专业技能；关于教学形式,包括线上教学、面授教学、实验教学、线上线下混合式等多种形式。笔者在苏州大学开设数据新闻课程始于 2020 年春季学期,时逢新冠肺炎暴发,因此原计划的线下面授＋实验课程相应调整为线上授课。授课对象为苏州大学 2017 级网络与新媒体专业本科生共计 37 人,课程安排了笔者的两名研究生作为助教,其中一位为理工科背景机械制图专业,来协助课程技术及软件操作,另一位为文科背景,协助课程案例资料的整理。两位同学此前从未接触过数据新闻,因安排了助教工作他们趁着寒假快速学习了必要的知识和技术。助教机会是一种压力下的成长机遇,20 岁左右的年轻人学习能力上手比较强、特别快,不怕困难,就怕没有必须完成某事的学习机会。这两位青年助教的参与让这门课程的教学和管理变得更为轻松,作为一门首次开设的新课程,B 站、在线大学等平台的众多视频教学资料为课程的准备提供了便利,特别是深圳大学吴小坤教授开设的在线课程《数据新闻》和中国人民大学方洁副教授编写的教材《数据新闻概论》,为这门课程的准备提供了重要的教学内容参考。

授课课程总计 2 个学分,18 次课,可分为 4 个部分：① 理论概论,包括传媒业可视化趋势、数据新闻的理念与起源发展、制作流程和技能要求、选题与价值判断。② 应用案例,包括大量国内外数据新闻的获奖作品、经典案例及其创作理念。③ 数据与处理,包括数据类型、数据清洗、数据获取、数据处理。④ 可视化技能,包括可视化图表的类型与信息图创意理念、详细的 Tableau 数据可视化操作实验,以及其他镝数、ECharts、Floursih 等可视化平台的基本使用。由于是面向传媒学院文科出身为主的学生,因此尽可能从他们现有的技术基础出发来设计更易于掌握的教学模式,教学过程中基本未涉及编程语言,在 Excel 数据处理过程中不可避免使用函数,但尽量确保同学们能够同步演示操作学会使用。也有个别技术敏锐的同学有 Phyton 等计算机语言基础,鼓励其充分发挥优势来做深度数据挖掘。

由于数据新闻的操作性极强,只听课不动手必然导致可能什么也没学会,因此课程中穿

[①] 高冉. 地方高校引进数据新闻教学的探索与实践[J]. 新闻研究导刊,2018,9(10)：15-16,91.
[②] 谢光玉."数据新闻可视化"线上线下混合式教学模式探究[J]. 文教资料,2020(6)：191-192,157.

插了大量的实操演示,每次讲解之后都留出几分钟,要求同学们在电脑前演示一遍并在交流群里及时分享,课后也需要布置大量的作业来巩固课堂知识以及拓展更多的业界视野。除了大量 Tableau 和 Excel 软件实操作业外,特别布置了几个大作业,分别为:① 国内外数据新闻经典作品调研与分享,分两次作业,每人提供 3 个国内作品、3 个国际作品,要求广泛阅读各大数据新闻发布平台的可视化作品,要求至少看到数百个不同作品,并把印象最深、最值得分享的案例整理成 PPT 在课程群文档中分享。② 开放共享数据平台调研,课堂上已经分享了上百个开放数据共享平台,课后要求每人继续调研寻找至少 3 个课堂上未曾提及并且具有较高分享价值的公开数据平台,从而培养学生寻找数据资源的主动意识。③ 跑分动画制作,作为期中作业,要求寻找任意技术方式自学完成数据跑分动画的制作技术,自选主题完成一项原创跑分动画,作为目标管理,本作业是为了锻炼同学自己解决问题的能力。④ 职业规划思维导图制作,考虑到授课对象为大学三年级学生,即将考虑毕业去向的问题,结合 SWOT 和 XMind 的可视化思维模式和技术,督促同学们进行职业思考和人生规划,这种全局分析的思维模式以及呈现形式也是可视化教学的重要补充。

所有的调研和作品制作均要求同学之间互不重复,这样一方面督促同学尽早完成并提交作业从而避免拖延症,另一方面,晚提交的同学也必须浏览完前面的所有作业确保自己不重复作业才有效,促进了分享交流也节省了课堂教学的时间。同时,任何案例分享和数据新闻作业都要求提供清晰的数据来源以及数据处理的原始文档,课程分享鼓励自行发布并公布链接地址,在教学管理中注重培养执行力意识和工作规范意识。

四、教学效果评估

期末作业是检验教学效果的重要方式,考虑到第一次授课的目标是期望每个同学尽可能独立掌握新闻选题、数据采集、数据分析、可视化呈现的整个流程所需技能,因此首次期末作业并没有采取分组形式来完成,而是要求每个同学单独策划制作一个完整的原创数据新闻作品。要求确定一个尽可能具有价值和显示度的数据新闻主题,寻求权威开放数据或者自己调研形成第一手数据,完成一个数据新闻作品。作品呈现中除了数据可视化之外,还应包括必要的内容及背景介绍以诠释其新闻性。内容要求本人原创,形式上视频、图文组合、交互式作品均可。提交作业时除了完整的作品之外,还应包含说明文档和原始数据,鼓励通过 H5、微信、网站发布作品提供欣赏链接。期末作业提前布置,预留了大约一个月的时间来完成。最终收到 37 份数据新闻作业,其中图文形式 27 份,视频 9 份,交互式游戏 1 份。有 19 份作业达到了专业平台发布的数据新闻水平获得优秀,15 个同学基本掌握了数据新闻创作技能,另有 3 份作业反映出对这门课程的基本技能尚未掌握。

由于是传媒学院首次开设数据新闻的课程,因此非常有必要了解课程结束后学生的评价和反馈建议,以便日后继续优化教学安排。课程结束之后制作了在线评估问卷来收集反馈信,发现超过 78% 的同学对课程内容安排、实用性、作业任务量都表示满意,甚至有同学反馈认为这是大学期间学习的所有课程中最有收获的一门课。

问卷显示对数据处理和可视化演示的内容只有 57.1% 的同学表示满意,42.9% 的同学表示基本满意,封闭式问题也反映出可视化操作演示还有进一步提升的空间。而问卷预留的开放性反馈收到 12 条文本建议,7 条反映到课堂实操演示过快,在线教学有些演示不清楚,实操可进一步强化,最好能达到举一反三全部掌握;2 条建议分小组完成期末作业,以便有缺互补创作更为精良的作品；其他反馈包括建议在挖掘数据和数据收集上多一些内容，以及期望能够提供更多的软件和操作平台来学习，这些反馈将在以后的教学中继续探索和优化。从学生的反馈来看，夯实技术能力是他们对这门课程最大的期望和最急切的需求，因此数据新闻课程的主要目标定位可归纳为：开拓数据新闻视野，夯实数据可视化能力。

五、结语

数据新闻是一门实践性和实用性很强的课程，高校的新闻传播专业开始数据新闻课程不仅给从事数据新闻行业的未来人才提供了一个最基本起点，在大数据时代以及可视化趋势背景下，在各行各业甚至包括学术研究中，也对数据分析处理以及可视化呈现能力都将发挥重要作用。这里我们通过苏州大学首次开设《数据新闻》课程的探索，也为其他高校拟开设数据新闻课程提供一些教学参考。特别是从教师的角度而言，克服对技术的畏难心理，选用理工背景的学生或者青年教师来协助实操训练，融入大量优秀数据新闻案例调研和分享，并配合较为充分的作业任务，就能够达到课程的基本教学效果。相信"00 后"为主的大学生作为数字原住民的一代，与"70 后""80 后"的成长背景不同，合理引导和较为严格的阶段性任务要求总体上就可以培养出当代大学生对于数据新闻可视化的技术能力。

本章小结

数据、算法和新闻的结合，改变了新闻的采集、制作和传播方式。数据新闻是当今新闻实践领域的"现象级"风潮，业界实践的日趋成熟促使学界进行理论总结与深入反思。一些学者从新闻价值、专业维度和认识论层面区分了不同的数据新闻名称与概念，进一步厘清了数据新闻发展的渊源与趋向，还有一些学者从以往中西方媒体的数据新闻实践中进行针对性的剖析与学习借鉴，为当下数据新闻制作提供案例启发与具象的现实路径。

数据新闻从诞生之日到蓬勃发展之时，显示了信息技术革命在 Web 2.0 时代的新活力。从全局视角看，数据新闻给新闻传播行业带来了全新的挑战：从无数纷繁芜杂的数据中提取出真正有价值的数据信息、事实信息，寻觅潜藏在各个社会事件发展中的起因、方向、结果等关联性，由此为一个个社会现象和重大事件提供客观性的论证依据，能够在今后的社会生活中做到预知发展规律、把握当下生活，然而这一目标的实现需要职业传播者具备较强的新闻敏锐性和数据工具使用能力。从微观视角看，数据新闻生产的各个环节都包括了挖掘数据、提炼数据、分析数据、整合数据这几个步骤，这意味着需要掌握计算机处理技术、量化分析研究方法、非结构化数理统计分析等本领。面对数据新闻的应用与深化，相关专业人员应当培育自身的数据意识，夯实技能并拓展视野，积极汲取优质数据新闻作品的制作经验。基于此，数据新闻的高等教育化与解读普泛化也是值得学界和业界深入探讨的话题，新媒体时代亟须优质复合型新闻人才推动数据新闻的纵深发展。

◆ 思考题

1. 从数据新闻的发展历程思考，结合实际案例分析数据新闻如何传承精确新闻的要义。
2. 数据新闻的主要特征和内涵预示着新闻传播业的未来发展方向是什么？
3. 面对新媒体时代的机遇与挑战，数据新闻如何突出重围发挥传播优势？如果你是数据新闻专栏工作人员，打算如何策划相关栏目？
4. 结合本章内容，为国内数据新闻教育事业提出一些实际性建议和举措。

第二章　数据新闻的类型与制作

提到数据新闻,我们不妨先思考一下,取材于全国的调查数据与着眼于某个城市的数据,所形成的新闻报道是否属于一样的数据量级?依据原始数据与依据二手数据制作出来的新闻,呈现出的影响效果是否一样?答案明显是否定的。数据新闻不是一个狭隘的概念,在不同的情况下,其呈现形式也是多种多样的,而类型的不同又决定了其制作过程中所需要的人力、物力、时间等因素的差异。那么数据新闻是如何分类的?制作这样的作品需要经历哪些步骤?与传统新闻相比,它所涉及的制作人员和内容分工呈现出怎样的变化?本章将一一解答。

第一节　数据新闻的类型

数据新闻是一个总称,依据不同的衡量标准可以分为多种类型[①]。在本节中,我们主要根据数据新闻的数据规格、数据来源、选题性质以及操作方式,将其分为以下四种类型。

一、"大数据新闻"与"小数据新闻"

"大数据新闻"与"小数据新闻"主要依据数据新闻中所采用的数据的规格来进行划分,两者的区别主要在于报道所涉及的数据样本量的大小。

(一)大数据的特征

关于大数据,虽然目前各界对其内涵和特征尚未达成统一界定,但是,学界普遍认为大数据具有以下四个特征:

规模性(Volume):大数据的显要特征就是数量多、体积大,随着信息化技术的高速发展,数据更是呈现爆发性增长。那么,究竟多大的数据才能称为"大"数据呢?2012年,互联网数据中心(IDC)为大数据设立的门槛中提到,数据体量超过 100 TB 是成为大数据的标准[②]。因此与传统数据相比,大数据的数据体量已经远远超过 GB 和 TB 的计量范围,一般用 PB、EB 或 ZB 进行衡量。

[①] 方洁. 数据新闻概论[M]. 北京:中国人民大学出版社,2019:26-37.
[②] 数据量通常使用千字节(kilobyte, KB)、兆字节(megabyte, MB)、吉字节(gigabyte, GB)、太字节(terabyte, TB)和 PB(petabyte)、EB(exabyte)等来衡量。1 KB=1024 B,1 MB=1024 KB,1 GB=1024 MB,1 TB=1024 GB,1 PB=1024 TB,1 EB=1024 PB。

多样性（Variety）：大数据的多样性主要体现在数据来源繁多、类型丰富以及数据之间紧密相关。首先，在互联网时代，各种移动设备的普及，让数据的生成渠道空前扩大，数据的获取也变得更加便捷化与日常化。其次，大数据的数据类型已经不再仅仅局限于交易数据，而是进一步拓展出非结构化和半结构化的数据①，比如广泛存在于社交媒体中的人为数据、有关个人信息资料的移动数据，以及由功能设备生成的机器和传感器数据等。此外，大数据的数据之间是高度相关的，比如一位用户发布的购物动态，与其经济收入、性别、喜好等信息紧密相关。

高速性（Velocity）：大数据在更新数据和处理数据方面均呈现出高速性特征，这也是大数据区别于传统数据挖掘最显著的特征。一方面，随着网络环境不断完善，大数据采集和传输速率大大提升，使得其数据处理和更新速度空前提高；另一方面，大数据摆脱了传统的批量分析，实现对数据在线性的支持，这使其能够达到数据输入和过滤的瞬时化，从而根据实际需要对数据进行实时分析与处理。

价值性（Value）：大数据具备价值性高而价值密度低的特征。一方面，大数据可以在涵盖全体对象的总体数据的基础上，筛选出那些具有预测价值和参考价值的数据，并借助人工智能等手段对这些数据进行特定领域的分配和运用，从而将数据原有的价值放大。另一方面，也正是因为大数据体量庞大、数据类型繁杂，导致其中具备研究价值的数据所占比例很小，容易淹没在垃圾信息中，即价值密度过低，使得信息提取好似"大海捞针"。

（二）小数据的特征

与大数据的特征相比，我们可以发现小数据具有以下几个方面的特征：

规模上的有限性。这一特征与大数据相反。这种有限性主要体现在数据采集的对象和体量上。一方面，小数据的采集对象主要为个人，且通常是在特定目标或特定问题的指引下进行数据采集，因此一般聚焦于特定方面而不是全部范围，这使得小数据的规模不会很大；另一方面，与海量大数据相比，小数据的容量也十分有限。

类型上的多样性。这一点与大数据比较相似，主要体现在两个方面。从数据来源看，小数据可以由访谈和调查问卷等多种方式获取；从数据种类看，它不仅包括各种结构化数据，还包含各种半结构化以及非结构化数据。

价值密度高。由于小数据主要围绕单一用户的个性化信息，并且数据规模相对有限，因此小数据中的价值信息所占比例较大，不容易被淹没；由此相较于大数据而言，小数据的价值密度更高。

（三）大数据与小数据

样本的差异。首先从样本来源看，大数据只能搜集客观存在的行为数据，搜集者在搜集时几乎没有主观能动性的发挥空间，而小数据则具有较强的目的性和针对性，搜集者可以根据特定问题来搜集数据或直接定制数据；其次，从样本容量看，大数据样本容量为总体样本量，涵盖的是全体用户，而小数据则以具体的、单个的个体为对象；最后，从样本数据类型看，

---

① 由于数据来源于不同的应用系统和不同的设备，大数据形式大体可以分为三类：一是结构化数据，如财务系统数据、信息管理系统数据、医疗系统数据等，其特点是数据间因果关系强；二是非结构化的数据，如视频、图片、音频等，其特点是数据间没有因果关系；三是半结构化数据，如HTML文档、邮件、网页等，其特点是数据间的因果关系弱。

大数据和小数据都包含结构化、半结构化和非结构化数据，但是大数据中半结构化和非结构化数据的占比更大，而小数据则以结构化数据为主。

精确性的差异。大数据对数据收集和分析的精确性要求低于小数据，这主要表现在三个方面。首先由于大数据样本来源较为广泛、数据量较大，导致其在数据收集环节也具有很大程度的粗糙性，因此价值密度较低，而小数据则恰恰相反；其次，在实时分析的要求下，大数据在线处理的数据很多时候也是有限的，其结果往往只是近似情况，关注的是群体的共性规律，而小数据专注的是个人数据的全方位挖掘，聚焦于微观层面的个性化规律，因此小数据对精确性的要求自然就比较高。

数据生命周期的差异。由于大数据通常遍布于整个电子空间，其数据收集的时间并不仅仅局限于当下，而是经常会向后追溯至过去、向前延展到未来，也正是在这种情况下，大数据经常会被永久存储，数据生命周期较长。相比之下，小数据的数据生命周期则相对有限，要么是以具体项目的开始和结束作为存储的起始时间，随着项目的完成而终结；要么是被设置了特定的保存期，时间一到，数据就会因失去利用价值而被丢弃。

可衡量性的差异。由于大数据涵盖面广，涉及的因素多且复杂，因此各种类型的不同数据提供了多种格式，这也就使得对大数据进行解读需要遵从各种不同的协议，其可衡量性大大降低。而小数据由于聚焦于具体的个体，无论是其内容还是结果，都可以借助特定的方法或者实验来进行衡量。

对数据关系的衡量角度的差异。大数据更关注数据之间的相关关系，是以数据驱动的思维为基础，从海量数据中分析出"是什么"；而小数据则更关注因果关系，是基于理论驱动的思维，不仅要了解"是什么"，还需要探究"为什么"，注重对现象背后的本质进行更为深入和透彻的把握。

通过以上对大数据和小数据各自的特征及两者之间差异性的梳理之后，我们来进一步了解大数据新闻和小数据新闻。

1. 大数据新闻

大数据新闻是基于大数据分析思维的新闻报道，指的是在报道中采用了 PB、EB 或 ZB 级别单位的数据作为支撑数据和报道对象，由此形成的数据新闻。它的数据对象涉及全体，从结构化的小数据拓展到半结构化和非结构化的数据。大数据新闻的选题往往限于具有很强社会影响力的新闻事件。由于其数据的量级巨大、需要投入大量的资本和人力，因此这类报道经常需要基金会的资金支持，实施者往往不是单一个体，而是需要以媒体为主导的团队协作完成。中国中央电视台《晚间新闻》栏目播出的《据说春运》节目，就是一个典型的大数据新闻作品。

2014年1月25日至26日，中央电视台联合百度，通过大数据的收集、解析，制作出《据说春运》新闻作品，将春运的景象以可视化效果呈现在电视屏幕上。由于春运是一场规模宏大、周期性的人类大迁徙，在数十天的时间内就会涉及几十亿的人口流动，因此需要借力专业的互联网平台。由此，拥有服务器集群、云计算等先进的数据处理技术的百度，成为这次《据说春运》专题报道生成的关键平台。

在《据说春运》的制作中，央视负责专题选定和新闻制作，百度负责数据采集和挖掘。在《据说春运》的数据搜集过程中，百度正是对智能手机用户的定位信息和搜索行为进行搜集，然后通过大数据平台进行整合与计算分析，在交互性设计和可视化处理下，映射出手机用户的迁徙轨迹，由此制作出中国大地上春运迁徙状况的动态图。通过这一作品的动态呈现，观众可以看到春运期间全国范围内最热门的迁入城市、迁出城市以及最热门的线路和城际之间人口的迁徙状态,比如连续几天居于热门线路前十名的成都—北京路线。这个通过数据分析出来的结果,与成都铁路局的实际统计情况非常吻合:从春运开始截止到新闻播出前一天的晚上8点,从成都火车站直达北京的旅客人数比上一年增加3000多人,增幅超过60%(图2.1.1)。

图 2.1.1 中国中央电视台《晚间新闻》栏目 |《据说春运:"大数据"展现"大迁徙"》(扫码阅读)

在传统的新闻报道中,记者只能通过自己相对单一的视角给观众带来报道,报道的角度和内容在很大程度上会受限于记者个人对新闻的感知水平。相比之下,在2014年《据说春运》这则报道中,央视一改以往派出记者在各大车站蹲点报道春运的形式,引入百度地图LBS定位大数据,首次以动态数据地图的形式进行新闻呈现。一方面,这使得观众能够对春运期间的人口动态有一个较为清晰和直观的把握;另一方面,发端于观众亲身实践的数据也极大地提升了这一新闻报道的互动性。这正是大数据新闻的独特魅力——建立在对宏观人群行为的整体把控基础上,发掘千千万万个体共性中的独特素材,从而形成真正打动人心的新闻作品。

2. 小数据新闻

小数据新闻是基于小数据分析思维的新闻报道,指的是在报道中采用了GB、TB级别单位的数据作为支撑数据和报道对象,由此形成的数据新闻。相比于大数据新闻,它的数据来源比较有限,涉及的数据量级很小,需要投入的成本和技术水平也比较低,因此成为目前很多媒体实践中采用的主要类型。新华网策划的移动端交互产品《全景交互看阅兵》,就是一个典型的小数据新闻作品。

为纪念世界反法西斯战争胜利70周年,新华网数据新闻策划部在2015年9月3日周年阅兵之时,策划制作了移动端交互产品《全景交互看阅兵》,为用户再现了阅兵分列式的精彩内容。

由于该产品的页面采用的是全景交互的呈现方式,因此受众观看该作品时,只需拖动手机页面上的方队图标,即可按照方队实际参阅顺序回顾阅兵内容。在作品页面的左上角,有一个"现场图集"的按钮图标,通过点击该图标,用户便能看到该方队在阅兵现场的高清照片。此外，针对每一种方队，作品都附带了相关的介绍，如果用户想进一步了解，只需要点击方队的武器图标，页面中就会呈现出对应方队的文字介绍（图2.1.2）。整个页面简洁工整，但涉及的信息十分全面。

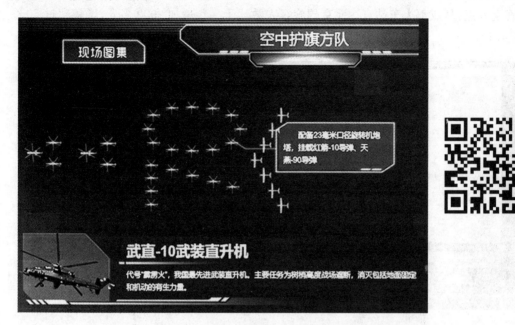

图 2.1.2　空中护旗方队截图 |《全景交互看阅兵》(扫码阅读)

《全景交互看阅兵》涉及的数据量并不大，主要根据"9·3"大阅兵的直播内容进行制作，以现场回传的高清照片和武器装备数据资料作为创作素材，对直播时的队列分布进行模拟，并结合出场节点内容，对阅兵分列式完整流程进行多个角度的呈现。

值得一提的是，《全景交互看阅兵》中每个参阅方阵的出场时间精确到了分钟，确保了精准性和权威性。该产品在9月3日下午第一时间完成并发布，可以说在媒体同类产品中占得了先机。除了手机端，该交互产品在PC端也进行了推送，以满足各类群体阅读习惯。

二、自采数据型数据新闻与非自采数据型数据新闻

从数据来源的角度来看，可以将数据新闻划分为"自采数据型数据新闻"和"非自采数据型数据新闻"，两者的区别主要在于所采用的数据是原始的还是已经被研究利用过的。

自采数据型数据新闻指的是以报道者自己采集的原始数据作为分析对象的数据新闻。一般情况下，制作此类型的数据新闻需要三个步骤。首先，报道者需要确定报道主题；其次，根据潜在的社会问题或社会现象拟定报道方案；第三步是此类数据新闻区别于其他数据新闻的主要部分——根据既定主题和报道方案，运用相应的社会科学调查方法或者借助网页数据抓取等技术来获取数据，在此基础上发掘数据价值和规律，进行新闻报道的全景式呈现。

在这个过程中，数据的采集和筹备都以既定报道目标为焦点，因而采集到的数据更加聚焦和切题，这就避免了不必要的多余数据，使得数据可利用性更大。此外，由于自采数据型数据新闻报道采用的数据是一手数据，因此可以减少与其他媒体题材的重合现象，有利于形

成独家报道内容。不过,由于此类报道对制作者数据采集能力的要求比较高,所需要的时间、精力甚至资金投入较大,让很多数据新闻制作者望而却步,因此目前在媒体的数据新闻实践中,自采数据型数据新闻所占比重并不高。

非自采数据型数据新闻与自采数据型数据新闻的不同之处在于,其使用的数据要么是可以直接利用的,要么是可以通过申请信息公开等方式从有关机构获取到的,总之在使用之前就已经被前人采集整理或分析过。也正是由于这类数据新闻依据的是公开的数据资源,在一定程度上减少了因采集数据而可能遭遇到的阻碍,从而大大节省了在数据采集方面的时间和精力等成本。不过,在选择数据来源时,需要对其权威性和数据真实性进行一定的把控,否则很可能会导致新闻失实。对此,一些媒体在制作这类数据新闻时,会标明数据来源,或是将原始数据的链接放在新闻报道中,最大限度地让人们了解数据的具体出处及其可信度。相比之下,国内某些媒体在这一方面则需要改进,不能仅仅在报道结尾处公布数据出处,而应该同时标注具体文件名及相关来源链接。

以国内知名数据新闻栏目澎湃新闻"美数课"为例,其数据按照来源主要分为两类——自采型数据和非自采型数据。其中,自采型数据比重较小,在该栏目自2016年至2018年三年期间发布的全部可查的数据新闻作品(462篇)中,只有32篇,占比6%①。而非自采型数据在所有数据中占绝对比重,这一类的数据来源又可细分为以下四种。

第一种来源是政府及其机构的门户网站,大致可分为国内和国际两类。国内方面,一种是中央政府推行的官方数据门户网站,如中国政府网、中国国家统计局等;另一种是地方政府设置的地方统计网站。国际方面,主要是英美等国家的政府网站数据,如美国商务部。

第二种是非政府机构及企业网站的数据,所涉及的领域非常广泛。此类数据包括联合国等政府间组织、中国国际贸易促进委员会等准官方性质的社会团体、世界自然基金会等非政府组织,以及苹果、百度等各类商业企业官网。

第三种是其他媒体的数据,也是"美数课"栏目数据新闻报道的重要来源,比如新华网、光明网、新闻门户网站及垂直类媒体,都是澎湃数据新闻经常采用的媒体渠道。

最后一种是高校及研究机构的数据,如高校就业报告、中国新闻出版研究院的《全国国民阅读调查》等,不过这类数据运用不多。

总体来看,澎湃新闻"美数课"栏目报道作品的数据来源多样,并且善于在一篇报道中采用多方数据进行研究与论证,最大限度地对新闻信息进行全面客观的分析。例如,该栏目2017年8月10日的新闻作品《中国器官捐献立法十年:年捐献器官数量过万》,不仅对中国人体器官捐献管理中心的数据进行梳理,还利用世界卫生组织的全球捐赠和移植观察所发现的数据,对比了世界其他国家的情况,通过交叉验证,力求做到新闻报道的客观严谨。

三、事件选题型数据新闻与话题选题型数据新闻

以数据新闻选题的性质作为衡量标准,可以将其分为"事件选题型数据新闻"和"话题选题型数据新闻"。

事件选题型数据新闻,顾名思义,就是根据特定的新闻事件确定选题,对该事件呈现出的数据进行挖掘和解读,形成具有新闻价值的数据报道。一般而言,能够被该类数据新闻应

---

① 邓思敏. 澎湃新闻"美数课"栏目数据新闻研究[D]. 湘潭:湘潭大学,2019.

用的事件分为两种——可预见的重大新闻事件与突发性新闻事件。

可预见的重大新闻事件一般指会议、比赛等,由于可以提前预知,因此媒体有相对充分的时间对此类事件进行策划和报道。突发性新闻事件以灾害性事件为代表,由于时效性要求较高,因此对数据新闻团队特别是可视化设计师进行数据呈现而言是不小的挑战。不过媒体对此也有相应的操作思路,比如对事件中的主体进行深挖,形成相应的数据呈现,或者在无法立即获知事件的确切情况时,从事件的背景材料着手,进行相关的可视化分析与展现。

《印度尼西亚坠机事故》(Indonesia plane crash)(36 小时以内),就是一部典型的事件选题型数据新闻作品。2018 年 10 月,一架载有 189 人的狮航客机从印尼首都雅加达起飞后不久坠入大海。路透社(美国分社)图表部门闻讯,立即对 Flightradar 24 和波音公司的事故数据、多媒体内容进行搜集整合,期间结合与各个机构和专家的交谈来对数据信息进行更加精准的处理,并运用 QGIS① 等方式进行地图绘制,最终在 24 小时内完成并发布了这篇直观深入的报告。

作品一共分为三个部分。第一部分加入了印尼军方提供的飞机残骸实拍和失事航班在事故发生当天以及发生之前的两天内飞行的航线,通过对比三天之中同一架飞机的海拔和速度,体现出事发当天飞机起飞时飞行情况的不稳定。同时,该部分还对波音编制的全球商用机在 2007~2016 年发生的事故进行分析和可视化呈现,表明飞机的严重事故集中在起飞和降落阶段。

第二部分聚焦于失事的飞机,分别展示了这一机型的飞机投入使用的起始时间,然后是失事飞机投入使用的起始时间及其飞行班次的情况。报道显示,这一机型是在 2017 年开始投入使用,而失事飞机是 2018 年制造并投入使用,失事之前它仅服役了不到三个月,一共飞行 430 架次,在报道中作者还绘制了该飞机 430 个航班的飞行路径。

最后一部分就是每次飞机失事最为关键的步骤——寻找黑匣子。很多人都知道黑匣子相当于一个飞机的"大脑",但它具体的情况如何,并不是所有人都了解。该作品将黑匣子的部分处理成"关键信息+科普性图示"的形式,对黑匣子在一架飞机上的具体位置、黑匣子的内部构造以及每个部件所发挥的功能(图2.1.3)都进行了直观化的展现。

话题选题型数据新闻是指以某一类型的新闻话题为主题,由此出发进行数据收集,然后对收集到的数据进行分析和可视化的数据报道。

相比于事件选题型数据新闻只能在事件发生之后才能收集数据、展开策划和制作,话题型数据新闻的选题不受事件发生与否的限制。一方面,记者可以将新近发生的事件、公开的相关数据作为基础进行报道主题的构思;另一方面,记者也可以基于自己对某一话题的兴趣而收集数据,进而制作报道。由这两方面可以看出,话题选题型数据新闻在时效方面的要求是比较宽松的,媒体有更大的自主构思空间,从而促进数据和报道的主题更加贴合,制作出独特风格的数据新闻。

针对相关话题,我国涌现出一批优秀的话题选题型数据新闻作品,如 DT 财经在 2019 年针对租房话题,推出了《预算 5000 元,在北京也很难租到好房》,成为第四届中国数据新闻大赛业界获奖作品(图 2.1.4)。

---

① QGIS,原称 Quantum GIS,是一个自由软件的桌面 GIS 软件,提供数据的显示、编辑和分析功能。

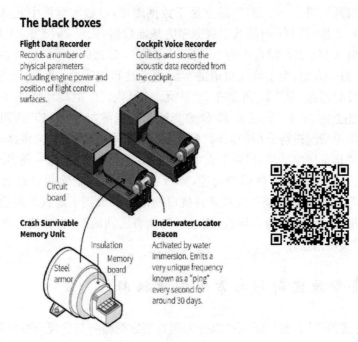

图 2.1.3 黑匣子内部构造及功能图|《印度尼西亚坠机事故》(扫码阅读)

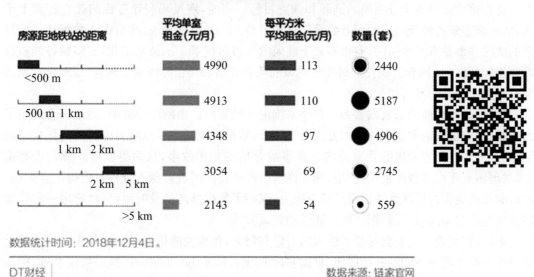

图 2.1.4 DT 财经|《预算 5000 元,在北京也很难租到好房》(扫码阅读)

该作品并非聚焦于具体的新闻事件,而是立足于"租房"这一话题,针对北京这一特定地点,从两个角度展开报道。一方面,作品立足于数据维度,以链家官网中北京的可租房源数据(截至2018年12月)和DT财经城市数据库的基础数据(截至2018年11月)作为支撑报道的数据素材,引入DT财经城市库的BLECTS指数①,对北京可租的房源数量及分布情况进行直观展现。另一方面,为了增加报道的实际指导性和趣味性,报道以第一人称——"囊中羞涩"的DT君的形象,从"① 租金在5000元/月以内,② 距离地铁站不超过1000米,③ 通勤时间不超过30分钟,④ 进入30分钟交通圈站点群内TOP 15"这四个筛选条件出发,在对北京的房源情况进行分析的同时,模拟展现大多数人租房时挑挑拣拣的心路历程。最终该作品得出"北京房源虽多,但对于囊中羞涩的你选择并不多"这一现实的结论。

报道中不乏一些颇具幽默色彩的表述,如"DT君十分膨胀地假设自己的租金预算为5000元/月以内""掂量掂量口袋""咬咬牙将挑房的范围扩大到了地铁站周边1000米内"等等,大大增加了报道的俏皮感和亲切感,拉近了与读者之间的距离,让读者在莞尔一笑的同时获取到相关的实用信息。

四、调查型数据新闻与常规型数据新闻

根据操作方式的不同,数据新闻可以分为调查型数据新闻与常规型数据新闻。

调查型数据新闻常常有一个明确的调查目标,围绕该目标收集多方数据并对复杂的数据进行分析,以深入、系统地报道社会事件、现象或问题。在该类数据新闻中,除了数据之外,相关的其他事实材料和记者对应的解释也成为报道中的重要内容。由于涉及调查过程,因此该类数据新闻制作周期一般比较长,且常常需要借助团队的合作。

2019年全球数据新闻奖于当地时间6月14日(北京时间6月15日)在希腊揭晓,其中的年度调查报道奖颁给了美国由美联社、调查性新闻中心和Quartz三个机构共同制作的《谁死于飓风玛丽亚》(Hurricane Maria's Dead)。这一作品就属于调查型数据新闻。

首先该作品具有十分明确的选题和调查目标。当时,飓风玛利亚造成的死亡达到上千人,然而波多黎各政府给出的死者数量信息却只有64人,也就是说,政府在人数统计方面呈现的情况并不是真实全面的,有很多死于飓风的人被忽视了。正是基于此,波多黎各调查性新闻机构、Quartz网和美联社针对死于飓风的死者详情和死亡原因展开调查,以对死者家属及社会大众的关切进行相关回应。

其次,该作品涉及的数据繁多。它并未拘泥于政府所给出的原始数据,而是综合运用了大型调查、电话采访和政府诉讼的方式展开调查,数据来源涵盖了政府回应诉讼的死亡记录信息、近300位死者家属的受采访信息及事故背后的相关故事,从而得以建立死亡者数据库,对玛丽亚死亡人数的范围、性质、死者详情以及死亡原因进行深入分析。值得注意的是,该新闻还在灾害过后继续进行跟踪调查报道,保持了数据新闻的及时更新,展现出一种将现场报道与众包新闻,以及数据新闻相联结的新颖方式。

最后,在呈现方式上也花费了巨大的心思和精力,将庞大的信息量涵盖其中。作品的总界面中设置了两个不同的链接按钮,页面左边的"Explore the database"指向数据基础,即在飓风灾害中丧生的受害者名单(姓名、年龄、死亡时间以及死亡地点);右边的"Read the sto-

---

① 这里引入的DT财经城市库的BLECTS指数,展现的是生活便利度的情况,主要以地铁站辐射圈的居住功能、商业功能和休闲娱乐功能作为衡量角度,来得出一个综合评估的结果。

ry"则是指向关于此次飓风灾害发生的一些详细信息。以该新闻的"Read the story"部分为例,呈现的页面图中,用黑色小方格代表在飓风灾难中死亡的人,由于纵轴是代表月份/时间的推移,因此当受众用鼠标往下拉时,小方格会随之缓缓出现,表明死亡人数在随着时间的推移而增加;而随着鼠标的下滑,有时还会出现红色的大方框,方框中用白色字体呈现出政府所确定并公布的死亡人口(图2.1.5)。滑到最后会出现黑色小方格与红色小方格的对比,即真正死亡人数与政府公布死亡人数的对比,由此可以直观地看到在灾害期间所有的死亡人数与政府公布死亡人数的巨大差值。这种交互设计让人在所有数据显现的过程中,体会到生命的消逝及政府的不作为。

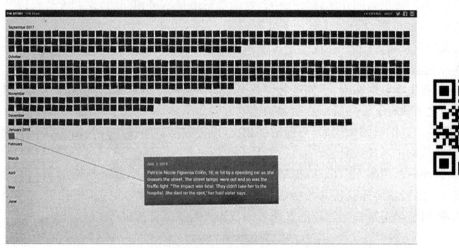

图 2.1.5　飓风玛丽亚致死人数呈现图 |《谁死于飓风玛丽亚》(扫码阅读)

相比之下,常规型数据新闻的制作则更容易操作——运用简单的数据分析和可视化处理即可完成日常选题。这类数据新闻一般以公开的数据集作为数据源,因易于实施和践行的特点而被众多新闻机构采纳,成为当下比较常见的数据新闻形式。

第二节　数据新闻的制作流程

我们都知道,在传统新闻时代,一篇新闻报道的形成大致需要经历敲定主题、采访写稿、编辑改稿以及定稿刊发四个环节,相比之下,数据新闻在继承传统新闻采编模式的基础上又有所变革和创新。

一、确定选题

一个好的选题会在很大程度上决定这个数据新闻的受欢迎程度。数据新闻首先是新闻,它必须基于一个好的选题才会更有可能成为好作品。因此不管是传统新闻,还是数据新闻,确定选题都是进行新闻制作的第一步。需要注意的是,在数据新闻中,定选题往往与找数据是相互交织、相辅相成的。一般情况下,媒体是基于已有的数据,挖掘出具有新闻价值的角度而确定选题的,但也可以是先对某一类的新闻话题产生兴趣,形成特定的选题,进而着手去搜集和挖掘相应的数据。

比如,财新数据可视化实验室出品的作品就大致分为两种情况。第一种是明确的选题先行,如《专利药为什么这么贵》《深港双城生活》《40年日本对华援助将终结都援助了哪些项目?》等作品,都是从已有的数据中挖掘背后的意义,然后以社会重大的热点事件为基础,广泛搜集数据,深度挖掘材料;另一种是以受众关心的话题为基础来搜集数据,从庞杂的源数据中寻找新闻,自创主题完成报道,如《眼镜大国养成记》《我们画出了国家宝藏的画像》等。

因此,不同类型的数据新闻在实践操作中存在的情形也是不尽相同的,它们大致可以分为以下四种情况。

第一种以大数据新闻为代表,往往是记者编辑先有一个选题设想,这个选题设想可能一开始并不具体,而是随着对大数据的深入分析而逐渐清晰的。

第二种情况,自采型数据新闻、事件选题型数据新闻以及调查型数据新闻,相比之下,则都是在新闻制作之前就有了较为清晰和明确的选题方向。

第三种以常规型数据新闻为代表,与前两类相反,该类数据新闻往往一开始并没有确定选题方向,而是从数据中发现选题。

最后第四种,小数据新闻、非自采数据型数据新闻以及话题选题型数据新闻则是两种情况都可能出现——既可能是先获得某个分析报告或媒体报道的数据,然后从中找出具有新闻价值的选题,也可能是对某一个选题感兴趣后寻找相关的数据支持报道。

二、挖掘、清洗、分析及呈现数据

数据新闻强调以"数据"为核心,需要注意的是,这里的数据并不完全等于数字,它也可以是文字、时间、图片、关系或者地理坐标等,从这样一系列散乱而无序的资料中挖掘和筛选出具有新闻价值的部分,并对其进行可视化的呈现,是进行数据新闻制作的关键部分。具体而言,这一过程包括以下步骤。

(一)数据挖掘

数据挖掘即获取数据,在这个过程中,我们有时可以获得现成的数据,比如学术论文研究、政府公开网站、第三方机构发布的数据和报告等;另外一些情况下,我们则需要自行去搜集一些网页上的数据。举个例子,假如记者要做有关海外疫情的数据新闻报道,而这个时候刚好约翰霍普金斯大学有公布海外疫情的相关数据,那么记者就需要去它的网站进行搜集。就数据搜集(爬取)而言,我们既可以通过编程的方式去操作,也可以通过工具去操作,比如Python和Ruby是比较常用的爬虫工具,其他的软件如八爪鱼、import.io等相比之下可能更容易上手,但局限性也很强,不一定能帮助我们爬取全部数据。

(二)数据清洗

数据清洗也叫数据过滤,指的是对数据做初步处理,清除一些无用信息的过程。很多时候数据并不是绝对客观的,用来挖掘这些数据的技术也不是天然中立的,因此记者需要对搜集的数据保持怀疑的态度——在搜集到足够多的数据之后,对数据进行全面谨慎的处理。

比如，在面对一份原始数据时，我们可能会发现它存在标示方式不同、空白数据、明显异常值等问题，这些都会影响我们对数据的正常分析和处理，因此需要对其进行清洗，通过数据之间以及该数据与其他数据源之间的关联性，将信息转化为数据、删除错误数据、统一数据格式以及合并数据。在这里需要注意的一点是，空白数据并不一定都是无用的，有时候它可能代表的是没有反馈，因此要根据具体情况决定是保留还是删除，以保证数据清洗的科学性，便于接下来对数据进行深入分析。

（三）数据分析

数据分析指的是挖掘和归纳数据中有新闻价值的部分，以帮助大众理解的过程。在数据新闻的制作过程中，媒体一般进行的都是比较基础的描述性统计，比如对意大利每10万人中的新冠病毒感染数量进行描述。但是在很多时候，除了仅仅进行客观的计算以外，还应该研究数据之间的相关关系和因果关系，比如一个国家的老龄化程度与该国家的新冠病毒确诊数量是否存在相关性，这就需要用到相关分析。不过，在做因果关系或相关关系的判断时需要进行严格把关，最好能够与学术机构进行合作，借助学术机构的专业性来鉴定我们所做的分析结果是否全面、有无意义。

（四）数据呈现

数据呈现的过程也就是报道形成的过程，呈现形态多种多样，例如文字、静态信息图、视频、动态交互、数据应用等。需要注意的是，无论数据新闻是输出成视频、H5，还是其他的可视化形式，其中用到的可视化表现手段都要与我们想表达的故事有关，同时我们也可以结合平台的特点或目标用户而综合敲定采用哪种可视化手段。

【知识窗】

澎湃新闻的数据新闻操作流程

澎湃新闻的数据新闻生产流程主要分为报题、提纲、初稿、制作以及发布五个部分。

第一步是报题，这个过程更多是探究项目是否适合做成数据新闻。有很多选题本身不符，或者缺少数据，又或者用数据进行呈现并不如文字讲述呈现的效果好，在这些情况下，数据新闻的方式就没有必要性了，因此在报题阶段，澎湃新闻数据新闻内部主要强调三个问题：

（1）新闻由头要紧扣当下热点。比如，不能在疫情非常严重的时候，去关心一个非常边缘的问题，毕竟媒体是一种公共资源。

（2）切入角度要尽量具体。从选题的一个切面进行切入，比如展望非洲国家未来的疫情爆发点、探究疫情目前在哪些地方传播得比较迅猛等，而不能报一个类似于"探讨肺炎疫情发展"的题，因为它宽泛到甚至可以写成一本书。

（3）确保掌握的数据资料要能够支撑选题。可能有时候我们想解答的问题很有价值，也是当时公众最关心的，但如果我们拥有的数据不足以回答相关问题，那么选题也是无法通过的。

第二步是提供框架，团队内部的操作框架要形成基本的数据结论和行文逻辑，从而展开这个故事，并确定表现形式，比如图文或视频。

第三步是初稿环节，即每一部分的信息究竟要用什么样的方式呈现。澎湃新闻数据新闻的要求是图文组合，且这种组合要以遵循发布标准为前提。

第四步是制作，这个部分涉及草图设计，如果是交互形式可能就需要做开发。

前面步骤完成之后,就可以进行最后一步的发布工作了。

以澎湃新闻针对疫情期间海外虚假信息的操作①为例:

在选题方面,由于发现有很多人在朋友圈发虚假信息的截图,团队便对发布虚假信息的账号背景进行调查。随之发现很多账号都隶属于同一家公司,拥有共同的控制人,于是团队以此作为梳理选题的由头和大致的切入方式,最终将落点放在公司背景上。

接下来梳理项目框架,通过现象梳理找出被大量复制的六组文章,然后进行细节对比,比如,这些文章的套路是什么,修改了什么样的信息,之后又是怎样保持相似性和呼应性等等。最后探究账户主体和企业的控制人。

在初稿环节,该团队采用的是环形图和图中带标注的呈现方式。

草图形成之后,第四步的制作效率就会大大提升,最终团队能够在一天多一点的时间内全部完成并进行发布。当然,这些都需要平时对于这一流程的严格控制以及制作时在每个环节的良好沟通。

三、数据新闻成品的传播

互联网时代,仅仅有好的新闻内容还不够,将内容过硬的数据新闻成品传播出去,到达受众并得到认可,才能避免制作完成的数据新闻报道在海量信息之中被淹没,因此,数据新闻成品的传播也是至关重要的。

互联网专家保罗·布拉德肖(Paul Bradshaw)依照传统新闻学里关于"倒金字塔"结构理论,提出了"数据新闻的双金字塔结构"②。其中倒金字塔部分分别由编制、清洗、情境化与合并四个方面组成,主要展现的是制作数据新闻的过程。他认为,数据处理的最终目的是完成数据的可视化并实现有效传播,因此他在给出倒金字塔的同时,也给出了另一个正金字塔结构来展现数据新闻的传播过程,这一过程主要包含以下六个途径:

(一)可视化

可视化(Visualisation)是传播数据新闻最快捷的方式,在吸引用户目光方面具有其他传播方式难以比拟的优势。然而它的这一优势,在很大程度上也是它的主要缺点——信息图表的即时特性也意味着人们通常不会花太多时间去细细揣摩它。这也就导致数据新闻虽然能够快速地进行推广和扩散,却不能有效地吸引和留存用户。因此运用可视化这一传播途径时,需要确保作品中包含指向其源头的链接,并且能让人们看到除了可视化图片之外的其他重要信息。

(二)叙事

虽然采用传统叙事(Narration)方式的新闻作品已经不如数据新闻作品那样受到青睐,但是如果运用得当,它仍然能够成为数字化呈现信息的有益补充,为人们理解新闻内容提供一种别样的途径。不过,在运用叙事传播这种途径时,需要注意尽量将文字的规模控制在人

---

① 吕妍. 数据新闻的制作及其意义.[EB/OL]. (2020-4-10). [2021-10-27]. https://v.qq.com/x/page/g0948rlwkse.html.
② Bradshow P. The Inverted Pyramid of Data Journalism[EB/OL]. (2011-07-07)[2021-10-27]. https://onlinejournalismblog.com/2011/07/07/the-inverted-pyramid-of-data-journalism/.

们可接受的范围内,且展现出与数据的紧密相关性。

(三) 社交化

传播是一种社会行为,而数据的传播也是一种社交化(Social Communication)的表现。很多媒体会尝试通过其社交媒体平台来进行新闻作品的传播,如《纽约时报》推出的动态数据新闻报道《家庭收入如何预测孩子上大学的机会》,设置了让用户画出家庭收入与上大学之间的关系操作,还能分享给其他人交流讨论,充分调动用户参与度和积极性,让数据新闻成为一种新型社交产品。

(四) 人性化

人性化(Humanise)传播即让数字人性化,这主要可以从两个方面进行操作。首先是在新闻报道中要多采用动画形式进行解读和呈现,以加强新闻的生动性、降低其理解难度;然后是多引用典型的个人案例,让数据信息与个体相关的要点得到体现,增加新闻作品的接近性和感染力。

(五) 个性化

与传统新闻作品相比,搭乘互联网快车的数据新闻为用户获取个性化(Personalise)体验提供了多种可能性,主要表现为以下几种形式。第一种是基于交互方式的个性化,即基于用户不同的搜索请求,向用户呈现符合其关注点的内容。比如,当一个政府公布其最新的预算时,新闻网站经常邀请用户输入他们自己的细节(例如,他们的收入,或他们的家庭组成),以了解预算如何影响他们。第二种是基于地域的个性化,邀请用户输入他们的邮政编码或其他地理信息,以了解某个特定问题在他们的家乡是怎样的情况。第三种是基于用户兴趣的个性化,即通过测试用户的喜好和倾向来进行新闻报道的传播,有点类似于现在的算法推荐。第四种是基于第三方网站数据的个性化,即利用第三方网站提供的个人数据,向相关用户提供其所需要的内容。从以上四种方式我们也可以看出,个性化传播的过程也是与社交传播密不可分的。

(六) 应用化

应用化(Utilise)传播即基于数据为报道创建某种工具,从而增加数据的实用性,比如计算器和 GPS 驱动的工具就是其中比较常用的两种。也正是因为涉及创建工具,应用化传播是传播数据新闻最复杂的途径。需要注意的是,这一途径比较关注数据的实用性,因此常常会与可视化等传播方法一起使用,有时也会与个性化传播有所交融。

总之,布拉德肖提出的"双金字塔结构"可以说是更全面地揭示了整个报道过程中,数据在质量以及传播上的变化,为数据新闻团队在互联网环境下进行数据新闻报道的有效传播提供了参考思路和启发。

第三节　数据新闻的生产团队构成

在本章的第一节中,我们依据不同的分类标准将数据新闻分成了不同的类型,并对每种类型的数据新闻进行了介绍,呈现出不同类型的数据新闻在制作时对人力、物力以及财力方面的要求差异。很多时候,某位记者、独立撰稿人以及研究者可以独立完成某篇数据新闻报道的制作,但更多时候,数据新闻的诸多成功范例都是专业团队精诚合作的结果,光靠个人的单打独斗往往很难胜任数据新闻的报道任务,因此这就涉及了数据新闻制作团队的构成。一般而言,团队需保证在新闻敏感性、数据挖掘/分析、数据可视化、交互呈现四大核心技能方面无短板,因此团队决策者、数据新闻记者/编辑、数据工程师以及可视化设计师是一个数据新闻生产团队中不可或缺的角色。

【知识窗】

国内媒体的数据新闻制作团队构成

新华网数据新闻

作为国内数据新闻的先行者,新华网数据新闻栏目2012年就开始对数据可视化新闻进行探索,2013年专门成立了由近20名核心成员组成的数据新闻部。该部隶属于新华网融媒体产品创新中心,部门成员包括数据记者、编辑、可视化设计师、前端工程师等角色,涵盖了新闻传播、软件工程、数字影视等相关专业背景,通过培训加实战的方式鼓励团队成员持续学习,着力打造高品质创新态的数据新闻产品。

澎湃新闻"美数课"栏目

澎湃新闻的数据新闻创作成员目前共有20人,包括两名核心引领人员、7名数据编辑和记者以及十多位负责特定内容处理的人员,主要致力于原创数据新闻的生产以及澎湃新闻内部各种数据可视化和动画制作的需求对接。该团队从动画制作、3D建模、3D渲染、插画到调色,建立了一个比较完善的视觉化生产流程。在日常工作中,数据编辑和记者主要致力于数据驱动型内容的生产、策划和制作,有时整个团队也会联动一起操作更加大型的融媒体产品,除此之外还会和澎湃新闻其他的原创内容团队合作操作更加大型的项目。在多年的实践中,"美数课"栏目以专业化的报道方式,逐渐成为目前国内数据新闻领域的佼佼者,多次荣获SND优秀设计奖、腾讯传媒奖及年度融媒体奖等奖项。

财新数据新闻中心

财新传媒中约有20人负责进行数据新闻创作,这些人员大致分为三种角色——既有从事后台技术开发的工程师,又有长期从事内容运营、栏目策划的编辑,还有精通艺术设计的设计师,而且三种角色的人员基本上是数量相当的。在记者中,文学专业、新闻学专业甚至经济学专业出身的都有;工程师分为前端工程师和后端工程师两种,基本都是工科出身;设计师则主要来自艺术类专业。大部分组织成员是一专多能的,不仅具备新闻敏感、新闻采写能力与节目策划能力,还具有一定的数据素养、数据分析能力以及相关的美学设计功底。在实际操作中,他们既分工明确,又能够相互协作。

网易"数读"栏目

网易"数读"栏目的团队有将近30人——正式编辑2人,设计师4人以及线上作者20

多人。两位正式编辑中,有一位专门负责做社交媒体的长图,另一位负责整个数据新闻内容的协调和把控。设计师一开始是专职服务于"数读"栏目,随着栏目的增多,会有2名设计师视情况兼顾其他栏目的工作。线上作者负责非设计部分的数据新闻制作,彼此之间并不是孤立的,而是经常进行联系和合作。由于线上作者基本是线上实习生,所以其工作会受到编辑的全程把关。

通过对国内一些数据新闻团队的了解,我们可以看出,数据新闻的生产团队一般会包括以下几种角色。

一、团队决策者

团队决策者作为数据新闻团队的领导者,负责整个团队数据新闻制作的运行,包括内容设计、制定决策、协调项目进程、做好不同角色之间的沟通与协调等,尤其在促进团队内各成员之间的沟通与配合方面,要有独特的能力和技巧,以发挥出团队的最大合力。

比如,财新传媒数据可视化实验室创始人黄志敏就曾经带领其团队生产出很多优秀的数据新闻作品,他在谈及如何协调采编与技术的分歧时说道:"编辑权是归编辑部的,而我是管技术研发这条线的。我们团队是一个虚拟实验室,团队里的十来个人不是都在同一个部门,而是有人在采编部门,有人在设计部门,有人在技术部门。我怎么尊重编辑权?我的做法是这样:选题跟内容最后的定夺归编辑部这条线管,有一个主编把握内容,我不管。但是更多的整体的项目的把控,例如做什么项目,我更关注这些东西,更关注找什么样的人什么样的资源组合来做这件事情。这样我就很好地尊重了编辑权的问题,避免这方面的冲突。"[①]

此外,丰富的新闻从业经验对于一个优秀的团队决策者而言也是不可或缺的。2014年4月,《纽约时报》的"The Upshot"栏目成立,原《纽约时报》华盛顿分社的主管戴维·莱昂哈特(David Leonhardt)成为这一数据新闻栏目的主编。戴维·莱昂哈特于1999年加入《纽约时报》,2009年,他撰写的文章《奥巴马经济学》为《纽约时报》杂志赢得了美国商业领域的最高奖项——杰罗德·罗布奖。2011年,莱昂哈特关于联邦赤字和医疗改革等方面的经济评论获得了普利策奖的评论奖。作为几度获得普利策奖的经济专栏记者,莱昂哈特的报道经验无疑是比较丰富的,这也为他随后在数据新闻方面的工作奠定了一定的基础。在他担任"The Upshot"的负责人之后,带领团队的编辑、设计师、程序员等成员在该栏目正式上线不到一年的时间便显著提升了该网站的阅读量,团队制作的报道还入围了2014年网络新闻奖的"网络评论,大型新闻编辑室"类别。可想而知,这些佳绩的获得与戴维·莱昂哈特建立在丰富从业经验基础上对团队的领导和协调工作是密不可分的。

二、数据记者/编辑

数据新闻的记者/编辑通常是由新闻记者/编辑转型而来,两者的相同之处在于,都需要具有相应的新闻敏感性,都通过讲故事的方式来向公众传递信息。不过相比而言,数据新闻的记者/编辑需要在发掘有价值的选题基础上,能够收集、筛选、验证并组织数据,然后对数

[①] 郝思斯.财新传媒CTO黄志敏:做数据新闻的秘诀都在这了[EB/OL].(2015-08-17)[2021-10-27]. http://media.sohu.com/20150817/n419050519.shtml.

据进行分析和呈现,并从用户的视角对数据进行故事化呈现。

作为精确新闻学理论的先行者,北卡罗来纳大学教堂山分校的名誉教授菲利普·迈耶(Philip Meyer)指出,在信息匮乏的新闻环境下,记者会将挖掘和发现新闻线索作为工作的主要内容,而在当今这样一个讯息无处不在的时代,如何对纷繁的信息进行加工整理,便成为了记者需要关注的关键步骤[①]。

对于数据记者应该具备怎样的技能,国内外的机构和学者也表达了相应的看法。2012年,哥伦比亚大学的托尔数字新闻中心(Tow Center)发布了名为《后工业时代的新闻》的报道,里面提到了新闻工作者在这样一个时代环境下应该具备的能力[②],包括:① 拥有身为记者的扎实的专业储备;② 对有关数据及其处理的知识了然于心;③ 懂得如何运用相关的分析工具来解析受众;④ 熟知并掌握一些基础的编程方法;⑤ 能够情景化、趣味化地呈现信息;⑥ 熟悉项目管理。

互联网专家保罗·布拉德肖认为数据记者应该具备四项技能[③]。首先是查找数据的能力,包括具备一定的专业知识,能够使用计算机辅助新闻报道,以及能够使用特定的技术,如MySQL或Python来收集数据。其次是整理数据的能力。要能够很好地理解数据新闻方面的术语以及数据所在的更广泛的上下文语境,熟悉统计学相关知识,尤其要能够熟练运用电子表格,这可以为数据新闻制作节省大量时间。然后是实现数据可视化的能力。在过去,编程和可视化一直是设计师和程序员所负责的部分,但随着学习编程和可视化的途径越来越多,以及人们对其认识的加深,越来越多的记者和编辑开始重视这方面的能力并着手进行培养提升。最后是混合数据的能力。主要是运用ManyEyes、Yahoo! Pipes等工具对数据进行整合分析与展现。

不过,也有学者持相对不同的观点,他们认为,对于数据记者和数据编辑来说,掌握处理数据的复杂技能只是其中一个方面,如何看待数据,能否从数据之中发现、挖掘和提取有新闻价值的部分才是更加重要的方面。比如西蒙·罗杰斯(Simon Rogers)认为,作为一个数据新闻记者,比起具备程序员的技能,更重要的是能够站在一个记者的角度去看待数据、识别数据和联系数据[④]。中国传媒大学调查统计研究所所长、大数据挖掘与社会计算实验室主任沈浩也认为,传统记者向数据记者进行转变的过程中,只具备过硬的业务能力和熟知制作流程是不够的,记者还需要在这个过程中熟知每位制作人员的负责范围和操作情况,以便在整个数据新闻的生产过程中发挥引导作用[⑤]。

三、数据工程师

数据工程师在数据新闻制作过程中主要负责对数据的搜集、过滤和解析等工作。由于

---

① Howard A. The Bond between Data and Journalism Grows Stronger[EB/OL].(2012-02-14)[2021-10-27]. http://strata.oreilly.com/2012/02/data-journalism-Computer-assisted-reporting-government.html.

② Anderson C W,Bell E,Shirky C. Post-industrial Journalism:Adapting to the Present:a Report[C]. Columbia Journalism School,2012:35-39.

③ Bradshow P. How to Be a Data Journalist[EB/OL].(2010-10-01)[2021-10-27]. http://www.theguardian.com/news/datablog/2010/oct/01/data-journalism-how-to-guide.

④ Rogers S. Data Journalism at the Guardian:What Is It and How Do We Do It?[EB/OL].(2011-07-28)[2021-10-27]. http://www.theguardian.com/news/datablog/2011/jul/28/data-journalism.

⑤ 沈浩,谈和,文蕾."数据新闻"发展与"数据新闻"教育[J].现代传播(中国传媒大学学报),2014,36(11):139-142.

这一部分主要借助技术手段完成，因此他们需要具备统计学、数学、计算机编程等方面的专业知识，而在新闻专业知识方面则没有严格要求。

在数据新闻团队中，数据工程师负责的工作大致可分为两种：一种是前端工作，主要是解决页面的呈现和实现交互问题，对此，他们需要在了解用户对页面使用习惯的基础上，制作出契合用户浏览偏好的页面。另一种是后端工作，主要是对数据挖掘和后台维护进行辅助。

四、可视化设计师

可视化设计师是连接数据报道与受众之间沟通的关键一环，主要负责数据新闻的收尾工作——设计数据新闻产品的呈现面貌、搭建传播平台。因此，一方面，可视化设计师需要对用户偏爱的信息呈现方式做到心里有数，另一方面，他们也需要熟知数据记者的报道需求，以便在此基础上对成型之后的数据报道做最后的雕琢和修饰。

以上四点就是组建数据新闻团队时必备的成员角色，只是实际上，大多数的小型媒体并没有足够的资本来组建这样一个技能完备、人员充足的团队，在国内数据新闻人才匮乏的情况下更是如此。

不过，单独个人进行一些特定的数据新闻制作也并非无法实现，本节开头我们也提到了，某位记者、独立撰稿人以及研究者，他们是可以独立完成某篇数据新闻报道的制作的。那么在这种情况下，难以凑齐所有人员的中小型媒体可以考虑对部门人员进行"一人多用"，让现有的成员"身兼数职"，即构成数据新闻团队的这些角色之间是可以相互融合、互通有无的。以团队中的记者为例，他可能除了具备寻找选题、讲述新闻故事之外，还能够掌握数据技术人员和可视化设计师的技能——有效地获取数据、科学地分析和整理数据甚至设计出用户喜爱的可视化产品。比如 2019 年数据新闻奖的最佳个人作品集奖颁给了伊娃·贝尔蒙特（Eva Belmonte），她最知名的项目"我们的每日公报"致力于为广大普通受众解读诸如法令、任命、补贴等政府公文。作为一名专注于数据新闻的记者，她在报道中充分利用数据相关的技术，并推动了数据库的建立，例如制药行业向医生付款的数据库，这使得贝尔蒙特所在的媒体 Civio 成为了西班牙唯一能够报道相关主题的媒体。

由此可见，对团队中的数据记者进行数据分析和可视化呈现方面的技能培训，是一个相对而言既节省媒体运营成本又较为可行的方法。

除此之外，媒体可以寻求与专业的数据处理团队进行合作，将数据新闻业务拆解，进行部分外包。比如财新网的数据新闻作品《五环以外》，从居住密度、就业密度、房价、医院等 12 个不同角度对北京五环与六环之间的 1600 平方千米进行了深入解读，其中涉及的复杂的地理数据以及对这些数据的处理分析，就是与擅长该技术的极海（GeoHey）共同合作完成的；财新网参与的另一部新闻作品——《全球升温冰冻圈面临加速消融威胁》，则是与绿色和平组织携手打造；包括我们前面第二节提到的《据说春运》，是央视与百度共同合作的作品。财新网的数据新闻编辑黄晨认为，数据新闻制作者与企业进行合作，不仅有利于其取长补短、节省制作时间,而且能够在很大程度上避免数据隐私的泄露等问题①。

由此可见,专业的数据新闻生产团队与相应领域的非新闻生产方进行合作,是一个极具现实可行性和实践价值的方式,不过需要注意的是,在寻求合作的过程中,必须保证本媒体的记者/编辑处于主导地位,不能丢掉数据新闻所需要的视角。

本章小结

本章主要介绍了数据新闻的具体类型、制作数据新闻的详细流程以及一个完整的数据新闻制作团队是何种样态。数据新闻是媒体积极拥抱新技术进行新闻实践的结果,了解数据新闻的类型,有利于我们对不同的数据新闻在实际制作中所呈现的特征有所把握;知晓数据新闻的制作流程,有利于我们明白其对传统新闻报道流程的继承与创新,从而理解数据新闻的产生和运作原理。我们需要知道,明确的新闻选题是进行数据新闻制作的前提,相关的数据分析与整理是其中的关键步骤,而保证数据新闻成品顺利到达受众也是需要重视的环节。此外,通过对数据新闻生产团队的介绍,我们知道了完整的数据新闻团队应该拥有什么样的成员角色,而且在资金、人员、资源等因素有限的情况下,大中型媒体和小型媒体都可以结合自身实际情况进行团队建构。

◆ 思考题

1. 请结合具体例子谈一谈你如何看待大数据。
2. 试着举一个小数据新闻的案例。
3. 你觉得自采数据型数据新闻与调查型数据新闻的区别在哪里?
4. 以某一媒体的数据新闻栏目为例,谈谈哪种类型的数据新闻占据的比例最大,并思考其原因。
5. 以一个具体的数据新闻作品为例,搜索并分析它的制作流程。
6. 你是否认同布拉德肖提出的数据新闻传播的六种途径?你觉得哪种途径是最关键的呢?
7. 你如何看待一个完整的数据新闻团队中各种角色的分工和配合?
8. 你觉得新闻学院的学生应该具备数据挖掘的搜索能力吗?如果是,你知道有哪些具体的学习途径呢?
9. 你觉得当前的新闻院校教育在培养数据新闻报道人才方面做得好吗?可以从哪些方面进行改进呢?

---

① 刁毅刚,陈旭管,黄晨,王琼. 数据新闻:夏花般璀璨还是秋叶般绚烂?——十问数据新闻界权威专家[J]. 中国传媒科技,2016(08):7-9.

第三章　数据新闻的选题与策划

　　数据新闻的选题从编辑部讨论开始，至团队敲定整体实施方案为止。这一过程会受到新闻信源、题材类型的影响，也会受到不同的媒体平台报道方式的限制。并不是任何题材都可以用数据新闻的方式呈现，只有在合适选题的基础上，挖掘数据的价值才会有意义，才能传达出新闻故事的人文情怀。

第一节　数据新闻选题分类

　　数据新闻的选题与一般新闻报道的选题议定有很多相似之处。在传统的新闻选题基础上，数据新闻更加聚焦宏观性的社会话题，从时事新闻到政治民生话题，从社会现状分析到信息公开报告，数据新闻在新闻传播业界获得了更为灵活的生存空间。身处信息高速发展时代的记者，比以往任何时候都需要具备处理大量数据的能力，也需要具备挖掘新闻选题的技能，选题的好坏往往影响到数据新闻最后的传播效果。

　　新闻选题策划是新闻宣传管理服务部门基于已经发生、即将发生或者可能发生的新闻事实前提下，为实现特定的传播效果，提出有创造力的选题方案和传播创意，从而将新闻事实转化为特定的新闻作品，达到预期效果的新闻实践活动。数据新闻的选题也遵循着传统新闻操作流程的定义和要求，需要职业新闻工作者发掘周边重要的新闻线索和新闻证据，制定相应的作品策划方案和选题目标，为后续的数媒产品创作提供基础和方向。搜集国内外诸多典型的数据新闻案例，可以将选题分为以下几个类别。

一、重大突发事件

　　用数据追踪重大突发性社会公共事件，将传统新闻报道文字平铺叙述的风格转向立体化、整体化，从而更加深度地呈现突发性事件的来龙去脉，让观众在最短时间内了解事件细节，便于大众作出个人判断。以现在全世界民众关心的热点议题——新冠肺炎疫情为例，作为重大突发性公共卫生事件，其对全球政治、经济和文化都造成巨大冲击。国内外媒体对疫情的防控、治疗、措施等方面展开各种类型的数据新闻报道，让大众通过动态化的方式了解疫情的最新进展。

　　比如，财新网的"数字说"栏目，在数据来源、数据分析、数据呈现等方面有着较高的专业水准，创作出值得媒体学习的优质数据新闻作品。从数据来源角度看，财新网首选来自政府类组织（含政府间组织）的数据占比高达41%，最显著的引用来源包括世界卫生组织、国家统计局、世界银行等政府类组织①。财新网对国内疫情报道占比达71.4%,而对外国或者全球疫情的数据新闻报道占比相对较低。在有限的国际新闻报道中,财新网对各国疫情现状都做到了密切关注,并将报道话题聚焦于后疫情时代的社会经济、政治民生话题。

2020年7月2日,在财新关于北京新发地新冠疫情的数据新闻报道中,结合数据图表统计与发展趋势柱状图,生动展现了北京出现发病到确诊人数的现状态势,此外在《疫情冲击就业市场,艰难时刻如何度过?》这一报道中,该媒体关注了疫情发生三个月以来就业市场面临的种种挑战,同样也结合多种数据展现的统计类型直观深度地反映新冠疫情如何深刻影响公众的日常生活与工作,如图3.1.1所示。

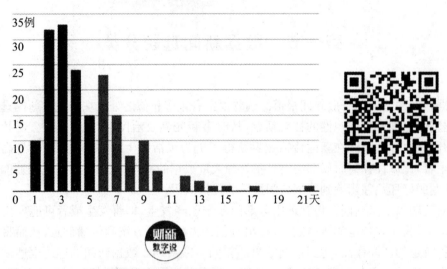

图3.1.1 财新"数字说"|《北京新发地新冠疫情已确诊328例,如何关联?》(扫码阅读)

在《纽约时报》"Upshot"栏目中,一则关于美国202天新冠疫情新闻实录的数据新闻报道中,统计展示了美国自2020年1月21日开始至8月9日的每日新增病例数变化情况,红色折线代表每七天平均新增病例数,如图3.1.2。此外,《纽约时报》还根据新冠疫情出现病例数的地区分布绘制了疫情数据地图,分别代表了美国新增病例数第一次和第二次峰值出现时全国确诊病例数的分布概况。其中写道,第一次到达峰值时,确诊病例都出现在相对集中的地区,比如纽约市、佐治亚州西南部等。但第二次出现峰值时,美国各州确诊病例已经散布在全国各地,并呈现显著的聚集特征。

---

① 杨宏.中美数据新闻专业规范对比研究:以新冠肺炎疫情期间财新"数字说"与纽约时报"UpShot"栏目为例[J].青年记者,2020(36):40-41.

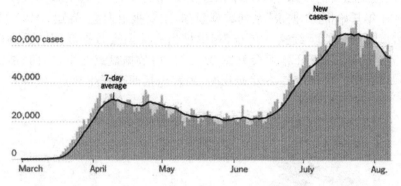

图 3.1.2 《纽约时报》Upshot 栏目|《从首例到 500 万例,美国这 202 天是怎么过来的?》(扫码阅读)

从数据呈现角度来看,专业的数据新闻团队能够通过不同的可视化手段诠释同一新闻选题。在新冠疫情相关报道中,财新"数字说"团队制作的数据新闻在可视化应用丰富程度上明显优于《纽约时报》的"Upshot"栏目,前者每篇数据新闻平均使用的可视化手段为 1.94 种,包括表格、统计图、桑基图、交互地图、交互游戏等,相较而言,《纽约时报》每篇数据新闻仅有 1.3 种。数据可视化呈现的预期判断与选题抉择对数据新闻作品的最终成果有着举足轻重的作用,财新运用复合型统计图的比重为 0.23%,而《纽约时报》为 0.12%;财新运用时间轴图文的比重为 0.4%,《纽约时报》则没有使用过这种可视化手段。

例如新冠疫情这样错综复杂、发展深远的热点话题,在新闻学理论上被称为是具有"延迟报偿"作用的重大突发性公共卫生事件,如何挖掘更具价值的新闻选题,创作出更加鞭辟入里的新闻报道,并使报道更加清晰明了地抵达受众,正考验着各国数据新闻团队的专业素养。时事热点的变化,往往需要各路媒体在第一时间担当新闻的瞭望哨,将最新的信息传递给受众。但在信息过载和媒介饱和的当下,同质化频出的"抢新闻"现象数不胜数,因此需要掌握过硬的数据新闻报道本领,在重合的新闻中找到不同的报道角度,进而充分挖掘出新闻事件的潜在价值。

二、经济民生话题

与其他新闻相比,政治民生等政策性新闻在地理和心理上同受众更有接近性,因此受众更乐于接受该类话题,并且很多民生新闻(如医疗卫生、教育等领域)的数据也更方便从官方渠道获取,这使得在我国数据新闻最先发端于民生新闻。国内各大媒体尝试将数据新闻应用于民生新闻实践中,不仅为传统媒体提供了适合自身的发展方向,也对数据新闻发展具有一定的影响。

传统主流媒体的经济民生类新闻专题,在数据新闻传播中发挥了先驱和表率作用。比如,人民网在 2018 年两会期间推出一系列图解新闻《数据逐年看》,展示中国近五年内经济上发生的历史性变革;2019 年推出两会图解新闻,涵盖全国政协常委会工作报告、最高检察院以及最高法院工作报告。此外,2018 年,人民网推出"数说"系列产品,用数据盘点改革开放 40 年来中国在经济、政治、军事、文化各领域的发展变革。新华网客户端系列微视频——《数据告诉你,习近平心中什么最重要》《改变中国,影响世界的40年》《这册国家账本的数据,都挺好》等以宏观壮大的视角去呈现中国经济文化的发展,用真实数据展现中国实力。央视网在2014年开始推出"据说"系列数据新闻,主要报道两会、春运、APEC等重大社会事件。此后,央视网一直延续这一传统,相继推出有关两会数据新闻的系列内容。例如,2018年推出的系列报道《开卷两会》(图3.1.3),用数据盘点北京、山西、浙江三省监察委试点成果,用数据汇报年度经济发展状况,内容包括两会民生热点、经济发展趋势等话题。

图3.1.3 央视网|《开卷两会》(扫码阅读)

目前,从前期的新闻选题策划到数据挖掘、清洗、分析再到客户端新闻发布的前端设计,国内包括人民网、新华网等多家主流媒体的新媒体平台基本都建立了数据新闻生产全流程体系,也设置了包括策划编辑、数据分析、前端设计等职业化岗位。栏目的专业化有利于实现内容输出的持续性和稳定性,专业团队更能保证优质内容的产出和数据新闻的常态化运作。专业化、系统化成为主流媒体进行数据新闻生产的必然趋势,也为经济民生类话题的新闻报道与解读提供了强有力的信息权威渠道、信息准确保证。

就两家媒体的具体案例来看,人民网在2018年发表的图解新闻《数据逐年看》(图3.1.4)从国内生产总值、财政收入、城镇新增就业等宏观角度的数据统计与历年趋势入手,以全局性的视角展现五年来国家的整体经济实力与社会发展概况,随后通过消费贡献率、服务业比重、高技术制造业、粮食生产能力等细分类目的数据演变揭示经济增长的主要动力和渠道分布,最后以创新作为驱动的发展成果进行前瞻性展望与预判,以全社会研发投入、科技进步贡献率来说明科技创新是第一生产力的现实意义。整组数据新闻作品以鲜艳的橙色作为主色调,采取多种象征性的图片设计为隐喻,生动形象地将枯燥的文字报告转变为形象可读的图片式新闻,为媒体和政府部门合作新闻信息报告提供了典型范例。

另一家媒体,新华网也在2018年推出了创意数据新闻的视频《改变中国:影响世界的40年》(图3.1.5),在人民网生动形象的图表式数据新闻基础上更上一层楼,将数据新闻与创意视频制作相融合,利用一组组数据的形象化演示,结合具体的生产发展视频影像记录,将改革开放40年来中国的沧桑巨变与奋力迈进以动态化、亲民化、直观化的风格予以呈现。中国用实际行动向世界表明将实行更加积极主动地开放战略,而开放战略在数据与动态展现的过程中交相配合,推动读者进入数据新闻的情境中深入理解、体会改革开放以来的建设历程与取得的各项成果。这一趋势走向在视频演示、音乐渲染的美化下提升了表现力与影响力,为主流媒体的数据新闻视频化转型奠定了基础和方向。

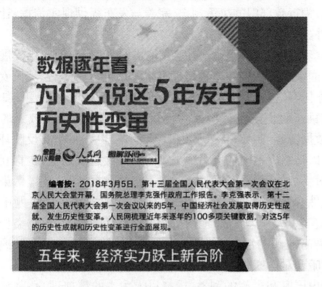

图3.1.4　人民网|《数据逐年看:为什么说这5年发生了历史性变革》(扫码阅读)

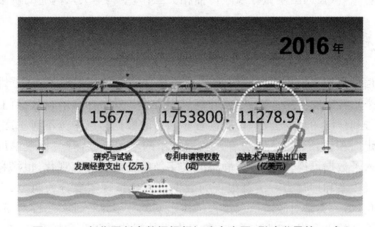

图3.1.5　新华网创意数据视频|《改变中国:影响世界的40年》

在获取信息的途径上,国内媒体还有许多发展的空间。在呈现方式及互动方式上,大型门户网站的数据栏目——网易"数读"、腾讯"数可视"等互联网门户网站,主要都以柱状统计图、数据折线图等信息图示来展示民生类数据新闻,较少兼顾动态的交互式信息图示。我们可借鉴国内外数据新闻的经验,在数据来源、可视化呈现和互动方式以及受众定位上优化国内民生类数据新闻,注重数据记者、编辑工程师人才的培养,打造民生类数据新闻的专业团队,同时还要针对不同受众的阅读行为进行细分,使民生类数据新闻达到最佳传播效果。

三、健康卫生话题

面对不同年龄、教育背景、社会地位的受众,数据新闻时常放下"高科技"的架子,坚持服务社会发展的宗旨，朝着通俗、简明的方向迈进，并致力于通过医疗卫生健康等日常话题，为大众生活提供指南，实现从社会中来到社会中去的优质新闻传播。社会现象话题已经成为数据新闻的重要新闻来源，数据新闻的统计系统性、条理性等特征，能够将社会现象由表及里、由点及面地进行深度透视，为行政部门的决策制定、完善与发布提供现实依据，让公众百姓更加全景化地知晓社会事件。

就社会风险议题而言，环境污染问题一直是全社会关心的难题，作为工业化发展带来的典型负面后果，可以用数据新闻来展示污染的体量与危害。2018年3月1日，英国女王宣布"禁塑令"，回顾《卫报》中"数据博客"栏目发布的一则环境污染报道，分析主流媒体如何传播环境污染议题的有关新闻，有助于我们定位环境风险传播、解读风险社会视域下的数据新闻。实际上，通过对《卫报》"数据博客"2016年6月10日至2018年3月11日反映环境污染的相关数据新闻内容分析，可以归纳出不同环境污染类型的新闻报道议题框架，直观反映了数据新闻报道在潜移默化中对受众的判断施加了影响。《卫报》"数据博客"环境污染中对于数据来源的多样化，具备权威性和开放性；偏爱负面中长篇消息报道；报道的主题中空气污染最受关注，而塑料污染也不容忽视，采用图表、地图以及各种互动效果图，数据类型既有量化支撑，也有质性分析，还有两者兼顾的混合数据。《卫报》"数据博客"在环境保护的背景下，报道环境污染数据新闻时暗含对国家利益的维护，以防治风险为导向。

因此，社会新闻选题应考虑国家和民族的利益，秉持以人为本的精神理念，尊崇社会价值与人类共同理想，从长远出发做好风险传播相关工作，架构与大众沟通的桥梁。

四、政府公开报告

政府公开信息报告作为第一时间传达给社会大众的信息公布形式，在百姓群众的日常生活中发挥着举足轻重的作用。以往，公开信息报告总是发布在政府行政部门的官方网站，长篇的文字报告和详细的数据公示，易使读者在细密的数据信息中分不清主次重点，也无法直观获取数据走向和趋势。当下伴随着大数据技术的应用拓展，有关行政单位也在公开的信息新闻中加入了数据可视化元素，让静态的文字新闻变得更加直观化，也潜移默化地提升了大众阅读的吸收率和理解力。信息报告的数据可视化呈现主要分为两类，一类是政府信息报告的数字化，另一类是对政府信息报告传播影响的数字化统计。2017年5月召开的《中国地方政府数据开放平台报告》发布会上，复旦大学数据信息团队和提升政府治理能力大数据应用技术的国家工程实验室，携手联合发布了《2017中国地方政府数据开放平台报告》，这份报告是国内第一份针对地方政府数据开放平台评估的权威性、系统化报告，一共统计评估了国内19个城市的数据开放平台运作概貌，并建立了一套"开放数林"指标评估体系。此外，报告还公布了中国"开放数林指数"，上海和贵阳荣获"树开叶茂"大奖，在政府数据开放方面进入"全国第一梯队"。这份报告通过统计原始数据后整合成机构覆盖率、主题覆盖率、数据集数量、开放格式数量等8个数据指标，汇总后通过图文并茂的方式进行了评估与分析，为各地政府进行未来开放平台的建设和发展提供了方向与趋势的参考，如图3.1.6。

另一类对政府信息报告传播影响的数字化统计，主要由各大媒体平台以及互联网门户网站作为信息采编团队，对此类信息内容进行收集、分析，成为政府相关部门调整信息传递方式与验收政务媒体建设的重要方式。比如，2019年腾讯指数、腾讯媒体研究院综合当年全国两会期间的热点事件，对中国进入"两会时间"的微博、微信公众号、新闻网站与客户端等社交媒体传播信息进行反馈式分析。数据显示,自3月2日至3月15日,2019年全国两会热点传播总量达829.8万条。首先,腾讯网采集分析了两会期间全网传播量的热度趋势,如图3.1.7所示,两会举办时间段内共有热点传播总量829.8万条,召开当日与闭幕当日的热点指数相对最高,体现了网民的注意力聚焦具有首末效应。其次,腾讯媒体研究院对两会讨论的舆情热词进行词汇云统计,"人工智能""环境污染""脱贫攻坚""减税降费"等热点议题成为网民舆论焦点。再者,对数据总量的统计带来各个行政部门就环保、财政等议题的回应与解释,解答大众的疑惑与不解,有关部门进行了如图3.1.8的传播量统计,并制成细目汇总。

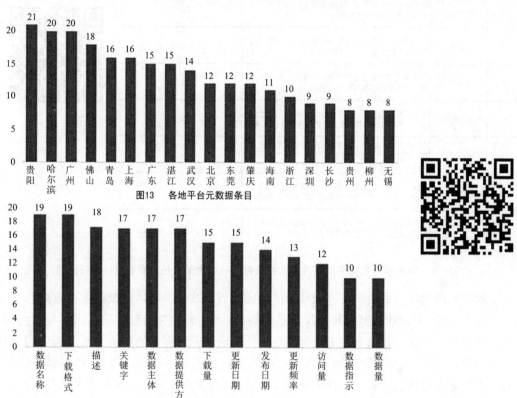

图3.1.6 中国地方政府数据开放指数|《2017中国地方政府数据开放平台报告》(扫码阅读)

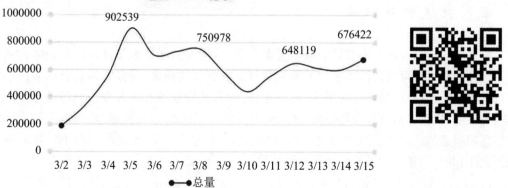

图3.1.7 2019年全国两会网络传播大数据报告|《2019年全国两会热点全网传播趋势》(扫码阅读)

排行	时间	议程	传播总量（单位：条）
1	3月10日	中国人民银行行长易纲等就"金融改革与发展"相关问题回答中外记者提问	26537
2	3月8日	国务委员兼外交部长王毅就"中国外交政策和对外关系"相关问题回答中外记者提问	25995
3	3月6日	国家发展和改革委员会主任何立峰等就"大力推动经济高质量发展"相关问题回答中外记者提问	16761
4	3月7日	财政部部长刘昆等就"财税改革和财政工作"相关问题回答中外记者提问	16278
5	3月11日	生态环境部部长李干杰就"打好污染防治攻坚战"相关问题回答中外记者提问	13549
6	3月9日	国务院国资委主任肖亚庆等就"国有企业改革发展"相关问题回答中外记者提问	10285
7	3月11日	国家市场监督管理总局局长张茅等就"加强市场监管 维护市场秩序"相关问题回答中外记者提问	9848
8	3月7日	国务院扶贫开发领导小组办公室主任刘永富就"攻坚克难——坚决打赢脱贫攻坚战"相关问题回答中外记者提问	7639
9	3月9日	商务部部长钟山等就"促进形成强大国内市场 推动全方位对外开放"相关问题回答中外记者提问	6691
10	3月11日	科技部部长王志刚等就"加快建设创新型国家"相关问题回答中外记者提问	6564

图 3.1.8　2019 年全国两会网络传播大数据报告|《两会十大热点发布会》(扫码阅读)

上述政府信息报告的数字可视化呈现已经成为当下政务新媒体建设的重要方向和突破口。2017 年以后,伴随沉浸式 AR/VR 技术加持,更多动态政务信息滚动播出。与此同时,政府工作报告也得到了各大专业主流新闻媒体及互联网门户网站的积极分析与解读,其中,人民网、新华网等中央重点新闻网站在第一时间更新推送报告要点。跨平台、多媒体、矩阵式的信息公告在可视化的解读过程中被赋予了生命力,使得信息报告脱离了大众对其枯燥、单调的刻板印象。未来数据新闻团队还应多与政府相关部门建立沟通合作的渠道关系,可以与各司法检察机关讨论插入适当形式的 H5 交互式图文报道,随时随地即可拿出手机扫码进行浏览阅读,并参与到相应的会务工作和学习活动中来。

五、融媒创新作品

数据新闻是媒介融合大背景下的重要走势之一,将大数据技术与媒介融合相结合成为众多媒体选择数字可视化传播新闻的重要选择。融合新闻报道,简言之就是利用多种媒体报道手段和技术特点,将新闻文字、影音图片、动画音频特效等元素融合在一起进行多元一体式的报道,依次提高新闻报道的视觉性、吸引力以及可读性①。《雪崩》是一部有代表性的数据新闻报道的作品,由《纽约时报》融媒团队创作,2013 年一经发出便引起了传媒业界的强烈关注,并于当年获得了普利策新闻作品奖。

---

①② 韩士皓,彭兰. 融合新闻里程碑之作:普利策新闻奖作品《雪崩》解析[J]. 新闻界,2014(3):65-69.

首先,《雪崩》主页面为读者带来的是大幅的动态图片,如图 3.1.9 所示,画面空白处显现报道标题《Snow Fall:The Avalanche at Tunnel Creek——By John Branch》,展现了狂风吹拂下的雪地景观,给读者带来了极强的身临其境感。

图 3.1.9 《纽约时报》普利策新闻获奖作品|《雪崩》动态融媒创作画面(扫码阅读)

这一滑雪场地的地表情况和气象状态如若单用文字描写是十分有限的。而伴随背景音乐的文本叙述和微观数据影像呈现的雪花落下过程,既可以看到雪花的细微成像,也可以看到雪崩来临时发生的具体情境,生动直观又兼具科学性,能够动态维持新闻报道清晰度与页面完整的观感平衡。基于报道的融媒呈现技巧,数据滚动式呈现与实时互动功能映入读者眼帘,增强了报道的可读性和吸引力。

除了硬技术的加持,《雪崩》的成功离不开数据信息来源的敏锐捕捉。雪崩事件发生后不久,网民舆论意见便在 Twitter 和 Facebook 上一触即发,有关当地救援、天气情况、搜救名单等话题不断发酵和传播,大量网民参与进了这场重大社会事件的意见声讨和关注中。《纽约时报》的数据新闻团队密切监视着网民的舆情数据,通过舆论爬取和挖掘分析,对热点话题和关键词进行搜索,从而把握受众对这一新闻事件的关注重点与知识盲区,作为这则数据新闻报道和一系列专题新闻选题的重要依据[②],提升了报道的针对性。《雪崩》报道的出奇成功,充分体现了把握互联网用户互动体验和意见反馈的重要性,这是传统媒体报道无法企及和想象的,由此也让职业传媒人士日益重视网络传播、融媒报道、数据新闻的发展潜力。

国内也有不少媒体在数据新闻的革新过程中,把握住了媒介融合的应用影响力。比如中国环球电视网(CGTN),在舆情动态上,瞄准大数据技术的运用,搭建数据平台,深入挖掘舆情、人文、社会、健康以及政务的走向。它的新媒体部门每天定时结合多个新闻传播平台输出分析数据报告,并对固定时间段的新闻主题和互动数据进行统计分析,提高附加值的数据产品,实现自我造血、自我增值与自我发展。2019 年两会,CGTN 在新闻报道中深度运用了大数据统计分析和 3D 交互爬虫技术,重磅打造了数据新闻特别报道。其中,《WHO RUNS CHINA|为人民》的交互设计深入人心,充分利用了数据可视化特点,客观真实地向海内外受众讲述了"中国故事"。它以丰富的数据为基础,从人文视角出发,内容上紧扣"人民代表为人民"的两会外宣议题,在交互式设计作用下,用户能够主动读取数据,通过独创性的彩色粒子点阵的形式,直观明了地向世界人民展现人民代表大会制度的优越性,如图 3.1.10。这也是我国唯一斩获互联网数据视觉呈现国际大奖的中国媒体原创作品,实现了央媒外宣零的突破。

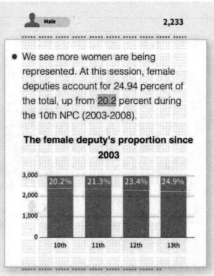

图 3.1.10　CGTN|《Who Runs China|这 2975 个点点代表着全中国》(扫码阅读)

　　CGTN 借力打造全面贯彻"台网并重、先网后台、移动优先"的融媒体发展战略,准确把握移动端的传播特色,在新闻资讯生产、发布及运营上打开多条通道[①]。通过"数据＋平台""数据＋短视频""数据＋人工智能"的方式,贴合受众的生活方式和认知框架,提升受众接受讯息的舒适度,让大众在简明易懂的媒体传播环境下更好地理解数据、理解新闻、理解媒体,增强对新媒体时代数据新闻融媒创作的认同感。面对互联网的信息流瀑,传统新闻的发布方式在渠道、效果等方面均存在短板,唯有开拓媒介作为中介者所扮演角色的可能,强化数据统计分析、多媒体图文互动传播等技术力量的加持,才能更好地提升用户的新闻体验,优化新闻叙事的手段和技巧。

　　罗伯特·斯考伯和谢尔·伊斯雷尔最早在《即将到来的场景时代》一书中提出"场景"的概念,认为大数据、传感器、移动端、社会化媒体和定位系统构成"场景五力"所产生的联动效应,正在推动建构一个未来真实可感的场景时空[②]。用数字记录时代变迁,向世界讲好中国故事。数据的应用与呈现极大地增强了新闻的可感性,对于用户进入一个新闻场景时空具有推动作用。从"据说"到"数说",数据技术的应用为新闻传播提供了新的发展价值,开拓了融媒体时代新闻传播的版图与发展渠道,也给社会发展带来了无穷无尽的可能。国内外众多媒体推出的数据新闻栏目,致力于将多元融媒技术与数据新闻完美结合,正在展现着大数据时代技术应用于新闻传播的巨大潜能。

---

① 蒋悦.大数据技术下 CGTN 对外传播的实践创新[J].东南传播,2021(3):84-86.
② 罗伯特·斯考伯,谢尔·伊斯雷尔.即将到来的场景时代[M].赵乾坤,周宝曜,译.北京:北京联合出版公司,2014:11.

第二节　数据新闻选题策划与操作：故事还是数据？

通过数据新闻讲故事，是一个将数据置于新闻语境，又将新闻叙事用数据呈现的过程。新闻作品不应只是数据化的信息传递，更应该在数据中见微知著，向读者阐释社会事件与现象问题。故事与数据两者不是割裂的，而是相辅相成、共生共存的，处理好故事叙述与数据传达之间的平衡至关重要。

一、透过大数据讲生动的新闻故事

有关数据新闻的核心之争，学界一直争议不休，一部分人赞同数据新闻要将数据作为主线，还有一部分人认为数据新闻的核心还是新闻报道，因此新闻采编和文本传递才是本质，数据只是辅助工具，关键是要讲好新闻故事。

然而，可视化新闻在于讲述故事的能力，而在视觉传播的背景之下，如何去利用视觉来完成故事的生产，这是需要思考的问题。对于视觉传播而言，从符号学的角度来看，视觉传播的过程可以看作视觉符号处理的过程，在大多数视觉传播过程中，信息的传播往往都以视觉符号为主要的传播载体。可视化的数理统计图像能够生动展现平面化的新闻事件，所谓"用数据说话"便是这个道理。

数据新闻在追求数据分析与新闻叙述的媒体实践中，也出现了一些负面现象，比如"多数据，少阐释"等有失偏颇的报道现象。然而，数据新闻的使命不应仅是传递信息，描述新闻事件的各方统计量，而是要借助多种媒介元素讲述生动的新闻故事，通过故事化的叙事方式传达数据的内涵和要义，激发读者深入阅读与思考的兴趣。用讲故事的方式进行新闻传播是一种表现方式，新闻和语言是故事化叙事必不可少的两个重要元素，按照一定的时间发展顺序排列，并在特定的传播环境中呈现出来、历经时空发展变化和前因后果的脉络曲折[①]。话语表达是指讲述者说了什么以及如何叙说，也就是指怎么讲故事。数据新闻的故事化传播更利于互联网背景下的信息传递和理念传达，当下诸多移动客户端已经开始尝试通过这样的叙述办法深入创作各类数据新闻和可视化资讯，同时它们也获得了优质的传播效果和读者反馈。

从数据新闻的数据过滤到可视化呈现，再到讲好新闻故事，这个传播过程实现了从数据到叙事的转变，数据新闻的真正目的在于更好地讲故事。在2019年全国两会报道中，通过媒介技术应用，媒体之间的边界逐渐消解，新的媒介技术形式不断涌现，时政新闻报道样片也在不断丰富，这些技术发展呈现的可视化新闻正在广泛被用户接受并使用，全新的视觉体验给用户带来了不同趣味的使用享受。以2019年人民网在全国两会期间推出的微视频《中国24小时》为例（图3.2.1），作为人民日报新媒体中心在全国两会期间推出的系列短视频专题片，分为上集《锦绣河山》和下集《天道酬勤》，讲述一天内在中国能看到什么和发生什么。短视频上线后的5天内，平台累计播放量达到了1.5亿次，点赞支持数量超过100万次。数据

---

① 张馨月.新华网数据新闻故事化叙事研究[D].海口：海南师范大学，2019.

新闻可视化呈现,就是用直观、动态的形式厘清繁杂数据信息的新闻价值,传递新闻事件背后的数据意义关联,由此增强新闻的趣味性、可取性,提升传播共鸣,强化受众认同感。

图 3.2.1　人民日报|《中国 24 小时》系列短视频(扫码阅读)

二、数据可视化让故事叙述更出众

数据可视化是一种呈现故事的手段,可凭借这一手段让故事叙述更出彩。在讲述新闻故事的过程中,多家媒体单位借助多角度、全方位的叙述手段进行数据新闻的创作和打磨,比较常见的多角度叙事包括两种类型:叠加式和聚焦式。叠加式的叙事方式是通过不同事件主体的融合补充来完成新闻报道;聚焦式的叙事方式是选定事件中某一最具新闻价值的个体进行集中性报道。同时,多角度叙事也会出现报道主体、报道方式的不断变化,如何找到叙述数据的最佳方案是需要考虑的。数据可以展现不同新闻事件的独特关联与个性特点,呈现最为清晰的整体逻辑脉络,实现宏观与微观视角的叙事方式相结合,从而让受众形成对于新闻更为深入和透彻的理解[①]。

让数据可视化更好地讲故事,从可视化的基本操作角度看,需要遵循以下三个主要原则:第一,根据传播目的、内容选择适合讲故事的图表形式。常见的数据图表包括折线图、柱状图、饼状图等,不同的数据类型适合不同的数据表现形式,例如凸显比例分配的饼状图、突出走向趋势的折线图,因此图表形式的选择也是新闻编辑部门理应细加考量的。第二,删减与故事无关的要素,减少不必要的冗余信息,使报道结构清晰明了。这一过程涉及数据的清洗和过滤,通过提取重要的数据线索组织新闻报道,能够让读者用最快的速度洞察数据的内涵。第三,为了更好在理解新闻去设计数据新闻报道,创作设计的重要方向就是希望用户能够通过更为简洁明了的方式理解新闻传播所要传递的信息,不仅仅是形式上的生动与创新性,还有内容上的丰富和多元化。以新华网的数据新闻栏目为例,其一直致力于改善新闻产品的用户体验,也在不断探索如何运用故事化叙事,采取深度报道与短消息并行的架构,加入趣味化的图表元素和动态影像的表现形式,竭力让枯燥的文字新闻生动化,让事件报道知识化,让新闻因数据的呈现而更具价值,当然,通过长久的努力它已经在报道的数量、质量、专业化上居同类媒体之首。在对这些优秀的数据新闻栏目考察中,可以归纳出以下让数据

---

① 张馨月.新华网数据新闻故事化叙事研究[D].海口:海南师范大学,2019.

新闻故事化更出众的指导方法：

（一）用户理念：数据信息与用户需求关联

互联网时代，新闻传播行业的技术转变与拓展应用，对数据新闻而言既是发展机遇，又是新的挑战。受众的需要和诉求得到各路媒体的关注和满足，用户为王的传播法则也成为各类新闻报道的重要理念。此外，互联网作为一个开放式、低门槛的传播平台，用户自发的参与式接触与互动成为了信息数据的重要来源，由此我们更应以一种新闻产品的思维来看待，并探寻与用户之间的相互沟通和反馈收受。从数据新闻的生产到可视化呈现都要体现用户意识，在作品生产环节，要努力将"接近性"发挥到极致，强调内容与用户相关联，增设用户与数据实现互动、反馈的环节。受众在接受信息时习惯于关注与自己生活相关的方面，并希望通过媒体解读为自己决策提供参考依据与方向，通过这些互动环节既能激发用户参与互动的积极性，也能让媒体接收感知用户的需求与期望。因此，数据新闻应更多地从用户角度出发，探寻作品对于用户的意义和价值，添设留言评论、点击选择等板块，架起与用户沟通的桥梁，从而提升数据新闻的传播力和影响力。

（二）场景营造：新闻沉浸式体验的代入感

场景化思维对新闻作品生产的影响，主要表现在沉浸式体验与现场感的营造，为的是让用户身临其境地进入新闻事件，实现高度直观化、仿真化的事件接触。场景化思维借助移动通信、LBS等技术的加持，成为信息分发的重要概念。故事场景的设计与规划也是数据新闻报道的主要考虑问题，这一故事场景由当事人、事件时间、事件地点、目标方向等几个重要元素构成，构成的画面就是场景的思维和实际情状，三维立体空间的呈现使得新闻传播的叙事逻辑不再局限于文本的平铺直叙，而是通过场景化的传播触达读者。由此，数据新闻的呈现过程，应该跳脱出传统的统计数据平面静态图像传播，转而为每个用户个体提供当下的数据临场体验与量化场景布置，让新闻故事的叙事更真实、生动、形象，无论是地震洪灾的VR卫星地图数据展现，还是经济建设发展成就的沉浸式数据演示，都能通过数据场景的布置让大众深入新闻现场。

（三）众包思维：用户互动参与内容生产

众包思维，这个理论名词来源于新闻传媒界近年来比较流行的"众包新闻"一词。它指的是一种通过鼓励受众集思广益、互动创作的方式来参与到新闻报道中，成为新闻报道的撰写者、解读者、传播者的思路。众包新闻是参与式新闻的一种，也能被应用到数据新闻的生产创作逻辑中。用户提供数据、分析被记者采纳整合进新闻作品里，颠覆了以往传统的受众被动论，反之用户的主动性和多元化思维作为新闻报道的活跃元素被积极使用。媒体可以向用户放开新闻项目的类型和选择，采取不同的激励手段鼓励用户参与新闻报道的采编和传播，也可以在报道完成后鼓励用户参与评价、交流与分享等环节。数据新闻可以融入更多的游戏、反馈页面，激发用户参与新闻创作的积极性，鼓励众包的思维融入数据新闻的动态创作过程。许多经典的数据新闻产品报道中，读者不仅仅是新闻作品的浏览者、阅读者，也是与新闻产生互动和交流的对象。这种互动思维要求数据新闻记者能够捕捉用户的喜好和需求，注重从读者的角度出发分析数据报道的创作形式、表现手段。记者不仅是一个数据新闻的报道者，也是数据新闻的导读，为读者介入报道提供相应的规则和办法，并积极促进具有创作意识和参与热情的读者成为数据新闻的草根创作人。

三、数据可视化与新闻生产的误区

新闻故事化叙述本身能够增强新闻报道的吸引力和感染力,但在生动讲述新闻故事的同时,也需要注意数据技术应用到新闻传播产生的一些弊端和问题,这些问题包括但不限于遵守传统新闻伦理与新闻专业主义的要求、准确解读数据与可视化之间的关系、坚持冷静客观的新闻报道态度等。

首先,避免在数据新闻故事化叙述中,使得新闻作品浅薄化、流于数据表面,忽视新闻报道的深层内涵。比如,在一些诸如新冠肺炎、爆炸坍塌等突发性灾难报道中,不少新闻媒体勤于滚动式更新数据地图、伤亡情况等最新数据,但却匮乏对这些数据的详情解读,让受众在过多的数据画面、动态信息的轰炸中,丧失对此类报道的深度思考能力,聚焦刺激性画面忽略补充数据,对故事化的数据新闻失去期待与憧憬。

其次,数据新闻虽能给新闻采编带来更多的客观数据支撑,但故事化的新闻生产方式难以避免记者的叙述主观化、个性化色彩倾向。媒介是否真实反映现实世界依旧是难以逃开的业界命题,过分夸大的叙述格调和记者风格将误导群众的数据解读方式,新闻框架作为新闻编辑发挥自身主观性与社会事件进行联系的过程,存在许多无法客观理性看待新闻所反映原因与趋势的现象,最后导致新闻走向虚假、夸大、扭曲的泥淖。

最后,避免数据新闻故事娱乐化、偏激化走向。数据新闻日渐华丽的表现形式与动态画面,让越来越多的受众沉溺于这一新闻报道类型中,H5、短视频、互动游戏等元素植入数据新闻的传播,商业资本力量植入传媒生产的台前幕后,娱乐化、视觉化、猎奇的数据新闻产出将进一步诱使更多用户停留在新闻的炫丽场景营造中无法自拔,而对数据新闻的深度思考被迫置于边缘化的位置,出现本末倒置的负面影响。

第三节　数据新闻选题策划实战

新媒体时代,数据新闻的选题策划成为产出优质作品最重要的关键一环,从日常选题讨论会到突发新闻深度选题报告,都是媒体进行数据新闻产出的重要工作,唯有积累丰富的选题策划实战经验,才能抓住互联网时代的数据新闻发展机遇。媒体在进行数据新闻选题策划时,往往基于不同的考量维度来进行方向选择、方案拟订和实践筹划等。本节将通过媒体选题策划的实战过程来分析数据新闻如何落地生根,不同的策划有怎样的制作特点,又给媒体部门带来怎样的要求。

一、常见数据新闻选题策划思路

常见的数据新闻选题策划思路主要从数据、事件、兴趣三个方面展开。三种不同的选题策划思路体现了数据新闻的新闻价值挖掘角度差异,不同侧重的选题视角也为社会大众了解、感知社会现象提供了不同思考方向,满足了不同公众对新闻的需求和对数据的认知。

从数据出发的选题,主要通过挖掘足量的数据源进行可视化的呈现。如新华网融媒体产品创新中心的数据新闻作品《防患于未"燃"——全国十年火灾大数据警示》(图3.3.1),分析了全国十年火灾的大数据。新华网联合国家应急管理部消防救援局,分析了自2008年以来全国较大及重特大火灾案件信息数据共7047组,层层深入,寻找酿成大祸的根源,发现那些被人忽视的火灾隐患。据统计,2009年起,电气问题首次超过用火不慎,成为我国亡人火灾的首要原因;到2016年,电气问题已成为三成以上亡人火灾的罪魁祸首。而过去十年的较大以上火灾,半数以上起于各类电气问题。此外,居民用火不慎是引发火灾的第二大原因;违规用电用火、随意处理火种等现象,在农村地区表现明显。

除了分析火灾出现的原因,数据新闻还可以展现火灾出现的季节、场所等信息。如通过分析,发现案例中的782起较大和重特大火灾中,有277起发生在冬季;晚9时到次日6时是冬季大火的高发时段,凌晨2时到4时尤其危险。同时还发现十年间782起较大及重特大火灾,半数以上发生在面积不足400平方米的火场中,却造成了平均每起案件5人遇难的严重后果。

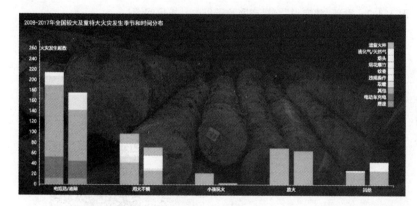

图3.3.1　新华网|《防患于未"燃"——全国十年火灾大数据警示》(扫码阅读)

从事件出发的选题,对事件中涉及数据生产过程或数据构成等与数据有关的疑问作出解释,或者对某一新闻事件或新闻现象的要素进行解释,以此来拓展报道的广度和深度,抑或是运用数据报道可预测的节日、活动和重大新闻事件的周年纪念日。比如,财新"数字说"栏目绘制了1901~2015年的诺贝尔奖荣誉授予地区的数据新闻报道,设置"百年诺奖""关于诺奖""诺奖之最"三个板块,通过色彩斑斓的美工制作将诺贝尔奖荣誉颁发的百年历程生动地展现出来,让读者快速地获取关于诺贝尔奖的相关事件知识,同时燃起转发给好友共享讨论的兴趣,如图3.3.2所示。

从兴趣出发的选题,一般从公共话题或流行现象出发进行新视角的阐释,揭示某一领域的社会问题,引发不同兴趣爱好的公众的反思,充分体现了新闻的个性化创作与分发。《环球邮报》的数据新闻编辑团队曾经耗时20个月进行调查制作,推出了数据可视化作品——《无据可依》,结合全国873家警察机构的采访数据进行分析,整理了大量的案件材料揭示了全国普遍关注的社会治安问题,如图3.3.3所示。通过深度报道的叙述性文字,配合足量的数据佐证分析,让大众能够深刻感知被性侵者的无助与痛苦情绪,作品一经发出就引发社会的舆论浪潮,也促使当地警方投入到案件中进一步侦办。基于社会现象命题的数据新闻,总能以见微知著的方式,引起社会人士的注意力,让大众产生共鸣心理。

图 3.3.2　财新"数字说"|《星空彩绘诺贝尔》(扫码阅读)

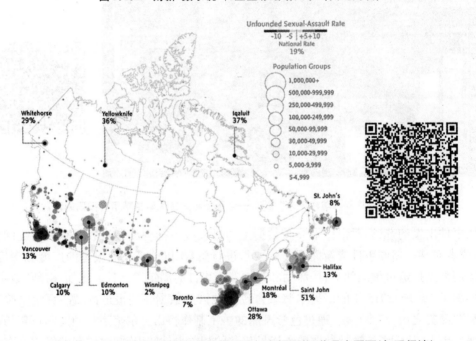

图 3.3.3　《环球邮报》数据新闻编辑团队|《无据可依》作品主页面(扫码阅读)

二、数据新闻选题策划实操

(一) 知名媒体选题策划流程

国内目前致力于数据新闻的开发与制作的媒体平台诸多,但是成绩亮眼的媒体仍屈指可数,比如财新"数字说"、网易"数读"、腾讯"数可视"、澎湃新闻"美数课"等栏目均以优质的数据新闻选题、与众不同的数据呈现方式抓住了大众眼球。这里以澎湃新闻和网易为例,展开数据新闻的选题策划工作流程。

澎湃新闻的数据新闻团队，每周会举办1~3次数据新闻选题会，分为日常话题选题和中长线选题。以不同的数据新闻策划方向制定实践周期，日常求稳，要求更细致，在充分保证数据新闻的真实性、权威性的基础上，产出有效可信的数据新闻；长线选题求新，选择生命周期更长或者技术上值得突破和探索的选题，在社会重大事件发生时谋求深度的选题角度进行专题式新闻报道。

网易《数读》的媒体采编团队，通常采取两轮并行制的选题讨论会，分为线下选题会和线上选题会。线下选题会每周三单独开会确定选题，完成每周的数据新闻常规板块内容创作传播；线上不定期开会，但需要提前半个月到一个月报送线上选题，经过组织的考核与研讨，确定深度的报道方向。

由此可见，从选题策划角度来看，数据新闻便经过了多轮线上线下、短期长线等交复式的工作流程，为之后的数据新闻具体实践以及调整修正奠定了坚实基础，如中国环球电视网（CGTN）瞄准大数据技术的实际运用，搭建数据平台跟踪挖掘舆情、社会、文化、健康与政务的趋势走向，以此作为数据支撑进行选题的策划与探讨，为之后具体的数据新闻实践开展做好基本功。

（二）选题特征的基本向度

1. 具备新闻价值，内容引发共鸣

新闻价值是新闻传播的核心要素，也是衡量新闻作品好坏的重要标准。数据新闻虽是新媒体时代的产物，但也遵循着新闻生产的基本原则，体现新闻传播作为社会瞭望者的基本功能。因此，无论是央视等中央主流媒体推出的"数说命运共同体"，还是财新"数字说"在疫情期间推出的一系列疫情数据报道、疫情地图解说等内容都体现了跟随当下社会关注热点，反映新近发生的事实的变动要义，吸引大众阅读并激发他们的人文情怀从而产生共鸣。借助大数据技术支撑的数据新闻，不仅仅由技术辅佐呈现客观理性的统计量，更在一系列数据的背后发现问题、揭示走向、带来思考，具备新闻应有的价值。

2. 描述分析可行，选题具象量化

光掌握数据技术的应用、抓住新闻关注热点还不够。数据新闻对新闻选题的选定与实践，需要结合这一特定选题的描述可行性进行思考。比如新冠疫情、地震等自然灾害性新闻事件，通常伴随着影响规模、波及路径、受灾量、伤亡人数、经济损失等数据流出，这些信息跟随事件的进程不断更新，也成为洞悉社会事件发生原因、带来影响、反思举措的重要方面。这些类型的新闻选题适合通过数据新闻的方式，深度把脉背后的社会走向趋势，为我们解读重大社会公共事件提供宏观具象的数据支撑。此外，除了新闻选题本身要符合数据新闻的制作特点以外，事件信息源的测量还需一定的单位，如若遇到不能够被清晰量化的事件信息，则不适合用数据新闻进行报道。

对于提升新闻阅读效率的要求，诸多媒体推出"一张图读懂……"系列的主题数据新闻作品，这些对阅读速度要求较高的数据新闻，如何在一张图、一个表中就将读者所需的信息呈现清晰呢？这就需要新闻素材本身能够被详细地描述分析，通过具象可量化的方式传递给社会大众，将纷繁复杂的事件信息通俗化转译。

3. 信源数据清晰可信，准确采集分析

数据新闻与传统新闻生产模式相较而言有其自身的优势，即数据新闻的发布要依赖在公开信息的基础上。因此，数据新闻的信源数据最好来源于一手信息，一方面政府等相关行政部门公开告示的信息具备较强的权威性和可信性，是数据新闻的重要数据来源；另一方面新闻编辑团队前往新闻现场采集、调查获得信源数据成为另一重要的数据来源。基于这些数据信源的高质量输出，成为数据新闻达到其公正客观、不偏不倚的重要保障。当下，数据信源的采集范围不断扩大，从涉及公共服务的政府行政单位，到营利企业的私人部门，数据采集的方式更为隐蔽，也实现了不同数据信源间的连接与反连接。这对互联网时代，数据采集的要求也越来越高，奈何对新闻信息的准确采集是新闻传播过程的先导环节，信息的准确性将会直接影响到数据新闻的传播扩散力，不容忽视。在泥沙俱下、信息过载的新媒体时代，信源数据从采集开始便需要确认其清晰公正，在处理数据的过程中也需要进行客观理性的甄别与过滤，将虚假商业的信息内容排除在外，不可含混一谈。从技术层面，引入区块链等技术对数据信息进行追踪、存储、审视，已经成为平台进行数据监控与应用的重要手段。

媒体在进行数据的选用与编辑前，会对采集数据的方向进行研讨与选择，采集的数据经由一定的分类规则汇总后依次进行数据清洗、审核，再转到编辑部门进行解读与整合。如若数据从源头的采集工作就欠缺清晰度，极易导致在后续操作过程中产生各种偏差，以致最后的数据新闻报道出现重大失误，会遭到业界与社会大众的质疑与诟病。因此，为了在互联网时代更好、更快地处理信源数据，避免落入虚假新闻、标题党等泥淖，需要媒体部门从一开始便对信源数据做好把关工作。

(三) 选题策划的常见问题

1. 已有报道大量重复，选题缺乏创新性

当前数据新闻日渐兴盛的过程，也出现了大量数据新闻同质化泛滥的情形，比如民生政策话题的"改革开放 40 年中国的历史巨变"，多家媒体均从经济发展趋势、文化建设规模、教育社保改善等维度展现中国的富强之路，虽使用了不同的媒体技术手段呈现数据新闻，但是换汤不换药的报道实则让受众在高度相似的新闻接收中浪费大量时间。又比如新冠疫情期间，多家媒体都瞄准"疫情数据地图"，除了更新具体数据外，还可以对确诊人员的地区分布、行程轨迹等进行更深层次的解读（前提是要保护好患者的隐私）。新闻选题的创新性匮乏成为数据新闻同质化泛滥的重要原因，基于商业资本思维的爆款理念，越来越多的新闻媒体出现选题创新的怠惰思维，这是扼杀本可成为优秀数据新闻作品的重要方面。

原创性选题一直以来是新闻媒体互相竞争的重要法则，尤其是在互联网时代大量互联网巨头涌入新闻市场，比拼速度已经不是媒体之间新闻传播的制胜法宝。在融媒创作的基础上，善用媒介技术创作出优质、深度、独特的新闻专题式报道才是在新闻市场中获得生存空间的重要选择。比如"丁香医生"首发的新冠肺炎疫情地图，《纽约时报》的"雪崩"融媒作品，都是在新闻热点充斥网络的背景下寻得独特的报道方式，凭借创新性赢得业界和大众的口碑，在已发生的社会热点中找到媒体自身的报道立足点，避免陷入"内卷"化追求报道速度的媒体竞争浪潮。无意义的数据新闻速度竞争只会让媒体迷失在互联网时代的个性定位与内容定位策略中，进一步丧失自身的创新性特征，终被市场淘汰。

2. 选题视角宽泛宏大，难以深层透视问题

数据新闻本以其宏观揭示社会现象、微观透视社会问题的特点成为比其他新闻报道更具优势的报道方式。但是宏观具象反映社会事件的优势，也能在读者接收具体的新闻信息时成为一种可能出现的劣势。新闻媒体注重宏观解读巨量的数据统计信息，而忽视了深挖、细挖数据。大众将视线投向国家经济的总体增长、新冠肺炎带来的死亡总数等数据焦点上，

而对背后细分的增长动因或波动进程影响因子缺乏考量,这削弱了透视社会热点事件的思考倾向,长此以往会使得新闻报道停留在信息传递的表层,造成新闻传播的浅薄化。深度调查性报道在信息过载的新媒体时代进一步失去了生存的空间。

从东方之星沉船事故,到天津塘沽爆炸案,再到新冠肺炎疫情,这些社会事件往往会成为数据新闻的重要选题。针对此类选题,为避免内容同质化,在数据新闻制作过程中可以更多地从微观视角切入,制作基于群众视角的新闻作品,让新闻作品能反映出社会背后的深层问题,并督促有关部门进行改善。

3. 报道方式选择失当,数据新闻并非最佳

不同类型的新闻报道适合不同的呈现方式,数据新闻并非适用于所有类型的社会热点事件,比如文化、娱乐等领域的新闻难以用量化的统计数据呈现。大数据技术的应用在多种多样的现实情境中总有失灵、失当的时候,比如发挥监视预测功能的"谷歌新闻",在2011~2013年对流感趋势的数据新闻便出现了预判失误、解读漏洞等问题。这一数据新闻的失败原因在于大数据虽能以技术手段测量社会大众的日常行为,但无法准确洞悉大众对社会万物的背景知识储备情况,更无法结合变动万千的具体情境去处理问题。

分析阐释功能不能完满发挥将直接影响新闻报道的质量和作用。比如,TOW数字新闻研究中心的负责人指出,"数据本身不代表事实和真实,数据中隐藏的事实真相需要通过相应的挖掘、分析和推理才能获得,同时我们也可以找到关于事实真相的多种方向,甚至可能是假象。"由此可见,成功运用数据新闻的案例必须是能够阐释数据因果联系、准确揭示未来趋势走向,并适合通过可视化图文传达新闻价值。在技术和传媒规范的指导原则下,努力找到新闻生产制作的平衡点,让大数据技术服务于新闻报道,挖掘出数据背后的新闻价值,用合理方式呈现新闻报道是每个媒体亟须思考的议题。

新闻的受众是有思想、有感情的人,新闻报道的内容都应围绕"人",所以新闻报道必须具备相应的人文关怀。在传统新闻报道中,人文关怀是极其重要的落脚点,而在大数据时代,数据新闻更侧重于相应的技术,如数据挖掘、数据分析与可视化呈现,导致在新闻生产过程中疏于人文关怀。

在对特殊人群(如失智人群、抑郁症患者、留守儿童等群体)的报道中,新闻作品更应体现人文关怀,而非通过简单罗列数据以此得出某些结论。哪怕可以从数据中挖掘出某些结论,若缺少人文关怀,这些结论很可能是粗浅的。

纵观国内数据新闻,在针对特殊人群的报道中,澎湃"美数课"推出的《看见盲人眼中的世界》(图3.3.4),通过数据动态的图示展现中国盲人群体的生存世界实像,将高深莫测的病理问题转化为公众可感可知的视觉感受体验,在传达医学知识的同时也饱含媒体的社会关怀精神,唤起大众对盲人群体的理解与同情心,实现媒体应具备的新闻使命与社会责任,引导大众对相关新闻议题的解读方向。由此可见,数据新闻选对选题投入制作,能够将原本高深的知识讯息通俗化,增强大众对报道的理解,并激发大众对社会现象与议题的反思与探索。

图3.3.4 澎湃"美数课"|《看见盲人眼中的世界》(扫码阅读)

4. 选题触碰法律底线,存在政策法规风险

数据新闻在具体的新闻处理过程中,从数据来源的采集,到后期处理后的传播都涉及一个重要问题,就是数据隐私。除了政府行政部门公开的来源数据以外,不少国内外媒体直接通过平台挖掘、现场采集的方式进行有关新闻数据的统计。但大多数据的采集越过了对数据权利主体的征询,包括在对方不知情同意的情况下对公民个人数据进行非法采集与过度分析。在互联网时代,被遗忘权一直是被反复提及的公众权利,而数据新闻的本身便是对隐私权构成了一种潜在的威胁。不同国家对公民的隐私权保障范围与规定存在差异,也使得跨越国界的数据新闻报道难以避免碰触不同国家政策法规底线的风险。

不少商业媒体受到资本利益的驱使,对采集的数据不进行精确、权威的鉴定识别,并在处理过程中对原始数据进行歪曲和篡改,甚至加上制作者非理性的解读,从而改变了数据的用途。此前,2013年央视的"3·15"消费者权益晚会中曝光了一些互联网非法集资企业未经授权私自窃取、商用大众在Cookie上留下的隐私数据,通过Web服务器在浏览器上的网络插件进行操作和利用,准确把握了陌生用户的数字使用历史和使用偏好,这一事例的曝光再次引发了大众对数字化时代用户隐私权的关注与重视。因此,在数据新闻的实施过程中,加强对数据主体的保护与权利保障是必要且重要的,在这一"保护伞"的支撑下让数据新闻获得更为广阔的应用空间值得学界和业界深思。

本章小结

数据新闻的选题策划,作为数据新闻成品出世的关键一环,对新闻媒体和新闻工作者提出了较高要求。选题策划从媒体内部的选题讨论会开始便开始了漫长的征程。对于媒体而言,数据新闻的选题策划不是常规的编前讨论会就能完全确定下来的,往往需要线上线下的联动讨论与机动安排,媒体从业者的新闻敏锐度和数据处理能力,才能有机会产出优质深度的数据新闻报道。在具体的思考方向上,基于从事件、数据、兴趣角度出发考量的数据新闻选题也是多种多样的,有时事热点新闻、政治民生话题、社会现象分析、公开信息报告、多元融媒创作等主题,在多种主题的数据新闻创作过程中,既要学会生动地用大数据讲故事,又要借助大数据技术让新闻传播更加立体化。

通过大数据讲故事也需要遵循以下理念,让用户成为数据新闻的参与者和体验者,营造场景化的数据新闻的分发平台,并与用户的兴趣需求紧密对接,充分保证数据信息清晰可见、准确,数据现象可被描述分析。在数据价值存有新闻价值能引发读者共鸣的基础上,避免数据新闻的同质化、宏观过度等操作问题,并遵守相关隐私政策及法律法规的要求,在不触碰法律底线的重要前提下选择适合可视化报道手段,从而实现数据新闻价值的最大化。

◆ 思考题

1. 数据新闻的选题分类主要有哪些?不同的选题思路从哪几个维度出发?
2. 数据新闻的策划实践主要流程是怎样的?对记者提出怎样的要求?
3. 当前数据新闻中讲故事的比重与谈数据的比重如何?对此,你有何看法。
4. 寻找近几年来国内外具有代表性的数据新闻案例,组队进行数据新闻案例学习与分享的讨论会,制作相关的数据新闻研讨报告成果册。
5. 请根据新近发生的热点社会事件,尝试策划一期数据新闻的选题和策划方案。

第四章　数据新闻的呈现

数据新闻的关键并不在于展示数字的多小,而在于揭示数据之间的关联和意义,从原本杂乱的无价值信息中挖掘隐含的新闻价值。为了达到这一目的,需要对数据进行可视化处理。在数据新闻的叙事中,数据是叙事语言,可视化就是将数据以更清晰的逻辑和更好的阅读体验呈现给读者的叙事手段。在视觉优先的传播格局中,以可视化的方式呈现新闻能够提升内容的阐释力和表达的生动性,从而增强传播效果。随着融合新闻理念的发展和传播技术、创作工具的进步,可视化的样态逐渐延展至"可听""可感"的层面,助推着数据新闻朝着交互、场景化等向度深耕。本章将着重介绍可视化的类型及其适用场景,以勾勒出数据新闻可视化的发展过程和创新方向。本章还介绍了在实际应用中可视化设计的误区,并提供了一些可视化设计指南,以帮助设计者提升数据新闻作品的科学性与艺术性。

第一节　信息图及数据新闻应用

数据新闻通常应用丰富的可视化效果来展示新闻事实,以及数据背后隐含的复杂关系。信息图是数据新闻可视化的重要呈现形式,能够在抽象的数据和具体的现实之间搭建一座桥梁,帮助读者更好地理解信息。因此有必要梳理信息图的发展历程和主要类型,并通过案例来分析信息图在数据新闻中的具体应用。

一、信息图与可视化

信息图表又称信息图(Infographic),这一概念由美国学者、信息图表设计师理查德·沃尔曼(Richard Saul Wurman)于1976年提出,他认为信息图表的设计是一种构造信息结构的方式,即提取复杂信息环境中的内核,并以清晰、美观的方式呈现给用户[1]。简单来说,信息图就是信息的图形表达方式,能够帮助读者快速了解信息之间的关系,提高读者的参与度,从而实现更好的传播效果[2]。

信息图与可视化是两个极易被混淆的概念,尽管数据和信息是不可分离的,但信息图表并不是数据可视化的同义词。一方面,静态信息图是可视化诞生之初主要的呈现形式,随着信息传播技术的发展,可视化的方式不断创新,衍生出动态可视化、交互可视化等多种形态。

---

[1] 孟晓辉. 读图时代报纸"信息图表"的深度解读功能[J]. 新闻窗,2009(3):55-57.
[2] Lazard A, Atkinson L. Putting Environmental Infographics Center Stage: The Role of Visuals at the Elaboration Likelihood Model's Critical Point of Persuasion[J]. Science Communication,2015,37(1):51-8.

因此,从广义上来说,信息图包含在可视化范畴之内,但可视化的外延更广①。

另一方面,就算将可视化限定为数据可视化,两者也有一定的差别。信息图表制作网站 Adioma 的创始人兼设计师安娜·维塔尔(Anna Vital)认为,是否为观众量身定制叙事(Narrative)是信息图与数据可视化的区别所在,数据可视化呈现未经阐释的事实,而信息图呈现阐释事实的叙述②。维塔尔认为信息图和数据可视化至少在以下五个方面有所区别,见图 4.1.1。

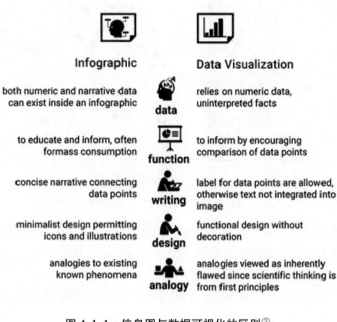

图 4.1.1　信息图与数据可视化的区别③

二、信息图的发展

人类历史上很早就开始运用视觉图形来传达信息,几千年前的地图就是最古老的信息图之一。15 世纪到 17 世纪,经济发展和文艺复兴推动了人类对未知世界的探索,伴随着测量工具和技术的进步,天文学、测量学等领域迅速发展,人们开始使用图像、表格来记录信息,这是可视化的早期探索阶段。

18 世纪到 19 世纪前半叶,作为应用数学分支的统计学不断发展,数据的呈现形式逐渐多样化,出现了很多现在被广泛使用的图表形式——柱状图、饼图、折线图、散点图等。这一时期,诸如教育、疾病、犯罪等公共领域的数据受到了政府部门的重视,被系统性地收集与发布,统计图表也被广泛应用于经济、科学、社会等领域。

19 世纪中后期是图表绘制技术发展的"黄金时期",一些官方统计机构在欧洲各国兴起,常用图表得到分类和规范,新型图表也不断涌现。这一时期出现了许多经典作品,例如

---

① 方洁. 数据新闻概论[M]. 北京:中国人民大学出版社,2015:173.

② Vital A. What Is an Infographic [EB/OL]. (2018-11-22)[2021-03-26]. https://blog.adioma.com/what-is-an-infographic/#note-9.

③ 图片来源:https://blog.adioma.com/what-is-an-infographic/.

英国医生约翰·斯诺(John Snow)绘制的"霍乱地图"(图 4.1.2)。1854 年伦敦暴发霍乱疫情,当局始终找不到疫情的源头,而斯诺医生绘制了霍乱流行地区患者住址的位置分布图,他用黑色条块代表死亡案例,通过在地图上增加水泵位置这一层信息,发现了水源污染与疫情之间的联系,为控制疫情作出了巨大贡献。斯诺医生创造性地使用空间统计学解决了流行病问题,改变了人们认识数据和思考问题的方式。

 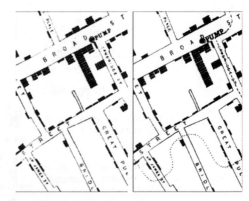

图 4.1.2　约翰·斯诺 1854 年绘制的《霍乱地图》[①](左)
《霍乱地图》的局部放大图(右)

尽管在 20 世纪初信息图已经被广泛应用,但是在媒体报道中并不常见,直到 20 世纪中叶,信息图才被真正引入到新闻传播领域,这一时期的《纽约时报》《芝加哥论坛报》等美国地方性报纸开始定期使用信息图并开设固定的图表栏目。20 世纪 60 年代之后,信息图的应用在欧洲出版行业蔚然成风,德国的《明镜周刊》作为信息图表的应用先驱,率先使用三维图来呈现内容,这一信息传播方式在后来被引入美国的《时代》周刊[②]。《今日美国》的创办推进了信息图表在传媒业的发展,彩色统计图、信息地图等在该报上占据重要地位,也被各国报纸所效仿[③]。同时计算机科学的快速发展推动了计算机图形学的诞生,各种专业的图形设计与制作软件问世,提升了信息图表的生产效率与质量,助推了这一高效传达信息兼具艺术审美的报道方式日渐盛行。

如今可视化作为一门涉及图像处理、人机交互、数据挖掘等多个领域的综合性技术,其应用已经扩展至各行各业。具体到新闻领域,越来越多的新闻机构开始重视利用可视化的方式来进行报道,数据新闻栏目逐渐展现出强劲的生命力。在移动互联网、社交媒体、大数据等交织的复杂传播环境中,信息图表在呈现形式、分发渠道、制作理念等方面都呈现出新的特征,数据新闻也从追求时效性的描述特征转向揭示事件背后的深层价值与关系。

三、信息图表的类型

爱德华·塔夫特(Edward Tufte)将基于数据的信息图表分为四大类别:一是统计图表,核心是定量数据,不添加另一层信息;二是时间轴,按照时间顺序呈现或者梳理数据;三是数

---

① 图片来源:https://blog.adioma.com/what-is-an-infographic/.
② Meyer E K. Designing Infographics[M]. Indianapolis, Indiana: Hayden Books, 1997:23.
③ 徐向东. 数据新闻可视化[M]. 北京:中国人民大学出版社,2018:26-27.

据地图,以地图的形式呈现距离变量和数据的结合;四是类比关系图形,利用组合对比呈现变量间的差异,并将数据集的属性与现实世界进行类比。还有一类重要的信息图表是呈现文本数据的词频图。下文将对五类信息图表进行介绍。

(一) 统计图表

在实践中,我们通常使用图形符号来创建图表,并通过改变符号的属性来编码数据,以映射图形符号和信息间的关系,这一过程被称为视觉编码(Visual Encoding),而人们之所以能从图表中读得这些信息,是因为图表的制作者和读者对于图表的内涵、数据编码的方式等有着共同的认知和理解[1]。人们在日常生活中已经对图形符号的相互组接和变化形成了较为固定化的视觉暗示,在阅读图表时,便会调动已有的先验知识来理解视觉元素背后承载的信息。

1967年,雅克·贝尔廷(Jacques Bertin)的著作《图形符号学》出版,这是可视化领域的里程碑之作。贝尔廷在书中提出了"视觉变量"(Visual Variables)这一概念,用来描述那些引起视觉差别的图形和色彩属性[2],奠定了视觉编码的理论基础。1984年,威廉·克利夫兰(William Cleveland)和罗伯特·麦吉尔(Robert McGill)通过实验对视觉变量的准确度进行了量化和排序,研究发现位置和长度的准确度相对较高,角度和斜度次之,随后是面积和体积,色彩和密度的准确度最低[3]。总结贝尔廷和其他可视化研究者对视觉变量的分类,信息图中常见的视觉变量主要有长度、位置、角度、面积和体积、色彩,下面就这些视觉变量及其代表图形进行介绍。

1. 长度:条形图、直方图

长度是丈量空间距离的基本单位,在图表中指图形一端到另一端的距离,用以展示或比较数值大小,一般长度越长,所代表的数值越大。

条形图(Bar Chart)是以长度来进行编码的经典图表,通常以宽度相同的矩形来显示分组数据,其长度与数值成比例。条形图适用于呈现包含两个维度的数据(例如,$x=$时间,$y=$数量),超过二维的数据可以使用堆积条形图或者百分比条形图来显示。

条形图可以垂直或水平绘制,纵向条形图也称柱形图(Column Chart)。虽然条形图和柱形图表达的数据的形式基本相同,但是在具体的使用中存在细微的差别。首先当数据的分组类别较多且类别名称字段较长时,通常选择条形图,以完整、美观地显示类别名称。其次,条形图通常用来呈现数据间的比较关系,可以作成旋风图(又称蝴蝶图、双向条形图)进行两组数据之间的多维对比;而柱形图通常用来展示数据的分布或变化趋势,可以与折线图结合形成复合型图表。

例如,2017年瑞士《新苏黎世报》对德国大选的即时数据进行了统计,用条形图(图4.1.3)对比了各党派的实力以及影响其选票的因素。该条形图的特殊之处在于以联盟党(Union)的数据作为参照,数值上限为33%,而不是100%,这有利于展示差值较小的数据,放大数据间的差异。

---

[1] 阿尔贝托·开罗. 数据可视化陷阱[M]. 韦思遥,译. 北京:机械工业出版社. 2020:47-48.
[2] 方洁. 数据新闻概论[M]. 北京:中国人民大学出版社,2015:177.
[3] Cleveland W S, Mcgill R. Graphical Perception: Theory, Experimentation, and Application to the Development of Graphical Methods[J]. Journal of the American Statistical Association, 1984,79(387):531-554.

直方图(Histogram)又称质量分布图,在外观上与条形图类似,但在实际应用中,两者有着本质的区别。首先条形图的矩形间有间隙,而直方图没有,这是因为条形图以矩形的长度来表示数值大小,宽度表示分组,用以呈现类别数据,可以是不连续的;而直方图用面积来表示数值大小,宽度表示组距,必须是连续的值。组距的计算方法为:(最大值－最小值)/组数,每个矩形的高度乘以组距等于该类别在全部数据中所占的比例,所有区块的面积之和为100%。因此直方图通常用以显示"相对"频率,能够帮助读者了解数据的分布情况。

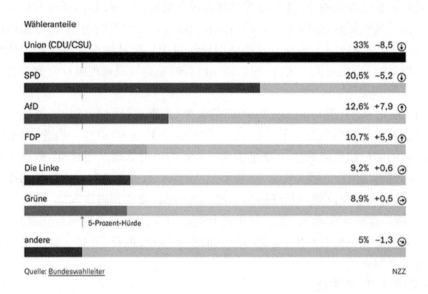

图 4.1.3 《新苏黎世报》对 2017 年德国大选情况的统计分析①

例如,《经济学人》发布的一篇名为《欧洲第一胎的集合》(《Europe's First-births Convergence》)的报道中,使用直方图对比了 1995 年和 2015 年东欧女性第一次生育年龄的分布情况,直观地展现出第一次生育年龄的后移(图 4.1.4)。

2. 角度:饼图、环形图

角度是描述角的大小的基本单位,取值范围为 0 度到 360 度,能体现总体中不同数据所占的比例,一般角度越大,所占比例越高。

饼图(Pie Chart)通常用以显示一个数据系列中各项的大小与占比。一个饼图即一个完整的数据集合,各项占比之和应为 100%,且组间是并列关系。适用于饼图的数据系列有两点特征:一是要绘制的数据仅有一个维度;二是数据没有负值。根据前文所述,角度的准确度低于长度,因为人在视觉上对角度变化的敏感度较低,因此需要对数据进行比较和排序时,饼图并不是最佳选择。此外,饼图的分组不宜过多,一般不超过 6 组,如果数据分类过细,可以考虑将占比较小的项合并为"其他"项。当需要强调一个或多个扇区时,可以将其与饼图的其他部分分离,这种饼图被称为分解饼图(Exploded Pie Chart)。

---

① 图片来源:https://www.nzz.ch/international/bundestagswahl-live-so-hat-deutschland-gewaehlt-eine-analyse-in-grafiken-ld.1316249?reduced=true#back-register.

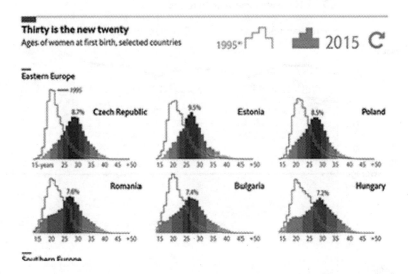

图 4.1.4　Europe's First-births Convergence(东欧女性第一次生育的年龄分布直方图)①

环形图(Doughnut Chart)与饼图类似,但是在视觉效果上会让数据看起来更复杂,没有饼图清晰直观。环形图的优势在于它可以同时呈现多个数据系列的分布情况,每个数据系列可以用一个环来表示,数据系列中的每一部分用环中的一段表示,因此有利于进行数据构成的比较研究②。例如,2020 年 8 月 10 日澎湃新闻的"美数课"栏目发布了报道《版号政策下的游戏江湖:腾讯网易也只能苦等》(扫描右侧二维码查看),用复合环形图呈现了游戏版号政策出台后,各类公司申请版权的模式占比情况。内环将样本分为独立运作与联合运作两类,外环则对这两类模式进行了更细致的划分。

3. 位置:折线图、散点图

位置用以展示数据在给定空间或者坐标系中的相对分布情况,位置可以呈现数值的大小和次序差异。在坐标系中,每一个点代表一个数据,点的分布情况体现了数据的离散程度。

折线图(Line Chart)是基于二维数据集的图表,用直线段连接数据点,常用以显示数据的变化趋势。在展现时序相关的数据时,折线的斜率代表了"变化率",斜率的绝对值越大,变化速度就越快。在同一个图表中,还可以使用多条折线呈现多个数据系列的变化,为了防止画面杂乱不清,一张折线图中通常不使用 5 条以上的折线。

在折线较多的情况下,可以通过加粗、添加色块等方式突出显示需要强调的数据系列,以便读者能够快速抓住重点。例如,在 2015 年 BBC 发布的《解释气候变化的六个图表》中,记录了过去一百年各个月份的最高气温与最低气温,2015 年的气温是数据集中最高的,被设计者用加粗的红色折线进行强调,见图 4.1.5。

---

① 图片来源:https://www.economist.com/graphic-detail/2017/10/03/europes-first-births-convergence.
② 贾俊平,何晓群,金勇.统计学[M].4 版.北京:中国人民大学出版社,2009.

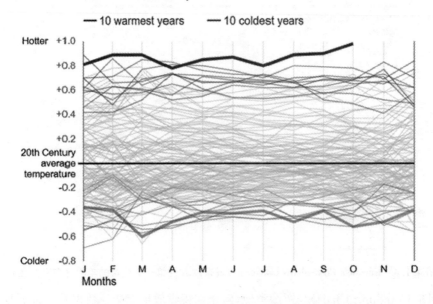

图 4.1.5　BBC 绘制的 20 世纪气温变化折线图[①]

散点图(Scatter Plot)通常使用两组数据值作为 x 轴和 y 轴的坐标来绘制数据点的位置,因此也被称为 XY 散点图。散点图能够显示出每个数据的位置分布,便于我们判断两个变量之间是否存在某种潜在的相关关系,或总结数据呈现的分布模式。设计者在绘制散点图时,通常会使用趋势线来表征数据的集中趋势,使数据的变化规律表现的更为明显。

2019 年度数据新闻应用奖的获奖作品《罪犯移民的神话》(《The Myth of the Criminal Immigrant》)(扫描右侧二维码查看)就使用散点图证明了"移民将犯罪带入美国"的论点是错误的。报道中的散点图以移民人口比例为横坐标、犯罪率为纵坐标,反映出高移民人口与高犯罪率之间没有相关性,移民甚至可能具有降低平均犯罪率的作用。

4. 面积/体积:气泡图、矩形树图

面积是衡量二维空间大小的单位,体积则适用于三维空间,一般面积或体积越大,表示的数值就越大。在使用面积或体积作为视觉变量进行大小比较时,需要进行比例校正,例如,用圆形表示面积时,直径扩大一倍,面积将扩大四倍。

气泡图(Bubble Chart)与散点图类似,可以表示三个变量之间的关系,两组数据确定气泡的位置,第三组数据确定气泡的面积。值得注意的是,如果制图软件以气泡的半径作为参数而不是气泡的面积,那么需要将第三组数据取平方根来转换标量值。此外用面积来衡量数值大小意味着第三组数值的取值不能为零或负数,可行的方法是对数据取绝对值,正数与负数采用不同颜色的气泡,或者正数为实心圆,负数为空心圆加以区别。

---

① 图片来源:https://www.bbc.co.uk/news/resources/idt-5aceb360-8bc3-4741-99f0-2e4f76ca02bb.

"数有范"在 2020 年 3 月 13 日发布的《数据告诉你,全球抗疫,中国不会缺席》(扫描右侧二维码查看)报道中,使用气泡图呈现了各国向中国捐赠物资的情况,纵轴为国家类别,横轴为物品类别,气泡面积用以衡量捐赠数量。

矩形树图(Tree Map)也叫矩形式树状结构图,用于可视化层次结构数据。矩形树图以面积表示数值、颜色表示类目,把树状结构显示为一组嵌套矩形,不仅能表示数据间的层级关系,还能直观地反映数据的权重,一般矩形面积越大,表示子数据在整体中的占比越大。在实际制作中,需要注意设置较小的长宽比,因为长宽比小的区域更容易被感知[①]。

例如,澎湃新闻"美数课"栏目的一篇文章运用矩形树图展现了"双一流"高校学科建设情况,从学科数量来看,在 140 所位于"双一流"建设学科名单上的高校中,北京大学拥有的一流学科数最多,一流学科半数集中于排名前十五位的高校之中(图 4.1.6)。

图 4.1.6 澎湃"美数课"|"一流学科"建设情况矩形树图(扫码阅读)

5. 色彩:热图

色彩是变化最丰富的视觉变量之一,具有"色相"(Hue)、"明度"(Value)、"纯度"(Saturation)三种属性(图 4.1.7)。色彩这一视觉变量通常与其他视觉变量结合使用,起到区分或强调的作用,例如,在气泡图和矩形树图中色彩也是重要的编码元素之一。

色相是指颜色的基本相貌,是区别不同颜色最主要、最基本的特征。除了黑、白、灰以外的颜色都具有色相这一属性。

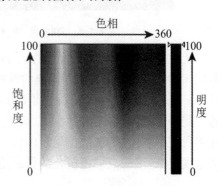

图 4.1.7 色彩的三种属性

---

① Kong N, Heer J, Agrawala M. Perceptual Guidelines for Creating Rectangular Treemaps[J]. IEEE Transactions on Visualization & Computer Graphics, 2010, 16(6): 990.

明度是指颜色的明暗程度,取决于有色物体的反射光量。色彩的明度差异主要包括两方面:一是相同色相的不同明度,例如粉红和深红;二是不同色相的不同明度,例如黄色的明度高于紫色。明度是反映空间关系和层次变化的属性,因此明度的变化能够给画面带来层次感和立体感。

纯度即饱和度,是指颜色的鲜艳程度,取决于颜色中所含彩色和消色(黑色、灰色、白色)的比例。彩色成分越多,消色成分越低,其饱和度就越高,给人的视觉冲击越强烈。除了明度,不同的色相也具有不同的纯度,原色的纯度最高。

热图(Heat Map)是使用颜色对数据进行编码的典型图表。热图的侧面通常会有一条预设好的色带(即色键,Color Key),通过纯度、明度和色相的渐变来表示数值的大小,靠近右端的颜色为高表达、正相关,而靠近左端的颜色为低表达、负相关(图 4.1.8)。热图中的每一个小方格都代表一个数值,并取色带上相应位置的颜色,以反映数据的变化趋势。

例如,威兰特·戈马里(Wilant Gomari)的作品《墨西哥杀人案超越了 2011 年的危机》(《Homicides in Mexico Exceed the Crisis of 2011》)(扫描右侧二维码查看)用热图描述了墨西哥各个州凶杀犯罪率的变化,图 4.1.8 表明近年来暴力活动已扩大到墨西哥中部和南部的各个区域。

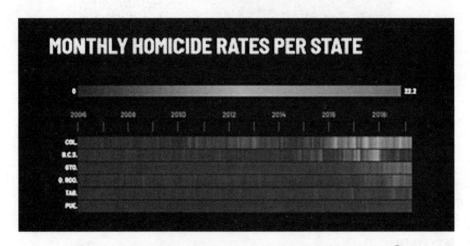

图 4.1.8　2006 至 2019 年墨西哥各个州凶杀犯罪率的变化热图[1]

上文只是列举了一些常用的统计图表,如果想要了解更多类型的图表,可以访问 Google 新闻实验室和 Adioma 联合推出的可视化信息网站 visualization universe (http://visualizationuniverse.com/),该网站介绍了各类可视化图表、相关书籍和制作工具的基本信息及其流行趋势。此外,在实践过程中,要根据需求和目的灵活运用图表,例如结合不同的图表,运用多种视觉变量,增加数据呈现的维度,还可以适当地对基础图表进行变形,但是不能使图表过度复杂,因为数据可视化的目的是清晰地展现数据,而不是平面设计[2]。

---

[1] 图片来源:http://www.ladata.mx/homicidiosenmexico_en/.
[2] Mogos A. Scientific Images and Visualisations in Digital Age. From Science to Journalism[J]. Journal of Media Research,2012,5(3):11.

(二) 时间轴

时间轴(Timeline)是根据时间顺序,以可视化的形式,系统、完整、精确地呈现事物变化和发展轨迹的信息图。在实践中,大部分新闻是按时间顺序来叙事的,当事件的时间跨度较长或者线索较多时,用文字进行叙述就显得繁琐且复杂,而时间轴能够清晰地呈现事物的发展脉络和反映线索间的联系。时间轴通常与其他图表结合使用,来呈现全景式的信息,常被运用于战争、社会运动、事件追踪等新闻报道中。

例如,数据新闻作品《图释两千年传染病史:若瘟疫无法被根除,该如何与之相处?》(图4.1.9)中,将时间轴与气泡图相结合,用气泡色相表示传染病的传播范围,面积表示死亡人数,展现了1世纪以来的传染病史。

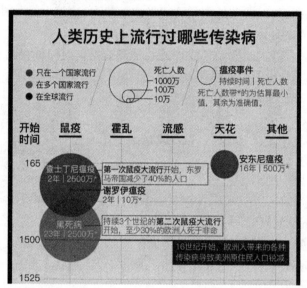

图 4.1.9 澎湃新闻|《图释两千年传染病史:若瘟疫无法被根除,该如何与之相处?》部分截图(扫码阅读)

(三) 数据地图

数据地图是一种将数据和地图有机结合的信息图。地域性数据是新闻事实中的一个重要元素,与新闻人物、新闻事件息息相关,但是这类数据一般较为抽象,难以用文字清楚地传达,而通过地图的形式能够帮助读者建立空间感,直观地揭示地理位置与数据之间的关联,以便我们挖掘更深层次的信息。在利用地图传达空间信息的基础上,还可以使用其他视觉元素来设置多种数据维度。例如自2008年起,媒体在报道美国大选时通常会使用"选举地图",用红色代表共和党,蓝色代表民主党,在地图上标注出两党候选人赢得的选区,以分析和预测大选结果。

一个数据地图的空间表达实际上是通过不同的"地图图层"叠加实现的。首先,每个数据地图都具有"底图层",类似于 Photoshop 中的背景图层,例如地表卫星图、二维地形图等。其次,根据不同的目的叠加不同的数据图层,例如,人口数量、站点分布等。下面以 2019 年 5 月 13 日 DT 财经发布的报道《3万条航班数据背后,230座城市的天空之战》(扫描右侧二维码查看)为例,介绍几种常见的数据地图形式。

1. 点地图

点地图可以理解为散点图与地图的结合,将特定位置在地图中标注出来,用于呈现特定事物的地理分布情况。地理位置数据还可以结合点的面积、颜色等视觉变量描述各点的权重情况。例如,"2018 年全国机场中心度分布地图"案例中,将所有机场的位置投射到地图中,并以颜色的纯度来反映节点在网络中的重要程度,表明机场中心度分布呈现出东高西低、南高北低的特点,揭示了机场的中心度与地区经济发展之间的相关性。

2. 流向地图

流向地图一般用来可视化展现点到点的源汇流(Origin Destination Flow)数据,通常用线段来连接源地和汇地,源地和汇地既可以是点也可以是面。在描述人口迁移、交通运输等数据时可以采用流向地图。例如案例中"全国七大地理区核心航空枢纽连通城市 TOP10"一图,呈现了上海机场的航班流向,并以线条的粗细代表航班数量,描述了上海与其他各个区域中心度最高的机场城市的亲疏关系。

"2009～2018 年全国机场吞吐量增长情况"信息图还将地理数据与时间轴相结合,以动图的形式,展现了不同地区机场吞吐量的变化情况,数据显示我国机场的吞吐量增长是围绕城市群产生的,京津冀、长三角、珠三角和成渝城市群的优势越来越显著。

3. 区域地图

此外,还有一类常用的数据地图是区域地图。区域地图通常用来描述不同地区自然、经济、人文等方面的分布特征,一般使用颜色这一视觉变量对数据类别进行区分。以"数据新闻奖"2015 年特别引荐奖作品《新柏林人和土生土长的柏林人》(《New Berliners and Native Berliners-Who Came, Who Went and Who Lives Here Today》)为例(扫描右侧二维码查看),该作品用橘色和蓝色区分了新柏林人和柏林原住民,颜色的纯度代表人口密度,人口密度越高,颜色的饱和度越高。数据表明,在柏林墙倒塌的 25 年后,隔离新柏林人和柏林原住民的是位于郊区的火车环线。

(四)类比关系图

可视化处理的关键就是将读者先验的知识和认知模式与新的信息联系起来,将数据集的属性与真实世界进行类比,用读者熟悉的东西来阐释他们陌生的东西,帮助读者感知和理解数据所蕴含的信息。类比关系图主要有以下两种形式。

一是使用公众熟知的视觉模板(Visual Template)来描述数据之间的关系。例如,常见的有通过"金字塔形"与"倒金字塔形"来呈现事物的结构,描述数据类别的数量与重要性;通过"齿轮图形"来描述数据类别间的杠杆作用;通过"阶梯图形"来描述达到某个目标需要采取的步骤和难度等等。有时设计师根据自己的目的和需求也会灵活化用一些独特的图形。

二是用具象的符号图形来呈现数据所描绘的事物,即同型(Isotype)。同型是由奥图·纽拉特(Otto Neurath)创造的视觉语言。这类信息图可以用符号图形的数量而不是大小直接反映数据的多少,例如,网易"数读"栏目《内卷的中国咖啡,靠它打败星巴克》一文中,使用咖啡图标的数量来代表各种咖啡原料的热度,用咖啡原料的热度指数排名形象地表现出咖啡风味的"奶茶化"(图 4.1.10)。

这类信息图还可以使用简化的图形直接映射现实中的事物,例如,获得 2014 年"信息之美奖"数据可视化组铜奖的作品《深度的难题》(《The Depth of the Problem》)就利用现实中的地标来显示"长度"这一视觉变量。2014年3月,马航MH370失联,在检测到飞机黑匣子的深海信号后,官方要求在数日内找到失事飞机,但是《华盛顿邮报》的新闻工作者对此不以为然,他们将世界上著名的高楼倒置在海下,发现即使是828米高的迪拜哈利法塔,与发现信号的4572米深度的海域相比,也是相差甚远,由此表明在深海中准确定位黑匣子是一项极富挑战的任务(图4.1.11)。

图4.1.10　网易"数读"|《内卷的中国咖啡,靠它打败星巴克》(扫码阅读)

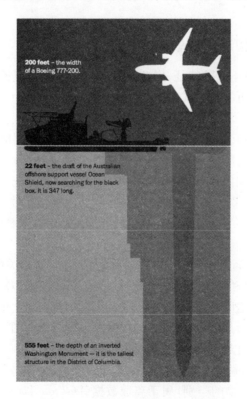

图4.1.11　作品《深度的难题》部分截图[①]

---

① 图片来源:The Depth of the Problem — Information is Beautiful Awards。

（五）词频图

词频统计是一种常用于文本挖掘和情报检索的加权技术，用于评估某一个词在一个文本或者语料库中的重复程度。词语的重要性与其出现的次数成正比，在词频图中，通常对出现频率较高的关键词予以视觉上的突出。例如，中国人民大学"RUC新闻坊"2020年2月发布的报道《1183位求助者的数据画像：不是弱者，而是你我》（扫描右侧二维码查看），根据1183条求助微博绘制了疫情词云图，"床位""无法""没有"等词语反映出疫情初期医疗物资的紧缺；"爸爸""妈妈"等词语说明求助者多为患者子女，新技术门槛成为长辈无法向外界求助的障碍。

除了词云，词频信息图还可以使用面积、长度等视觉变量来反映重复程度。例如，The Pudding 将数千条国会成员的推文输入机器学习算法，识别出重要的政治议题，然后绘制了词频信息图（扫描右侧二维码查看），以矩形面积的大小来呈现单词占比的高低，并结合时间这一变量，显示了各个政治议题的热度变化。

四、信息图的选择

（一）根据数据类型选择信息图

不同类型的数据具有不同的特征，因此在设计信息图之前应该先观察和分析数据的类型，选择适应数据特征的可视化模式。

1. 时序数据

时序数据是指按照时间顺序来记录的数据列，数据随着时间的变化而变化。分析时序数据的维度主要有：随着时间的变化，变量和不变量分别是什么；数据变化是否存在某种周期性的规律；变化的趋势如何；变化中有没有出现意料之外的波动，其背后的潜在原因是什么。时序数据主要分为离散时间数据和连续时间数据。对离散时间数据进行可视化时通常采用条形图、散点图等。如果要可视化连续时间数据，折线图、阶梯图等更为适用。

2. 空间数据

空间数据是指带有空间坐标的，与物体位置、大小分布等相关的数据，用以描述现实世界中存在定位意义的事物和现象。空间数据往往通过数据地图来呈现，将数值映射到地理坐标系中，展现不同区域之间的差异与联系，或某一事物在空间上的分布特征。数据地图常常与其他图表结合使用，增加信息容量，例如，"数据地图＋气泡图"，以气泡面积映射数据大小；"数据地图＋热力图"，以颜色的深浅表示数值的大小。

3. 定类数据

定类数据用以反映事物的类别，属于离散数据（Discrete Data）。分类属性包含有限个不同值，值之间并列且无序。如果要进行分类数据间的比较，通常选择条形图、雷达图（图4.1.12）；如果要观察分类数据的变化及其趋势，通常选择折线图、面积图等；如果要反映各类别的占比情况，一般选择饼图、环形图、南丁格尔玫瑰图（图4.1.13）等。

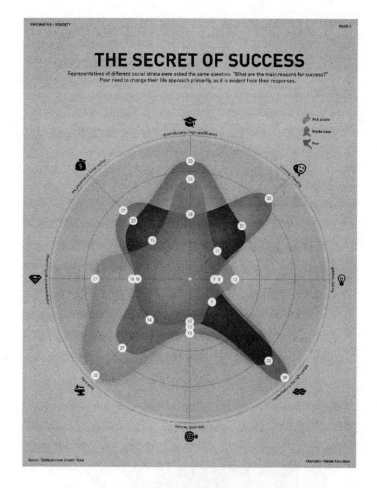

图 4.1.12　雷达图示例

对于不同阶层的人群来说,成功的影响因素不同,将三个阶层的评估放到同一张雷达图上,通过色彩进行对比。①

4. 关系数据

按照数据间是否存在层次结构可以将关系数据分为层次数据和网络数据。当层次数据之间存在包含关系时可以使用韦恩图;存在层级关系时则可以选用矩形树图、金字塔图或者漏斗图。

表示分流的网络数据一般采用桑基图(图 4.1.14)与弦图(图 4.1.15);而表示联结的网络数据一般使用节点关系图(图 4.1.16)。

5. 文本数据

文本数据以文字为记录形式,对文本数据进行可视化,需要对文本的词汇、语义、语义等信息进行挖掘。最常见的是对文本词汇的挖掘与统计,通常以词云图作为呈现形式。

---

① 图片来源:https://www.flickr.com/photos/infografika/7628645452/in/photostream/.

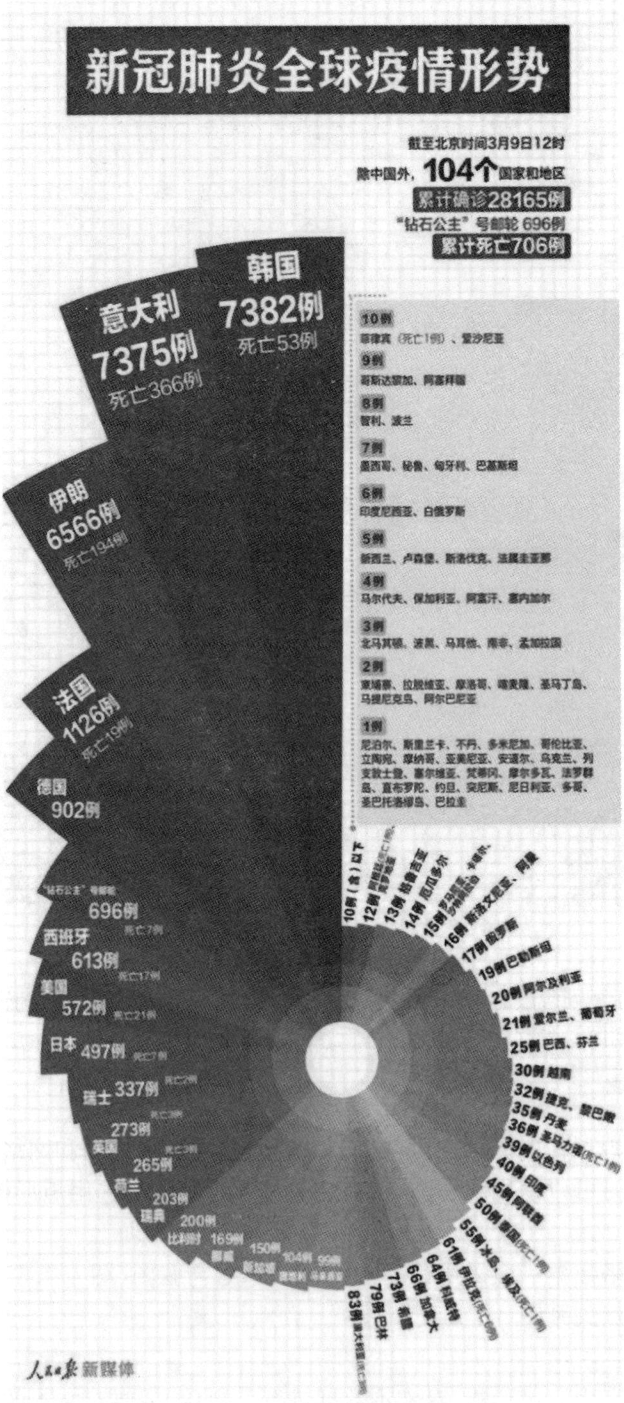

图 4.1.13　南丁格尔玫瑰图示例

《人民日报》2020年3月9日发布《最新！中国以外累计确诊28861例》一文，用玫瑰图显示了新冠肺炎全球疫情形势。①

---

① 图片来源：https://baijiahao.baidu.com/s?id=1660670007243169879&wfr=spider&for=pc.

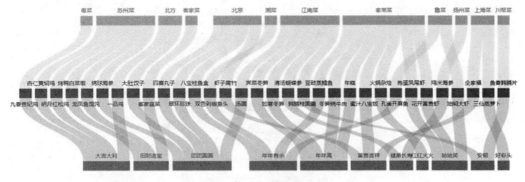

图 4.1.14 桑基图示例

新华网的数据新闻《家宴·人间至味是团圆》用桑基图将春节家宴菜品和地域及寓意连接起来。①

图 4.1.15 弦图示例

该弦图分析了旧金山各个社区之间居民的乘车频率,以连接线的粗细来编码两个邻域之间乘车的相对频率。②

(二)根据需求选择信息图

信息图表最终的目的是清晰地呈现设计者想要向读者传达的内容,《高级展示设计》一书的作者安德鲁·阿贝拉(Andrew Abela)在《图表建议》一书(图 4.1.17)中,将设计者的需求分为比较(Comparison)、分布(Distribution)、联系(Connection)和构成(Composition)四大类,并根据这四种需求匹配了适用的图表类型。此外,还有一种图表中未提及的重要需求是帮助读者理解数据间的关系,满足这类需求常用的信息图是散点图(相关关系)、节点图(网络关系)、韦恩图(包含关系)等。

---

① 图片来源:http://www.xinhuanet.com/video/sjxw/2019-02/19/c_1210062862.htm。
② 图片来源:https://bost.ocks.org/mike/uberdata/。

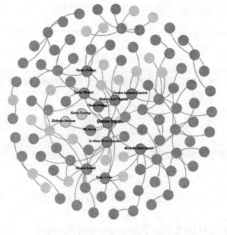

图 4.1.16　网络节点图示例

《西雅图时报》(*The Seattle Times*)使用视觉化的网络图表描绘了当地艺术圈内部的关系。①

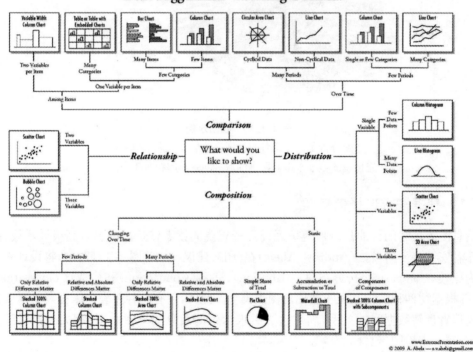

图 4.1.17　阿贝拉《图表建议》②

---

① 图片来源：https://www.seattletimes.com/entertainment/visual-arts/in-seattle-art-world-women-run-the-show/.
② 图片来源：https://extremepresentation.typepad.com/files/choosing-a-good-chart-09.pdf.

第二节　可视化的类型

随着各种计算机处理软件和制图工具的发展,可视化呈现出越来越多的形态,应用领域也不断扩展。同样一组数据,在不同的媒介(报纸、电视、互联网等)中会采用不同的可视化方式;不同的数据挖掘程度也会呈现出不同的新闻形态;不同的新闻选题意味着可视化还可以按照内容分为体育类、时政类、财经类等等。我们无法穷尽所有的可视化类型,但是可以根据现有的数字新闻实践进行总结和分类。

一、按数据整合程度分类

(一) 数字核心型

"数字核心型"可视化新闻的特征表现为数据本身就是新闻,报道并不对数据进行明确、深入的解读,而是对数据进行图形化的呈现后,作为开放的文本,留给读者自由解读的权利[1]。例如,网易"数读"板块中的数据新闻一般只用一张或多张信息图表来讲故事,并运用与报道主题相关的图形和多元的色彩搭配对信息图表进行修饰,内容直观而丰富,使得用户可以忽略报道中的文字内容[2]。将数据本身作为新闻彰显了新闻的真实性和客观性,但是也会使报道缺乏叙事主干,容易引发读者的误读。

(二) 数字驱动型

在"数字驱动型"可视化新闻报道中,数据的可视化只是讲故事的手段,并非新闻本体[1]。该类数据新闻一般有明晰的叙事链条,通过对数据的深入挖掘和整合,明晰不同变量或社会主体间的关联性;或对某一现象或事件进行综合性的梳理,并予以清晰的解读,有时还会对未来趋势加以预测。该类报道中的数据可视化通常是辅助阅读的工具,图形构成较为简单,色彩风格也以简约为主,强调回归文本的阅读与思考[2]。

二、按呈现形式分类

(一) 静态信息图

在可视化诞生之初,静态的信息图表就是其主要的呈现形式,如今静态信息图已经成为新闻媒体报道的重要工具,许多媒体都开设了基于大数据的信息图表栏目,例如,澎湃新闻的"美数课"、网易的"数读"、财新的"数字说"等。静态信息图主要用于传递固定的信息,表

---

[1] 战迪.新闻可视化生产的叙事类型考察:基于对新浪网和新华网可视化报道的分析[J].新闻大学,2018(1):9-17,147.
[2] 黄雅兰,仇筠茜.信息告知还是视觉吸引?——对中外四个数据新闻栏目可视化现状的比较研究[J].新闻大学,2018(1):1-8,34,147.

现数据之间的关系，具有叙事功能。信息图常见的形式在前文已有介绍，在实践中主要依据数据的类型和制图目的来选择信息图的类型，但是不管哪种类型的静态信息图都通常包含以下要素：

1. 标题/文字说明和数据来源

用精准的语言概括和描述图表，有助于帮助读者快速把握图表的核心内容，同时明确的数据来源是保证新闻真实性和客观性的基础，能够提高图表的可信度与说服力。

2. 标度、单位和图例

信息图中必须呈现度量的对象和标准，标度控制着数据到图形属性的映射，例如图形的位置、颜色、大小等等。图例作为一种引导元素是一种帮助读者读图的工具，而单位可让读者感知数据的大小。

3. 注记图层

信息图中一般会有一些简短的文字说明来强调要点。

（二）动态可视化

与静态信息图相比，动态可视化虽然也采用叙事的方式传递固定的信息，但是信息量更为丰富，能够让读者更直观地感受到数据的变化。常见的动态可视化形式包括 GIF 动图、短视频、动态图表等。

1. GIF 动图

GIF 动图由一系列静态图片按照顺序组接而成，在动态可视化中相对容易实现。例如，澎湃新闻的报道《中国孩子 30 年体质变化，不只是跑不动 1000 米》，运用动图（图 4.2.1）模拟了出生于不同年代的中国男生同场跑一次 1000 米的结果，动图显示当 1985 年男生抵达千米终点时，2014 年男生只跑了 900 米，生动地阐明了中国孩子近 30 年来体能滑坡的现象。

 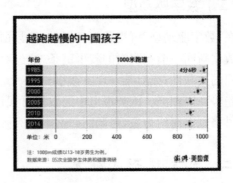

图 4.2.1 《越跑越慢的中国孩子》GIF 截图[①]

GIF 动图经常将图表与时间轴相结合，展现中长期时间段内数据的变化。例如，由皮尤研究中心（Pew Research Center）在《下一个美国》(《The Next America》)中制作的描述美国人年龄分布的双向条形图（扫描右侧二维码查看），把 1950 年到 2060 年的年龄分布信息包含在一张 GIF 动图里，直观地表现了美国人口年龄构成的变化以及未来趋势。

---

① 图片来源：https://www.thepaper.cn/newsDetail_forward_14547210.

2. 短视频

短视频主要有两种形式,一种是 MG(Motion Graphic)动画,即动态图形。MG 动画是一种融合了动画电影与图形设计的视觉语言,在表现上使用基于平面设计的规则,在技术上使用动画制作的手段,一般由文案、背景音(配音、音乐、音效)、图形元素以及动画效果构成。例如,澎湃新闻的作品《一分钟看百年诺奖人才流动:哪些国家是最强的人才孵化地?》(扫描右侧二维码查看),以动态流向地图结合文案的形式进行呈现,数据表明二战前西欧的英国、法国和德国获得诺贝尔奖的新移民最多;二战以后,美国则取而代之,成为诺贝尔奖的最大孵化地。

另一种短视频是融新闻摄影与动画为一体的新闻短视频,通常将真实影像与数据图表有机结合,以完整、清晰地呈现事实和挖掘线索间的联系。例如,2021 年 4 月 30 日澎湃新闻发布了报道《每分钟近 2 人染疫死亡,印度疫情为何出现爆发式增长?》(扫描右侧二维码查看),利用图片、采访等影像呈现了印度疫情的现状,并结合数据分析了印度新增病例出现爆发式增长的原因。

MG 动画/视频新闻一般由 After Effects、Premiere 等软件制作,通过视觉、听觉等多重感官调动和场景模拟,让受众更有代入感和沉浸感,因此这类数据新闻通常能够获得更多的关注度。但是也有学者认为"这种稍纵即逝的呈现方式不利于用户对数据新闻中信息的接受和深度理解"①。

3. 动态图表

动态图表是指视觉元素能够动态显示的可视化形式,需要基于网页前端开发技术,结合 ECharts、D3 等可视化库来实现。动态图表在网页上呈现时,随着鼠标的滚动,会表现出不同的文本和视觉效果。这种连续的、创造性的操作,实现了数据的分层展现,在可视化的广度和深度上都有所拓展。例如,2020 年"Sigma Awards"数据新闻奖的入围作品《瑞士人在担心什么》(《What People in Switzerland Worry About》),详细探讨了难民、环境保护、失业等六大瑞士人关注的社会议题,且用六种不同颜色的线条呈现历时变化,线条的宽度表明议题被讨论的热度。向下滑动鼠标时,作品会将六大社会议题作为独立的板块分别进行分析,呈现了更多细节(图 4.2.2)。

(三) 交互可视化

"交互设计"(Interaction Design)兴起于 20 世纪 80 年代,致力于创建人与产品之间有意义的联系,使之互相配合,共同达成某种目的。媒介融合引发了交互可视化的浪潮,让用户从被动地"阅读"新闻转向主动地"参与"新闻,实现了"从信息静态呈现到数据深度探索"的转变②。

应用交互可视化的方式呈现信息有以下优点:第一,可以分类展示数据的不同层面,展现更丰富的信息;第二,交互式的图表给用户提供了自由探索的空间,给予用户个性化的阅

---

① 方洁. 数据新闻概论[M]. 北京:中国人民大学出版社,2015:196.
② 姜日鑫,彭兰. 从信息静态呈现到数据深度探索:彭博社网站的交互式信息图表应用[J]. 新闻界,2014(21):65-69.

读体验,能够让读者对新闻内容的理解和记忆更加深刻[1];第三,交互的形式契合了智能化、社交化的信息传播趋势,天然携带社交基因,容易引起用户的主动分享,最终实现广泛传播。

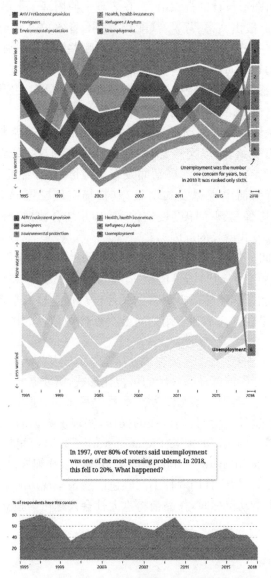

图 4.2.2 《瑞士人在担心什么》网页随着鼠标滚动的动态图表截图[2]

根据韦伯和拉尔对交互式信息图的研究,按照信息的交互程度可以将交互式可视化分为以下四个类别[3]。

---

[1] 李玮,戴梦岚.动画短视频:数据新闻的成熟可视化形式?——基于2016年"两会"报道中的动画短视频来谈[J].新闻界,2017(1):64-69.
[2] 图片来源:https://www.swissinfo.ch/eng/politics/2019-elections_what-people-in-switzerland-worry-about/44997722.
[3] 黄雅兰,仇筠茜.信息告知还是视觉吸引?——对中外四个数据新闻栏目可视化现状的比较研究[J].新闻大学,2018(01):1-8,34,147.

1. 低级交互

低级交互是指用户通过点击预设的按钮、拖拉时间轴、鼠标移动至特定区域等操作，能够获得文本、图片、动画等回应信息，一般在设计者的预设框架下进行线性的信息浏览。例如，非营利新闻编辑室 Propublica 的作品《一个正在消失的星球》（《A Disappearing Planet》），以目、科作为横轴，属作为纵轴对动物进行分类，用红色来表示濒临灭绝的物种，拖动横轴、点击矩形小方块就可以查看相应物种的濒危程度（图 4.2.3）。

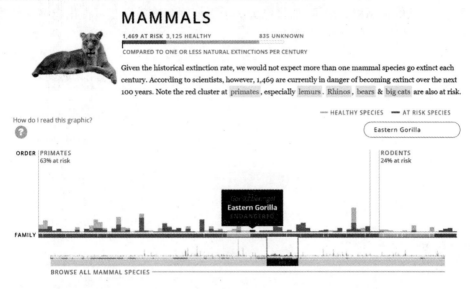

图 4.2.3　Propublica 的作品《一个正在消失的星球》截图①

2. 中级交互

中级交互可视化提供不同的信息浏览路径，用户可以自由探索，一般通过超链接交互实现，通过页面的跳转呈现不同层次的信息。例如，《南华早报》的作品《2019 年回顾：香港的头条新闻》（2019 Review：the Year Hong Kong Dominated the Headlines），首页的颜料色块代表他们全年发布的重要数据新闻，主题涉及英国脱欧、中美贸易摩擦等，点击感兴趣的色块即可跳转至相应的数据新闻报道（图 4.2.4）。

图 4.2.4　《2019 年回顾：香港的头条新闻》网页截图②

---

① 图片来源：https://projects.propublica.org/extinctions/.

② 图片来源：https://multimedia.scmp.com/infographics/article/3043006/colours-scmp-infographics-2019/.

3. 高级交互

高级交互是指用户可以自行键入关键词或指令，完成信息筛选、检索等特定目标。例如，迈克·波斯托克（Mike Bostock）等人在《租房好还是买房好》（《Is it Better to Rent or Buy?》）一文中开发了一个预算计算器，来帮助读者对租房还是买房进行选择（图 4.2.5）。计算器考虑到了房屋价格、居住时间、贷款利率等多种因素，每种因素都用一张图表描述，图表底部有一个可移动的刻度表，用以选择数据。最终计算机会得出月租金额，如果读者能够以该金额或者更低的金额租到房子，那将比买房子更划算。该类交互可视化能够满足读者个性化的需求，是解决实际问题的有用工具。

图 4.2.5　波斯托克等人开发的房租计算器部分截图①

4. 游戏交互

游戏交互是指使用游戏开发或虚拟现实等技术的数据新闻互动方式，虽然目前游戏交互的可视化作品较少，但已经成为数字新闻领域的重要趋势。2015 年，哥伦比亚大学新闻学院的数字新闻研究中心发布了研究报告《玩转新闻：数字新闻中的乐趣和游戏》（《Play the News: Fun and Games in Digital Journalism》）。该报告指出，从最初报纸上的填字游戏开始，新闻就和游戏建立起了密不可分的联系。从互动和参与的视角来看，游戏中包含的问题意识以及围绕问题而产生的竞争和奖惩机制能够充分调动用户的兴趣，游戏带来的体验感也使读者能够进入情境，促使其主动思考新闻报道中涉及的社会问题②。尽管该报告是针对"数字新闻"而非"数据新闻"，但是游戏的参与性、互动性等特征给数据新闻带来的作用是一致的。

例如，《金融时报》推出了一款线上互动游戏"The Uber Game"（扫描右侧二维码体验）来探讨 Uber 司机如何实现日常的收支平衡。该游戏基于真实的报道，包括对数十名 Uber 司机的访谈，游戏任务都来

---

① 图片来源：https://www.nytimes.com/interactive/2014/upshot/buy-rent-calculator.html? abt=0002&abg=0.
② Foxman M. Play the News: Fun and Games in Digital Journalism[EB/OL]. [2015-2-20]. http://towcenter.org/wp-content/uploads/2015/02/PlayTheNews_Foxman_TowCenter.pdf, 20150220.

源于 Uber 司机的真实经历。游戏以"根据问题选择答案,然后得到反馈"的模式推进,读者作为主角,在一问一答中,逐渐获得一种"沉浸感"与"认同感",从而更好地理解了 Uber 司机是一份怎样的工作,以及它所代表的零工经济(Gig Economy)意味着什么。

第三节 可视化的误区

数据的可靠性来自两个方面,一是数据来源的可靠性,二是数据应用的可靠性。可视化的核心在于,在尽可能忠于数据的基础上通过各种方式对数据进行编码,如果打破这一原则将会导致视觉骗局,即使数据来源真实、可靠,也会造成数据解读的误导,因此恰当的图形和数据表达非常重要。为了避免可视化设计的误区,我们有必要了解在实践中常见的错误。

一、图表使用误区

(一)错误地使用数据标度

1. 在同一个坐标系统中使用不同的标度

一种常见的错误是在同一个坐标系统中使用不同的标度。例如,2015 年 9 月 29 日,在美国国会举行的计划生育协会(Planned Parenthood)的前主席塞西尔·理查兹(Cecile Richards)的听证会上,共和党人杰森·查菲兹(Jason Chaffetz)展示了图 4.3.1(由于计划生育协会提供堕胎服务,因此经常收到共和党人的抨击),图表显示癌症筛查和预防服务减少的同时,堕胎服务不断增加,查菲兹借此来诟病计划生育协会。但"事实的真相"是,图表展现数据的形式造成了对数据的扭曲,因为图 4.3.1 中的两个变量使用了不同的纵坐标尺度,图表上的数据表明癌症筛查和预防服务的确出现了大幅下降,但是堕胎服务的增长幅度很小,如果用正常的坐标系来绘制这些数据,应该得到如 PolitiFact 修正过的图 4.3.2。因此在设计图表时应该保证各类数据的数据标尺是一致的,这样才具有可比性。

2. 错误地截取坐标轴

另一种常见的错误是错误的截取坐标轴。例如,2015 年 12 月 17 日奥巴马白宫的推特账号发表推文"好消息:美国高中毕业率创历史新高"。推文中的信息图(见图 4.3.3)是对柱状图的一种变形,用书本的高度来反映毕业率的高低,但是高度与数值并没有成正比关系,造成了视觉上增长量的放大。如果要将此转换为标准柱状图,应该将 y 轴的起始位置设置为零,让长度与数据值成正比,如图 4.3.4 所示。

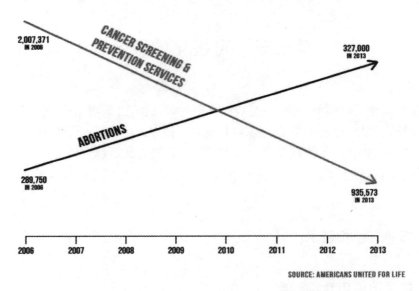

图 4.3.1 查菲兹提供的关于癌症筛查服务与堕胎服务的变化图①

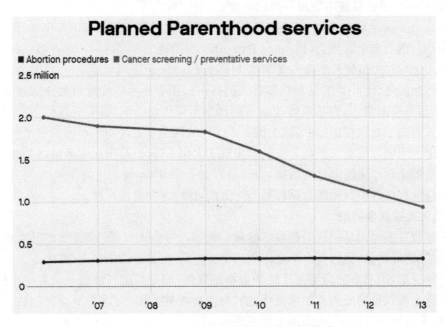

图 4.3.2 PolitiFact 提供的修正后的图表②

---

① 图片来源：https://qz.com/580859/the-most-misleading-charts-of-2015-fixed/.
② 图片来源：https://theatlas.com/charts/E18IYRzLl.

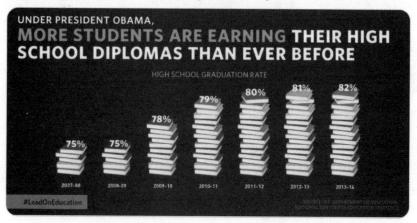

图 4.3.3　2015 年 12 月 17 日奥巴马白宫推文截图[1]

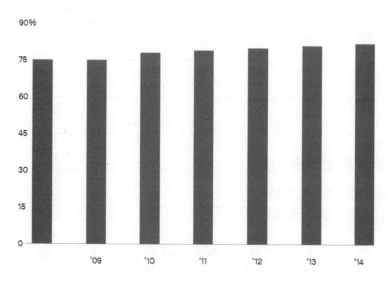

图 4.3.4　修正后的美国高中毕业率条形图[2]

---

[1] 图片来源：https://twitter.com/ObamaWhiteHouse/status/677189256834609152?s=20.

[2] 图片来源：https://theatlas.com/charts/Nk8uVAfUg.

因此在柱状图中 y 轴必须从零开始,如果出现数值太大或者太小,变化又相对细微的情况,一方面可以对数据进行处理,改变数据尺度(如取对数等)。另一方面可以改变数据呈现的形式,因为不是所有图表的基线都必须是零,例如折线图的视觉变量是位置,因此将基线调整至初始数据的水平并不会造成图形的扭曲。因此当柱形图无法显示明显的变化趋势时,可以使用折线图,并且调整基线的位置。例如图 4.3.5,下图将基线设为 $14.00 trillion,比上图更适用于呈现美国 GDP 的变化,反映出金融危机对美国经济的影响。

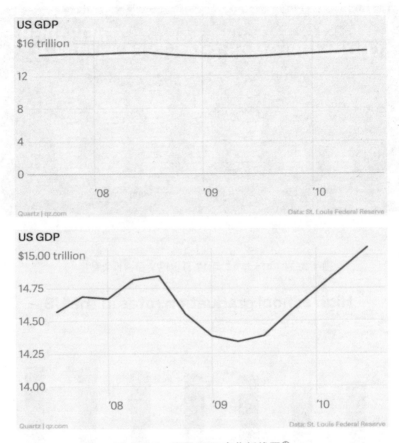

图 4.3.5　美国 GDP 变化折线图[①]

(二) 错误地使用图形呈现

1. 数据特征与图形特征不符

这一类错误经常表现为数据特征与图形特征不符。例如,我们在前文强调过饼图的各部分占比之和为 100%,而图 4.3.6 中每一个环形图的比例之和都不是 100%,这导致每个类别中各部分所占空间是随意的,看起来没有差别,因此这些数据更适合用堆积条形图来表示。

2. 信息呈现不清晰

数据可视化的目的是减轻读者的认知负担,如果图表过于复杂,就与可视化的目的背道

---

① 图片来源:https://qz.com/418083/its-ok-not-to-start-your-y-axis-at-zero/。

而驰了。例如,Electric Skateboard HQ 制作的图 4.3.7,对各类电动滑板车的属性进行比较,目的是帮助消费者选购,但是过多的点和难以辨别的文字让信息呈现变得模糊。更好的方式是用雷达图展现各种滑板的不同属性表现,如图 4.3.8 所示。

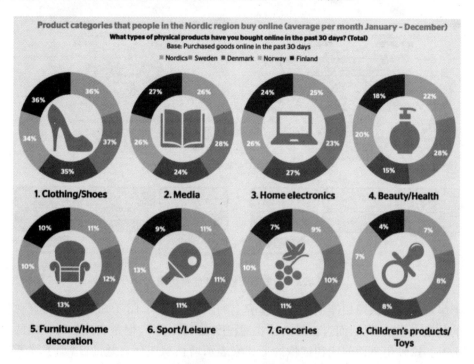

图 4.3.6　不同地区的北欧人网购的类别占比图[①]

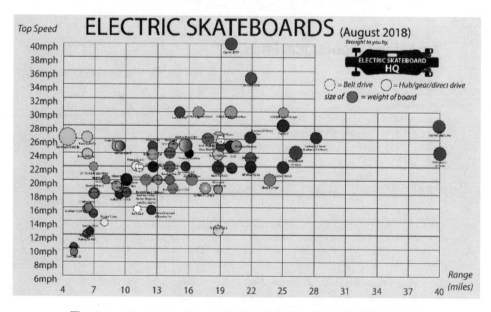

图 4.3.7　Electric Skateboard HQ 制作的各类电动滑板车性能散点图[②]

---

① 图片来源:https://getdolphins.com/blog/tag/worst-graphs/.
② 图片来源:https://www.electricskateboardhq.com/boards-comparison/.

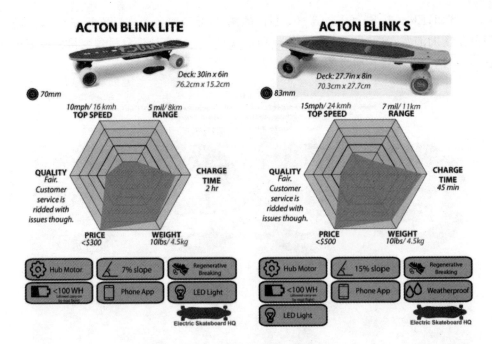

图 4.3.8　电动滑板车性能雷达图[1]

图形呈现与受众认知相悖也会造成理解上的困难。例如,图 4.3.9 给人的直观感受是保守派的数量在不断增长,而自由派的受欢迎程度在不断下降,但是表注告诉我们两者实际上都在上升。这种用负百分比和镜像的形式来表示增长是违反直觉的,增加了读者理解信息的负担。如果要比较不同类别的数据变化情况,应该选择双向条形图,或将所有对象放在一个方向上。

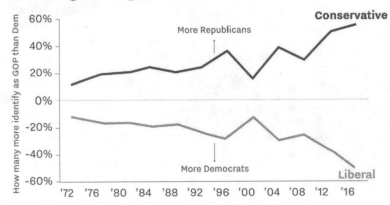

图 4.3.9　保守党与自由党的比例折线图[2]

---

[1] 图片来源:https://www.electricskateboardhq.com/boards-comparison/.
[2] 图片来源:https://www.vox.com/2018/5/30/17380096/fox-news-alternate-reality-charts.

二、数据使用误区

(一) 使用多种数据来源

数据使用的错误首先表现在使用多种信息源,即使每种信息来源都是真实、可靠的,但是不同的衡量标准和统计方法依然会造成差异。例如,2015年12月2日,Truthstream Media的网站发布了一则报道,声称"奥巴马领导下的大规模枪击案比前四任总统加起来还要多",但丹·埃沃(Dan Evon)认为这是基于双重标准的错误言论。虽然网站提供了汇编该信息的各种数据来源,但是各数据来源对于"大规模枪击案"的定义标准不同,这就造成了统计标准的差异,扭曲了数据[1]。如果仅使用来源于Mother Jones的数据进行比较就可以发现,尽管奥巴马政府领导期间的大规模枪击案有所增长,但是远没有那么夸张。因此不同来源的数据不能进行直接比较。

(二) 使用错误的数据来描述整体特征

以平均数、中位数、众数为例,这三个统计量通常都用来描述数据的集中趋势,可以作为一组数据的代表值,但是这三个统计量各有特征,适用的情境不同。

平均数是一组数据的总和除以数据个数得到的商,常用来代表数据的总体"平均水平"。但需要注意观察数据集中是否含有极值,极值会对平均数产生较大影响。

中数是将一组数据按照数值大小排列后,处于最中间位置的值,如果数据个数为偶数,中位数就是中间两个数值的平均数。中位数不受极值的影响,通常用来代表一组数据的"中等水平"。

众数是在一组数据中出现次数最多的数,通常用来代表一组数据的"多数水平",有助于聚焦典型结果,但是具有不唯一性,一组数据中可能会有多个众数,也可能没有众数。

(三) 用错误的方式转换数据

为了帮助读者快速理解信息,可视化图表中的数据通常不是原始数据,而是经过计算后的数据。例如,为了呈现总体的分布情况,经常将类别的频数转换为频率。在实践中要注意数值转换计算方法的科学性,一个常见的错误就是对百分比直接求平均值。如果各部分在求百分比时所用的基数不同,那么对百分比求平均值就会带来数据错误。例如,某次考试A班50人有40人及格,及格率为80%,B班40人有30人及格,及格率为75%,如果要求两个班的及格率,直接求及格率的平均数$(80\%+75\%)/2=77.5\%$就是错误的,正确的算法是回归原始数据重新计算:$(40+30)/(50+40)\approx77.8\%$。

---

[1] Evon D. Did More Mass Shootings Take Place Under Obama Than Any Other President? [EB/OL]. [2015-12-4]. https://www.snopes.com/fact-check/mass-shootings-obama/.

第四节 设计与配色原理

清晰而准确地向读者展示和传达数据所包含的信息是可视化的首要任务。在此基础上,可视化设计者应根据受众的阅读习惯和视觉原理,在用色、构图等方面融入艺术创意,实现形式上的美感。数据可视化是一项融合科学性与艺术性的综合性工作,一幅好的可视化作品不仅要实现信息传达的功能,还应该让受众在视觉上得到享受,产生愉悦感,从而在内容上停留更多时间,更好地理解和掌握信息①。

一、色彩

(一)色彩模式

语言难以描述色彩的轻微变化,于是人们通过代码来定义颜色,这就产生了不同的色彩模式。由于成色原理的不同,显示器、投影仪这类色光直接合成颜色的设备和印刷机、打印机这类使用颜料合成颜色的设备采用不同的色彩模式,因此在纸质媒介和电子媒介上呈现的可视化作品需要使用不同的色彩模式进行设计。常见的颜色模式有 RGB 模式、CMYK 模式、Lab 颜色模式、HSB 模式等。

1. RGB 模式

RGB 模式是一种显示屏模式,根据颜色发光原理设定,使用加法混色原则,通过红(Red)、绿(Green)、蓝(Blue)三种颜色通道的变化及其相互之间的叠加产生各种颜色。RGB 模式中三原色的色值范围为 0~255,因此共能组合出约 1678 万种颜色(即 $256 \times 256 \times 256 = 16777216$)。当 R、G、B 三个数值相等时没有色相,称为灰度,数值越低灰度越高;当 R=G=B=0 时,即为黑色。RGB 模式是手机、电脑、电视、投影仪等屏幕显示的最佳色彩模式(图 4.4.1)。

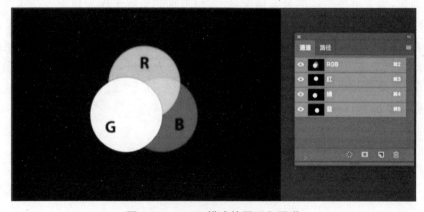

图 4.4.1 RGB 模式的原理和通道

---

① 徐向东. 数据新闻可视化[M]. 北京:中国人民大学出版社,2018:32.

2. CMYK 模式

CMYK 模式是一种印刷模式,根据颜色反光原理设定,使用减法混色原则,当光源照射到有色物体上,部分颜色波长被吸收后,反射到人眼就产生了 CMYK 模式下的颜色。CMYK 模式中由青色(Cyan)、洋红色(Magenta)、黄色(Yellow)、黑色(Black)四种标准颜色的油墨叠加产生各种颜色。四种颜色以百分率计算,取值为 0%～100%,理论上 C=M=Y=0%时,即可获得黑色,但现实中单凭色彩叠加难以获得纯黑色,因此会使用特殊的油墨来印刷黑色,这样的颜色也被称为"专色"。CMYK 模式是杂志、海报、包装等印刷品使用的最佳色彩模式(图 4.4.2)。

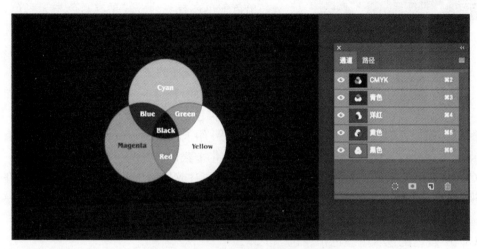

图 4.4.2　CMYK 模式的原理和通道

3. HSB/HSV 模式

HSB/HSV 模式相较于 RGB 模式和 CMYK 模式更直观地体现了人类对颜色的感知,被称为最接近人眼睛的色彩模式。HSB/HSV 模式以色相(H)、饱和度(S)、亮度(B)/明度(V)三种颜色属性来描述颜色的基本特征,通常用以图像色彩的校正与调整。

(二) 配色原理

色彩构成(Interaction of Color),即色彩的相互作用,是从人对色彩的知觉和心理效果出发,按照一定的规律对色彩进行组合构成色彩效果的过程。色彩在可视化作品中不是独立出现的,而是处于某种色彩环境中,形成色彩对比。色彩之间的差异越大,对比效果就越明显,颜色对比的最终目的是追求画面的和谐。如何搭配才能有良好的视觉效果呢?首先我们需要了解色相环上各种颜色之间的关系。

色相环(Color Circle)是基本色相按照光谱色序排列而成的圆形色彩序列,按照颜色数量可分为 12 色相环、24 色相环等;根据颜色模式可分为美术中的红黄蓝(RYB)色相环,光学中的红绿蓝(RGB)色相环和印刷中的 CMYK 色相环等。以 RYB12 色相环(图 4.4.3)为例,红色、黄色、蓝色构成了原色(Primary Hues),原色两两混合获得了 3 种二次色(Secondary Hues),原色与二次色混合就获得了 6 种三次色(Tertiary Hues),这 12 种颜色按序排列就组合成了色环。

色环上的颜色可分为暖色与冷色。暖色由红色、橙色和黄色等红色调颜色组成,给人以温暖、活泼的感觉,能够产生贴近观众的视觉效果;冷色由绿色、蓝色、紫色等蓝色调颜色组成,给人以沉静、优雅的感觉,具有远离观众、开阔视野的视觉效果。

1. 单色配色

单色配色并不是指只用一种颜色,而是使用一种色相,确定一种色相后,通过调整明度和饱和度来获得有层次感的配色方案。这类颜色组合的视觉效果非常和谐,但是需要注意颜色之间的纯度和明度跨度不能过小,要创建充分的对比,否则文字等信息的识别度就会降低。

单色配色还有一种方式是有彩色与无彩色(黑白灰)的组合,例如经典的黑红配、蓝白配等。这种配色方案既能避免无彩色的过分沉寂,又能避免有彩色的过分喧闹,具有较高的灵活性与适应性。

图 4.4.3 RYB12 色相环

2. 双色配色(图 4.4.4)

(1) 同类色配色。同类色是在色环上相距 15°左右的颜色。同类色的色差较小,是一种弱对比类型,给人以单纯、平稳的视觉感受,但有时也会显得沉闷、单调,需要利用明度、纯度、面积等变化来获得良好的配色效果。

(2) 邻近色配色。邻近色是在色环上相距 60°左右或相隔三个位置以内的颜色,在色相上有所区别,但是又含有共同成分。邻近色的对比效果比同类色更活泼,在保持画面整体协调的基础上,具有适度的动感。

(3) 中差色配色。中差色是在色环上相距 90°左右的颜色,是一种中对比类型,具有视觉张力,是一种个性化的配色方案。

(4) 对比色配色。对比色是在色环上相距 90°~120°的颜色,是一种强对比类型,具有鲜明、丰富、华丽的视觉效果,容易引起人的兴奋感,但是在具体运用中需要保持颜色间的和谐与统一,避免产生杂乱感。

(5) 互补色配色。互补色是在色环上相距 180°左右的颜色,互补色对比是最强烈的色相对比,常用以呈现反差极大的信息,具有热情、有力的视觉效果,但是如果使用不当容易产生不协调、不平衡的感觉,因此需要调整颜色的纯度与明度,使颜色对比柔和化。

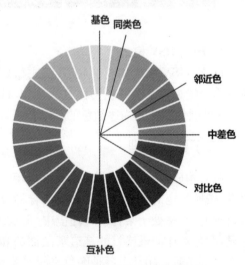

图 4.4.4 色环上双色色彩对比

3. 三色配色

(1) 三角对立配色。采用色环上等边三角形对应的三种颜色进行搭配(图 4.4.5),可以在维持色彩协调的同时,制造强烈的对比效果。一般选取其中一种颜色作为主色,另外两种进行衬托或点缀。

(2) 分裂补色搭配。分裂补色搭配是互补色搭配的进阶版,首先选定某一主色,然后选择其互补色相邻位置上的两种颜色与之搭配(图 4.5.5(b)),分裂出的补色缓和了强烈的对比效果,起到了中和作用。

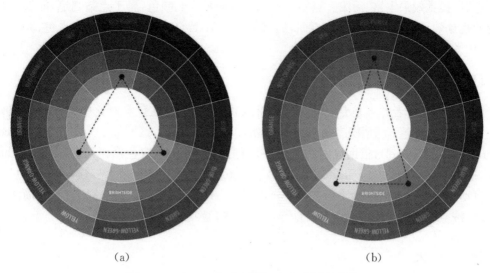

图 4.4.5 （a）三角对立配色，（b）分裂补色搭配

4. 四色配色

(1) 四元组配色。首先选定某一主色及其补色，然后选择色环上与主色相隔一个位置的颜色及其互补色，这四种颜色在色环上正好形成一个矩形（图 4.4.6(a)）。

(2) 正方形配色。利用色环上四等分位置的颜色进行搭配（图 4.4.6(b)）。这种配色方案既对立又互补，可以营造出一种生动活泼的效果。

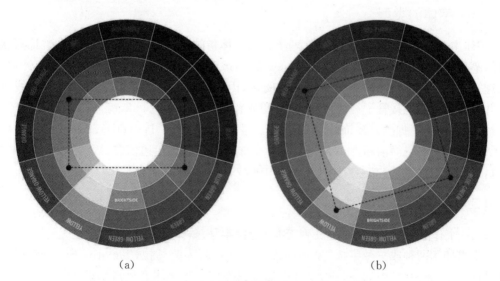

图 4.4.6 （a）四元组配色，（b）正方形配色

（三）色彩的功能

色彩搭配除了色相的组合还需要遵循颜色的功能性规律，根据功能分类，颜色可分为主色、辅助色和点缀色。主色是决定整个画面基调的颜色，一般是指占据画面最多的颜色。主色并不是只能有一种颜色，它也可以是同类色组成的一种色调。辅助色是指烘托或者补充主色的颜色，当辅助色与主色为相似色时，视觉效果平衡、和谐；当辅助色与主色为对比色或

互补色时,视觉效果丰富、活泼。点缀色是占据画面最少的颜色,属于点睛之笔,能够创造出独特的视觉效果。在配色的占比方面,通常使用"631黄金法则",即60%的主色、30%的辅助色、10%的点缀色。

(四) 辅助配色网站

由于新闻工作者并不是专业的美术设计人员,要求他们在色彩对比中实现和谐统一具有一定难度,在此笔者推荐几款在线配色网站:Adobe Color CC(https://color.adobe.com/zh/create/color-wheel),借助该网站能够快速创建配色方案,取色结果可直接用于Photoshop,Illustrator等软件。Paletton(http://paletton.com/),打开该网站选择一种颜色后,系统会自动生成配色方案以供使用。Coolors(http://coolors.co/),该网站拥有美观简洁的配色界面,按空格键可以随机浏览各种颜色搭配方案,激发配色灵感。

二、字体

字体也是视觉传达的重要组成部分,每种字体都有自己的个性,因此字体在一定程度上决定了画面的视觉风格,对内容的可识别性、用户的阅读体验等有着显著影响。字体的选择要考虑到它的预设目的和用途,要与作品的整体风格相适应。此外,随着移动互联网的发展,电子阅读已经逐渐取代纸质阅读,如果想要达到与纸媒阅读一样的舒适性,就必须重视字体的应用。

(一) 字体的类型

字体主要分为饰线体与无饰线体两类。饰线体指的是在交接处和末端添加装饰形状的字体,笔型有明显的粗细变化。Times New Roman和宋体是典型的饰线体,给人以严肃、正式、理智的感觉。饰线字体有利于流畅的阅读,因为人眼的视线习惯于不同粗细的线条交织,并且衬角很好地接管了视线,传达出改变或者结束的信号[1]。

无饰线体的字脚没有装饰线,字形方正,笔型粗细一致。Helvetica、Arial、黑体是典型的无饰线体,给人以简洁、时尚、大方之感。无饰线体更适于传递信息,因为这种字体清晰、醒目,具有较强的视觉冲击力,因此可视化中的文字常使用无饰线体。

(二) 字体的使用原则

1. 一个作品中不要使用超过三种字体(包括字号、斜体)

"最多使用两种或三种字体"是平面设计师蒂莫西·萨马拉(Timothy Samara)提出的"好设计的20条规律"中的一条[2],设计中如果只使用一种字体会显得呆板、无趣,可以通过改变字体的字号和粗细来突出重点。值得注意的是当字号较小时,不能选择过粗的字体,因为过粗的字体会降低文字的清晰度和可读性。同时也要注意,运用过多的字体会让画面显得杂乱,分散读者的注意力,从而产生疲劳感。

---

[1] 刘洋西. 英文字体的造型特征及应用[J]. 艺术与设计(理论),2009(9):94-96.
[2] 蒂莫西·萨马拉. 设计元素:平面设计样式[M]. 齐际,何清新,译. 广西:广西美术出版社,2008.

2. 选择合适的字距与行距

为了使版面清晰易读，要选择合适的字距与行距，距离过大画面会显得稀疏，距离过小会导致阅读困难。字体的行高决定行距的设置，行距为行高的 1/2 至 1 倍时，视觉效果最为舒适。

3. 谨慎使用文字的背景填充

当需要给文字铺设背景颜色时，为了保证文字清晰地呈现，其基本原则是文本与背景采用高对比度的颜色：浅色背景搭配深色文字，深色背景搭配浅色文字。

三、版式设计

排版是数据可视化的难点之一。排版设计的目的是让文字、图形、色彩等视觉元素有机地整合起来，形成和谐的视觉效果，并突出主体，实现信息的有效传播。设计师罗宾·威廉姆斯（Rbbin Williams）曾在《写给大家看的设计书》中提出过排版设计的四个原则：对比（Contrast）、重复（Repetition）、对齐（Alignment）、亲密性（Proximity）[1]，结合数据可视化的特征，可具体为以下几点：

（一）利用对比突出重点，引导阅读顺序

人不可能同时接受可视范围内的所有信息，而是按照一定的浏览顺序获取信息，这一有序的运动轨迹就是视觉流向。现代版面的基本编排逻辑为横向从左到右排列，纵向从上到下排列，但是如果想要实现更好的视觉效果，就需要对视觉流向进行干预和引导。视觉流向具有先强后弱的特征，即人们会先注意到视觉范围内刺激强度最大的区域，因此当设计者希望读者注意到某些内容，可以通过调整图像或文字的大小、颜色等，使其与其他元素形成对比，从而起到引人注目的效果，增强版面的新颖性和变动感（表 4.1.1）。

表 4.4.1 视觉元素的对比类型及刺激强度

对比类型	视觉刺激强度
颜色对比	有彩色＞无彩色
	暖色＞冷色
	花色＞纯色
元素对比	图像＞文字
	具象＞抽象
	人物＞场景
	标题＞内文

---

[1] 罗宾·威廉姆斯. 写给大家看的设计书[M]. 苏金国，刘亮，译. 北京：人民邮电出版社，2008：5.

（二）按照对齐原则排列元素,增强统一性

画面中每个元素的位置都应该是有意为之的,每个元素应与画面中的另一个元素存在着某种视觉联系,即使这些元素在物理位置上可能并不靠近,但是通过某种对齐方式可以将其联系在一起。明确的对齐可以使画面统一而有条理,值得注意的是要避免在一个画面中混合使用多种对齐方式。

（三）制造重复,增强视觉效果

重复性原则即让视觉要素在整个作品中重复出现,可以是颜色、图形、空间关系等方面的重复。重复就是一种强调,可以体现一致性,并且增强视觉效果[1]。

（四）按照亲密性分割内容,增强易读性

亲密性原则就是指画面中彼此相关的元素应该归为一组,成为一个视觉单元。按照亲密性分割内容有助于提高信息的条理性和组织性,为读者提供清晰的结构。人的视线习惯向相邻物体、相同颜色移动,因此同组元素的物理位置应该相近,并且可以用同一颜色进行标识。此外,从版式布局来看,利用亲密性原则还可以实现留白,给读者以视觉缓冲[2]。

本章小结

本章着重介绍了数据新闻可视化的呈现方式和应用。视觉变量是信息图表的基本构成要素,长度、面积、色彩等视觉元素的变化表征着数据之间的差异,并将这种差异传递给读者。在具体实践中,要根据数据的类型以及可视化的目的来选择信息图表。数据新闻的可视化并不局限于信息图表,随着信息技术的发展和媒介融合的深入,已经出现了动态可视化、交互可视化等多种形态,扩展了信息传播的广度与深度。

数据新闻的可视化要兼具功能性与审美性。一方面,清晰而准确地向读者展示和传达数据所包含的信息是可视化的首要任务,因此本章着重分析了可视化实践中常见的图表类型和数据使用误区,以帮助可视化设计者提高数据应用的可靠性。另一方面,可视化作为一种视觉信息传播方式,设计者应在排版、配色等方面融入艺术创意,实现形式上的美感,以提高信息传播的效果。

◆ 实操任务

1. 请判断,下面的数据适合用哪些图表呈现？请利用下面的数据制作一张信息图表。

---

[1] 罗宾·威廉姆斯. 写给大家看的设计书[M]. 苏金国,刘亮,译. 北京:人民邮电出版社,2008:56.
[2] 罗宾·威廉姆斯. 写给大家看的设计书[M]. 苏金国,刘亮,译. 北京:人民邮电出版社,2008:24.

获得人数排名	大学名称	大学所在国家	诺贝尔奖获得总数	物理学奖	化学奖	生理学或医学奖	经济学奖	文学奖	和平奖
1	哈佛大学	美国	158	34	37	41	30	8	8
2	剑桥大学	英国	118	34	31	30	15	5	3
3	加州大学伯克利分校	美国	107	33	30	17	24	3	1
4	芝加哥大学	美国	98	32	18	11	32	3	2
5	哥伦比亚大学	美国	96	33	15	22	15	5	6
6	麻省理工学院	美国	93	35	15	12	30	0	1
7	斯坦福大学	美国	83	26	13	16	26	2	1
8	加州理工学院	美国	73	29	17	21	6	0	1
9	牛津大学	英国	69	14	17	18	10	5	6
10	普林斯顿大学	美国	65	27	9	4	19	5	1
11	耶鲁大学	美国	61	8	10	14	22	4	3
12	康奈尔大学	美国	58	21	12	14	5	4	2
13	柏林洪堡大学	德国	55	14	21	12	1	4	3
14	巴黎大学	法国	50	15	9	10	4	6	7
15	哥廷根大学	德国	45	19	16	8	0	1	1
16	慕尼黑大学	德国	42	13	19	9	0	1	1
17	哥本哈根大学	丹麦	39	19	7	8	3	2	1
18	约翰霍普金斯大学	美国	37	4	8	16	5	1	3
18	纽约大学	美国	37	3	4	12	14	2	2
20	洛克菲勒大学	美国	36	1	10	25	0	0	0
21	宾夕法尼亚大学	美国	35	4	10	10	11	0	0
22	伦敦大学学院	英国	33	4	7	19	2	1	0
23	苏黎世联邦理工	瑞士	32	11	17	4	0	0	0
24	伊利诺伊大学香槟分校	美国	30	11	5	11	3	0	0
25	明尼苏达大学	美国	29	7	4	4	12	2	0
26	加州大学圣地亚哥分校	美国	27	5	9	10	3	0	1
26	海德堡大学	德国	27	11	8	5	0	1	2
28	曼彻斯特大学	英国	25	11	9	2	3	0	0
28	密歇根大学	美国	25	9	3	6	5	2	0
28	威斯康星大学麦迪逊分校	美国	25	5	7	10	2	1	0

2. 分析下面这个可视化作品中视觉变量的使用。

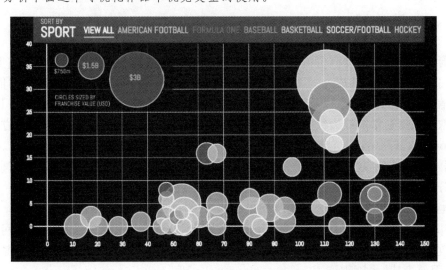

3. 静态信息图、动态可视化、交互可视化各有哪些优缺点,请举例说明。
4. 请关注一个你感兴趣的数据栏目,并分析其数据可视化的特点。

第五章 获 取 数 据

说到获取数据,首先要明白数据到底是什么。数据就一定是数字吗?非也。数字只是数据的表现形式之一,不能等同于数据。数据新闻不是包含了数字的新闻,例如,含有很多数字的财经新闻和体育类新闻,也不能够被称之为数据新闻。数据新闻的关键在于挖掘数据中蕴含的价值,只有紧紧围绕数据新闻主题、含有一定价值的数据,才是我们需要获取的数据。

因此,要制作数据新闻,首先就要获取合适的数据。为顺利展开后续研究,须保证数据的真实、权威与准确,前期数据若不合格,后续流程便步步难行。获取数据的途径有很多,主要有以下几种:通过各类平台获取公开数据,巧用搜索引擎命令获取数据,通过爬虫抓取数据以及调查采集原始数据。除了这四种途径,本章还介绍了获取数据的注意事项,以保证所获数据的真实、权威与准确。

第一节 公开数据的获取

在各种信息公开和开放数据运动的推动下,各个国家、各个地区的不同层级机构都在更大程度上开放了自己拥有的数据。因此,我们可以更加便捷地获取公开数据来制作数据新闻。依据数据持有者的身份,主要将公开数据分为六大类别。

一、政府数据

政府部门拥有海量的有价值的数据,大部分政府公开数据都可以在其官方网站上获取。政府部门官方网站一般以".gov"为域名注册,主要功能是发布政策信息、发展计划信息、政务服务信息、政治工作信息以及该部门法定需要公开的信息等,从政府及其相关部门的官方网站获取的数据通常被视为权威数据来源。如中华人民共和国中央人民政府的官方网址为www.gov.cn,其网站首页导航栏设置了"数据"一栏,下设宏观经济运行、部门数据、数据快递、数据解读、数据专题等板块。图5.1.1为"宏观经济运行情况"板块相关数据信息,可根据页面分类获取其他相关数据。

英国和美国的政府信息公开起步较早,英国开设的政府网站"GOV.UK"(图5.1.2)和美国联邦政府开设的"USA.gov"(图5.1.3)是政府网站的典型代表。公民可以从网站获取所有的政策、公告、出版物及其他统计信息等。这项举措为公民提供了便捷,并取得了一定的成效,因而为其他国家所效仿。

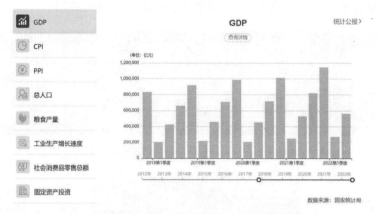

图 5.1.1　中华人民共和国中央人民政府网站 "宏观经济运行情况" 板块

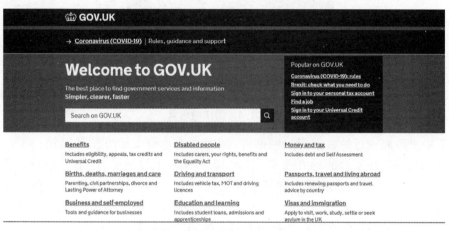

图 5.1.2　英国开设的政府网站 GOV.UK

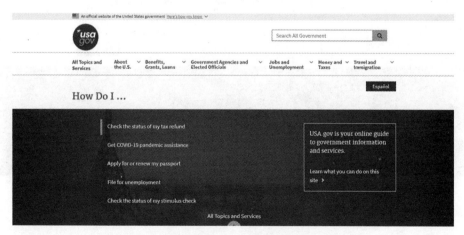

图 5.1.3　美国联邦政府开设的政府网站 USA.gov

中国国家统计局于 2013 年 9 月 2 日推出了新版数据门户国家数据网①（图 5.1.4），登录

---

① 国家数据网. https://data.stats.gov.cn/.

该网站可以查到国家统计局调查统计的各专业领域的主要时间序列数据,包括月度、季度、年度数据,以及普查数据、地区数据、部门数据和国际数据等统计数据。

图 5.1.4　国家数据网

除了中央政府推行的数据门户网站外,地方政府也设有地方统计网站。上海市是中国最早开放数据门户平台的地方政府,于 2012 年 6 月上线试运行"上海市政府数据服务网"。随后各省市级政府也相继推出开放数据门户平台,通过这些平台,公众能够获得诸如财政收入与支出、教育、医疗、交通、环境等各领域的数据。例如,进入北京市政务数据资源网(图 5.1.5),就可以在首页上看到不同数据的领域归类,包括经济建设、信用服务、财税金融、旅游住宿、交通服务等,点击相应领域,即可获取需要的数据。

图 5.1.5　北京市政务数据资源网

值得注意的是,我国于 2008 年通过并实行信息公开条例,新闻工作者可以申请政府信息公开,以获取某些未公开数据,有助于新闻活动的开展。例如,《南方都市报》的记者王星就曾经以公民个人身份在环保部和全国各省市区环保部网站,逐一提交了信息公开申请,一共成功提交了 19 份申请,收到 11 份回复,答复率为 55%。所以,在选题确实需要采用政府未公开的信息时,申请信息公开不失为一个可行的办法。

二、国际组织数据

除了政府机构外,很多国际组织也会提供有价值的数据。这类网站一般以".org"".net"或行政区域为一级域名注册,包括政府间组织的网站、准官方性质社会团体的网站、NGO 组织网站等。下面以联合国数据为例进行详细介绍,见图 5.1.6。

图 5.1.6　联合国网站

联合国数据是为全球用户提供的一项网络数据服务,用户可以很方便地访问国际统计数据库,还可以搜索和下载联合国统计系统和其他国际机构编制的各种统计资源。该网站以"数据集"的形式存储了众多数据库,涵盖范围广阔。

联合国数据门户还提供了各个国家统计数据网站的链接(图 5.1.7),用户可以通过这些网站链接直接快速访问各个国家的统计数据。

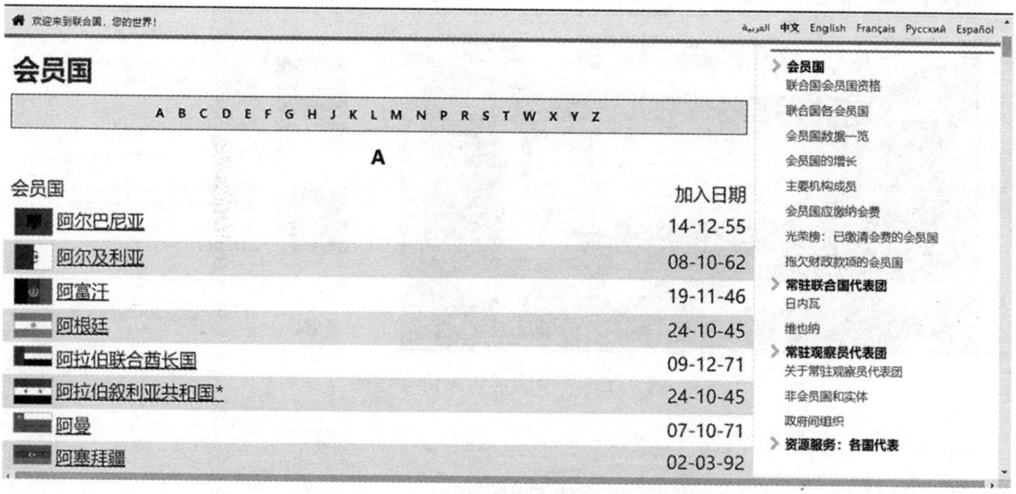

图 5.1.7　其他国家统计数据的网站链接

三、企业数据

企业网站和商业门户网站包含着大量丰富的企业数据。企业数据一般会上传至企业自身建立的官方网站或行业协会网站中,这些网站一般以".com"".net"为一级域名注册。例如,阿里巴巴官网①的"投资者关系"栏目下面就有阿里巴巴各个年度的财报数据,如图5.1.8所示。

图 5.1.8　阿里巴巴官网

除了企业自身网站以外,还有一些行业协会网站以及企业信用网站也储存着很多丰富的数据。例如,中国书法家协会官网②中就有关于团体会员、书法作品、书法赛事等信息,如图5.1.9所示。

图 5.1.9　中国书法家协会官网

---

① 阿里巴巴. https://www.alibabagroup.com/cn/global/home.
② 中国书法家协会. http://www.ccagov.com.cn/.

四、第三方统计数据

市场上还有一些专门从事行业数据研究的市场调研公司,例如 AC 尼尔森(图 5.1.10)、盖洛普皮尤研究中心、央视市场研究(图 5.1.11)、艾瑞调查、凯度等,这里将其提供的数据单独作为一个类别——第三方统计数据,这也是数据新闻重要的数据来源之一。

图 5.1.10　尼尔森官网

图 5.1.11　央视市场研究官网

除此之外,还有很多互联网企业可以提供用于分析社会和商业热点的数据。例如,应用百度的"百度指数"[①](图 5.1.12)可以获得关键词的搜索数据从而监控舆情;阿里巴巴的"阿里数据"[②](图 5.1.13)以阿里电商数据为核心,是面向媒体、市场研究员以及社会大众的社会化大数据平台,可以作为市场和行业研究的参考,以及社会热点的洞察工具,同时还可以为商家提供消费者的商品搜索数据来预测商品的销售趋势。

---

① 百度指数. https://index.baidu.com/v2/index.html#/.
② 阿里数据. https://dt.alibaba.com/.

图 5.1.12　百度指数

图 5.1.13　阿里数据

五、学术数据

近年来西方开展了轰轰烈烈的开放获取运动,使原本被封闭在商业出版公司数据库里的学术数据得到了公开。学术数据主要储存在学校网站、科研机构网站以及一些出版公司的学术数据库中,随着开放存取运动的不断发展,学术数据的开放程度越来越高,下面介绍几个常见的学术数据库。

(一) 开放获取知识库目录[①]

OpenDOAR 已收录和登记 2000 多个开放获取知识库(图 5.1.14),包括机构知识库、学科知识库、科学数据知识库等,还提供多个维度的统计分析功能。

---

① OpenDOAR. http://www.opendoar.org/.

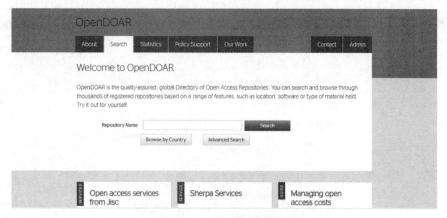

图 5.1.14　开放获取知识库目录

(二) 开放获取期刊目录[①]

OpenDOAJ 提供全球数万种涵盖各个学科的开放获取期刊(图 5.1.15),还提供包括地区、学科等多个维度的统计分析功能。

图 5.1.15　开放获取期刊目录

(三) OA 图书馆[②]

Open Access Library 存储了 200 多万篇学术文章,用户可通过主题分类查询,也可以直接搜索所需文章,如图 5.1.16 所示。

(四) 中国科技论文在线[③]

中国科技论文在线网站除了提供国内优秀学者论文、在线发表论文、各种科技期刊论文(各种大学学报和科技期刊)全文,还提供国外免费数据库的链接,如图 5.1.17 所示。

---

① OpenDOAJ. http://www.opendoaj.org/.
② Open Access Library. http://www.oalib.com/.
③ 中国科技论文在线. http://www.paper.edu.cn/.

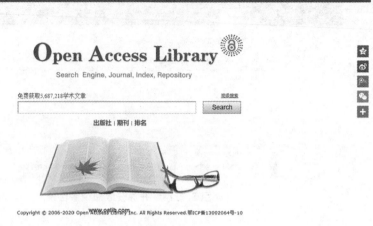

图 5.1.16　OA 图书馆

图 5.1.17　中国科技论文在线

值得注意的是,在某些特殊时段,一些学术数据库可能会限时开放,平时可多关注此类信息。如新冠肺炎疫情流行期间,约翰·霍普金斯大学的 Project Musem 限时免费(图 5.1.18),包括普林斯顿、康奈尔、乔治亚、哈佛、ACA、Early Theatre 在内的 40 多家出版社基本都开放了自己的电子资料库,近 24000 本原版英文书,282 本期刊供社会公众免费阅读。

图 5.1.18　约翰·霍普金斯大学的 Project Musem 限时免费页面

六、个人数据

个人数据主要储存在个人建立的网站、博客、微博、微信等平台中。当新闻报道涉及的关键人物有自己的个人主页或是社交媒体账号时，就可以利用这些渠道对信息和事实进行核查。不过媒体要注意把握使用个人数据的范围和程度，防止侵犯个人隐私。

在获取报告或论文中的数据时，由于这部分内容往往是以 PDF 格式存在的，我们无法对其直接进行二次梳理。因此，需要将它们转换成 Excel 格式或其他易于统计分析的格式，在此略作介绍：

（一）CometDocs

CometDocs 是一款通过点击鼠标右键进行 PDF 文档格式转换的辅助软件，操作简单，易于上手。

（二）Tableau

Tableau 是一款免费的开源 PDF 图表转换工具，除了可以进行 PDF 图表转换，还有非常丰富的数据可视化功能。

（三）OCR

OCR（Optical Character Recognition，光学字符识别）可以对图像文件进行识别处理，从而获取文字及版面信息。目前手机上很多小工具也可以实现这一功能。

本节介绍了获取数据的不同方法，那么所获取的数据具有什么样的意义呢？其实，数据可以应用于描述和解释两个层面，前者告诉读者发生了什么；后者通过呈现数据之间的相互关系，解释新闻事件的原因和结果。

公开数据平台清单见本书末尾的附录二。

第二节　搜索引擎命令的使用

搜索引擎（Search Engine）是互联网的重要功能之一，是通过一定的策略搜索信息，同时对信息进行组织和处理，从而为用户提供信息检索服务的工具或系统。数据新闻工作者不生产数据，而是对数据进行搜索和使用。合理使用搜索引擎有助于获取更精准的信息。

一、搜索指令

搜索指令可以帮助用户快速、精准地找到所需的信息。不同浏览器支持的搜索指令不同，本小节以中国"百度"搜索引擎为例讲解常用的搜索指令（注：检索日期为 2021 年 4 月 10 日）。

（一）Intitle 和 Allintitle

Intitle 指令将网页的标题作为搜索对象。Allintitle 指令搜索的所有关键字都必须包含在网页标题中。如输入"intitle：人工智能"共搜索到 4630000 个结果；输入"allintitle：人工智能"共搜索到约 34 个结果。如图 5.2.1 和图 5.2.2 所示。

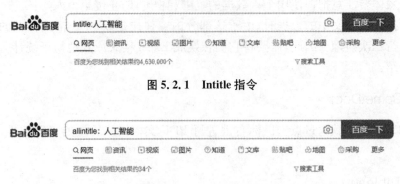

图 5.2.1　Intitle 指令

图 5.2.2　Allintitle 指令

（二）Intext 和 Allintext

Intext 指令将网页的正文（忽略超链接文本、URL 和标题等）作为搜索对象。Allintext 指令搜索的关键字都必须包含在网页正文中。如输入"intext：人工智能"共搜索到约 31 个结果；输入"allintext：人工智能"共搜索到 15500 个结果。如图 5.2.3 和图 5.2.4 所示。

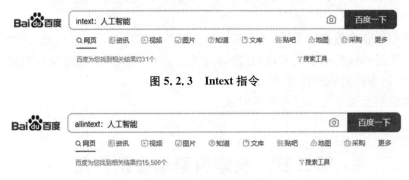

图 5.2.3　Intext 指令

图 5.2.4　Allintext 指令

（三）Inurl 和 Allinurl

Inurl 将域名作为搜索对象，该指令将搜索结果限制在特定 URL 或者网页上。Allinurl 指令将搜索的所有关键字都限制在 URL 或者网站页面上。例如，只在政府网站中搜索"人工智能"，则输入"inurl：gov.cn 人工智能"，共搜索到约 5230 个结果。若只在网址"beijing.gov.cn"搜索"人工智能"，则输入"allinurl：beijing.gov.cn 人工智能"，共搜索到约 19 个结果。如图 5.2.5 和图 5.2.6 所示。

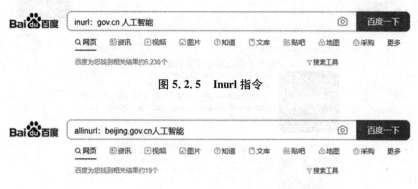

图 5.2.5　Inurl 指令

图 5.2.6　Allinurl 指令

（四）Site

Site 指令将站点作为搜索对象，该指令将搜索范围限制在站点或者顶层域名中，在"site"指令后的站点或顶层域名前不能加"http://"。如在特定网站 www.shanghai.gov.cn 搜索"人工智能"，则搜索指令是"人工智能 site：www.shanghai.gov.cn"。如图 5.2.7 所示。

图 5.2.7　Site 指令

（五）Filetype

Filetype 指令将某类特定的后缀或者文件的扩展名作为搜索对象。比如仅搜索扩展名为"ppt"的文档，则搜索指令是"人工智能 filetype：ppt"。搜索特定格式的数据集则需要在关键词后面加上特定的文件格式，例如".xls"".xlsx"".csv"".pdf"".shp"等。见图 5.2.8。

图 5.2.8　Filetype 指令

（六）排除（"－"）

如果搜索过程中有需要排除的词，可以使用减号"－"来搜索不包含减号后面的关键词的页面。注意减号前面必须是空格，减号后面没有空格，紧跟着需要排除的词。如图 5.2.9 所示的是搜索包含"人工智能"但不包含"预测"的页面。

图 5.2.9　排除指令

（七）完全匹配（""）

使用双引号可进行完全匹配搜索,即搜索结果中包含双引号里的所有词,排列顺序也必须匹配。例如,比较图 5.2.10 和图 5.2.11 可以发现在搜索"人工智能发展趋势"时加双引号,能使结果更精准,极大地提高了检索效率。

图 5.2.10　完全匹配指令

图 5.2.11　不完全匹配指令

二、百度搜索工具

百度搜索工具(图 5.2.12)可以实现按条件检索。如图 5.2.13 所示,可以设置时间、文档类型、站点等检索条件,使检索结果更加精确。

图 5.2.12　百度搜索工具(一)

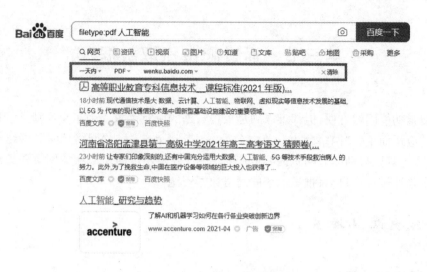

图 5.2.13　百度搜索工具(二)

三、百度高级搜索页面

百度高级搜索页面可以限定搜索结果的关键词、时间、文档格式、关键词位置和网站,集成了常见的搜索指令,可以同时满足用户的多种检索需求。如图 5.2.14 和图 5.2.15 所示。

图 5.2.14　百度高级搜索页面(一)

图 5.2.15　百度高级搜索页面(二)

第三节　通过爬虫抓取数据

网络搜索功能固然方便，但却难以满足采集数据的所有需求。为了更便捷地获取数据，"网络爬虫"应运而生。"网络爬虫"，英文名为 web crawler，又叫"网络蜘蛛""网络机器人"等，指按照一定规则自动抓取网页内容的脚本程序，可实现定向抓取相关网页资源的功能，爬虫的本质是通过程序自动、批量地获取网络数据资源。

一、爬虫工具概述

（一）基本知识简介

在大数据时代，数据就是价值，爬虫工具是一种能自动获取网页内容并按照指定规则提取相应内容的程序，可以帮助人们快速获取大量数据。爬虫从获得一个或若干个初始网页的 URL 开始，在抓取网页的过程中，不断从当前页面上抽取新的 URL 放入队列，直到满足系统的一定停止条件。借助爬虫工具可以将人们从复制网站数据的重复性劳动中解放出来，还可以按照指定格式下载并储存数据。

在收集大量信息时爬虫工具是一种常用的软件，而利用漏洞爬取信息则被称为恶意爬虫，有的网站会标注拒绝使用爬虫非法获取内容（图 5.3.1），因此要规范地使用爬虫工具。

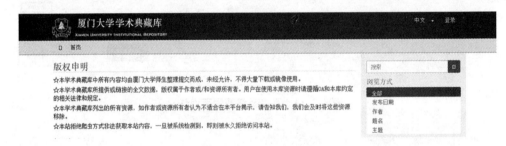

图 5.3.1　网站版权申明

爬虫的原理其实就是模拟人浏览网页的过程，爬虫程序可以模拟浏览器向服务器发送请求，获取响应数据并进行数据解析，继而存储数据，是一个不断重复的过程。

（二）通过爬虫工具抓取数据的基本步骤

（1）确定与选题相关的数据内容；
（2）确定可采集的数据源；
（3）对数据源进行解析并确定目标内容的位置；
（4）依据目标内容位置进行数据抓取；
（5）存储数据。

(三) 知名开发语言介绍

通过网络爬虫抓取数据,就是借助一些开发语言来采集网页 HTML 中的独立元素。比较知名的开发语言如下:

1. Python

Python 是一种计算机程序设计语言,由荷兰数学和计算机科学研究学会的 Guido van Rossum 于 1990 年代初设计,是 ABC 语言的替代品①。Python 经常用于数据获取、数据清理和数据挖掘,具有免费、代码易读、可扩展性强、数据挖掘包丰富等优势,因此 Python 正在被越来越多的编程人员使用。很多知名网站都是用 Python 开发的,例如 YouTube、豆瓣等。如图 5.3.2 所示。

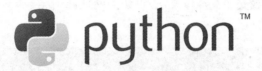

图 5.3.2　Python 语言

2. PHP

PHP(Pre Hypertext Preprocessor)即"超文本预处理器"(图 5.3.3),是在服务器端执行的脚本语言。PHP 语法吸收了 C、Java 和 Perl 的特点,主要适用于 Web 开发人员快速编写动态网页并可嵌入 HTML 中②。

PHP 脚本程序主要应用于 Web 服务端开发,命令行和编写桌面应用程序。PHP 支持和所有 web 开发语言之间的 WDDX 复杂数据交换。关于相互连接,PHP 已经支持了对 Java 对象的即时连接,并且可以透明地将其用作 PHP 对象③。

3. Ruby

Ruby 是一种面向对象(面向对象程序设计)、简单快捷的脚本语言(图 5.3.4),在 20 世纪 90 年代由日本人松本行弘(Yukihiro Matsumoto)开发。Ruby 的作者于 1993 年 2 月 24 日开始编写 Ruby,直至 1995 年 12 月才正式公开发布于 fj(新闻组)。Ruby 遵守 GPL 协议和 Ruby License,其灵感来自 Perl、Smalltalk、Eiffel、Ada 以及 Lisp 语言,后来还发展出了 JRuby(Java 平台)、IronRuby(.NET 平台)等 Ruby 语言替代品。因为 Perl 发音与 6 月诞生石 pearl(珍珠)相同,因此 Ruby 以 7 月诞生石 ruby(红宝石)命名。其特点是语法简单,完全面向对象,是类似 Python 的服务器端脚本语言。

图 5.3.3　超文本预处理器

图 5.3.4　Ruby 语言

---

① Python. 历史和许可证[ER/OL].(2020-01-05).[2020-12-28]. https://docs.python.org/zh-cn/3.9/license.html.
②③ Php. PHP 手册:序言[ER/OL].(2020-11-26).[2020-12-30]. https://www.php.net/manual/zh/preface.php.

（四）提供网络爬虫服务的网站

新闻从业人员并非都是专业的数据技术人员，他们往往会选择第三方专业数据公司提供的网络爬虫服务来实现数据采集，比较知名的数据服务网站有"八爪鱼""集搜客"等。

1. 八爪鱼

八爪鱼网页数据采集器，是一款使用简单、功能强大的网络爬虫工具，无需编写代码，通过可视化操作即可实现舆情监控、市场分析、产品研发、风险预测等功能（图5.3.5）。其模板采集模式内置上百种主流网站数据源，如京东、天猫、大众点评等，只需参照模板设置参数，就可以快速获取网站的公开数据。八爪鱼还根据不同网站，提供多种网页采集策略与配套资源，可自定义配置，组合运用，自动化处理，提高数据的完整性与稳定性。

关于"八爪鱼"的下载安装及操作方法，可访问网址：https://www.bazhuayu.com/。

图5.3.5　八爪鱼官网

2. 集搜客

集搜客网络爬虫软件是一款免费的网页数据抓取工具，可以将网页内容转换成excel表格，常用于内容分析、文本分析、政策分析和文献分析（图5.3.6）。旗下的自动分词、社交网络分析、情感分析软件等可用于学术和行业研究，帮助用户把互联网中海量的信息装进表格和数据库。

关于集搜客的下载、安装及功能介绍，可访问网址：http://www.gooseeker.com/。

图5.3.6　集搜客官网

二、采集网页数据的小工具

(一)浏览器插件

浏览器插件可以为浏览器带来一些功能性的扩展,以下介绍三款有关数据采集的浏览器插件,分别是 Web Scraper(Chrome 浏览器插件)、Outwit Hub(Firefox 浏览器插件)和 DownThemAll!。

1. Web Scraper

Web Scraper 是一款免费的,适用于普通用户的爬虫工具,只需要下载谷歌浏览器,安装 Web Scraper 插件,即可满足点哪爬哪的需求。如果在浏览网页时发现有价值的信息,可以将文本选中,鼠标右击选择"scrape similar"选项,程序就会自动分析所选中的内容在网页中的标签结构,并将带有相似标签的内容全部搜索出来。Web Scraper 可以用于抓取知乎回答列表、微博热门、微博评论、淘宝、天猫、亚马逊等电商网站商品信息、博客文章列表等内容。

关于 Web Scraper 的下载安装及操作方法,可访问网址:http://www.webscraper.com.cn/? cat=3。如图 5.3.7 所示。

图 5.3.7 Web scraper 官网

2. Outwit Hub

Outwit Hub 是一款用于信息收集和信息管理的插件,应用广泛。Outwit Hub 可以以透视窗口的形式在屏幕下方显示出网页数据信息列表,用户可以从中筛选出可用的信息。该插件还提供了许多预设的按钮,可供提取当前页面中的文字、图片、邮箱、链接、RSS、表格等内容元素。

关于 Outwit Hub 的下载安装及操作方法,可访问网址:https://www.outwit.com/products/hub/。如图 5.3.8 所示。

3. DownThemAll!

DownThemAll!(缩写 DTA)是 Firefox 的一个下载管理器软件。它支持多线程、续传、批量文件下载,同时允许 HTTP 和 FTP 协议。DTA 是在 GNU 通用公共许可证协议下的免费软件。下载整个网页时,用户可以使用通配符或正则表达式匹配过滤器,从而选择只下载某几类文件(如所有 PDF 文件)。DownThemAll! 官网如图 5.3.9 所示。

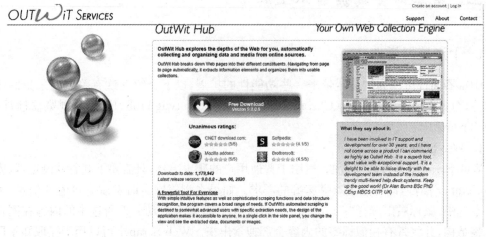

图 5.3.8　Outwit Hub 官网

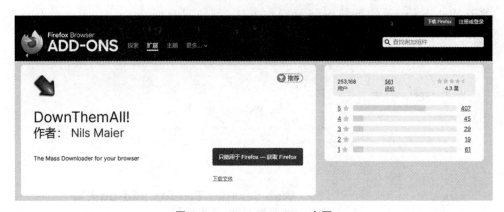

图 5.3.9　DownThemAll! 官网

(二)网页挖掘助手

Scraper Wiki 允许用户在浏览器中添加自定义程序,并分步骤指导用户编写程序。旗下的产品有 PDFTables.com、DataBaker 和 Code in Browser,想了解产品的具体信息,可访问官网:https://scraperwiki.com/products/。如图 5.3.10 所示。

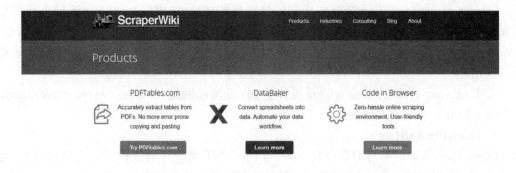

图 5.3.10　Scraper Wiki 官网(一)

值得注意的是,其官网显著标明 Scraper Wiki 有两个名字,产品名为 QuickCode,公司名为 The Sensible Code Company,要注意区分。如图 5.3.11 所示。

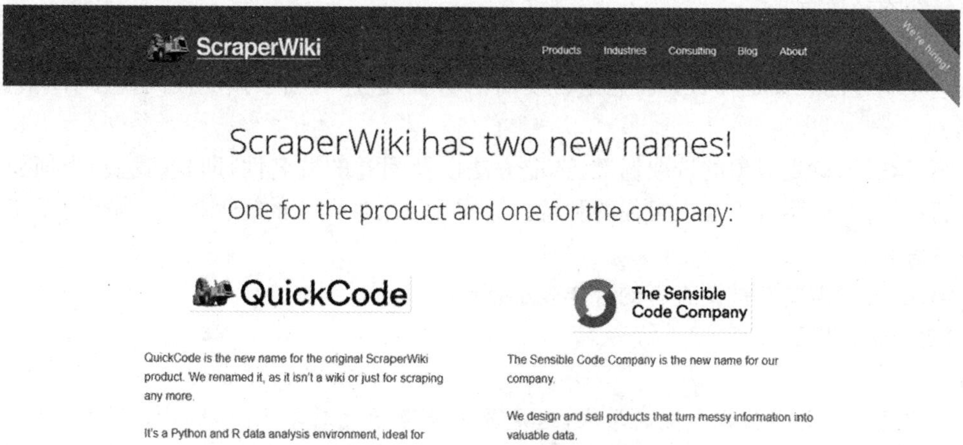

图 5.3.11　Scraper Wiki 官网(二)

第四节　调查采集原始数据

对于数据新闻制作而言,数据的采集是其中非常重要的一步。数据可分为原始数据和非原始数据,对于采集原始数据而言,问卷调查无疑是一种重要且相对成熟的方法,本节主要对实施问卷调查采集数据的步骤及其注意事项进行介绍。

一、实施问卷调查的具体流程

问卷是用于测量人们的行为、意见、态度和兴趣等或收集其他信息的常用工具。问卷调查法又称"函调法",是一种通过书面提问,收集有关资料的调查形式。到目前为止,问卷调查法在广泛的应用中已经逐渐形成了较为完备的实施流程,主要包括设计调查问卷、确定调查对象、回收调查数据三个部分[1][2]。

(一) 设计调查问卷

在制作问卷时,首先需要明确调查目标和实施方法,然后将调查者的意图以问题的形式呈现给调查对象。一般来说,一份完整的调查问卷由封面信、指导语、问题与答案、结尾四个方面组成。

1. 封面信

封面信又称开头语,主要是对问卷情况进行的解释性表述,是问卷调查开篇必备的部

---

[1] 方洁. 数据新闻概论[M]. 北京:中国人民大学出版社,2015:102-106.
[2] 柯惠新,王锡苓,王宁. 传播研究方法[M]. 北京:中国传媒大学出版社,2010:48-55.

分,目的是消除被调查者的顾虑,说服其如实填写答卷。具体而言,主要分为四个要点:

第一,表明调查方的身份,调查方可能是单独的个体,也可能隶属于相关机构或单位,这些信息要表达清楚。

第二,表明此次调查的最终目标,即我(我们)要调查什么、期望获得哪方面的资料信息、进行这项调查的意义是什么。注意语言要简洁明了,这样有利于减少被调查者对问卷的排斥感。

第三,表明调查对象的选取标准、选取方法以及问卷的匿名性,即我(我们)为何要找你调查、我(我们)的调查不会损害你的利益。这样可以增加调查的透明度,有利于打消被调查者的疑虑和心理压力。

第四,最后需要对被调查者的合作表示感谢。

【封面信示例】

您好!

我们是苏州大学传媒学院的学生,这是苏大传媒学院对学生上课满意度所做的一项匿名调查,目的是为本学院改进授课方式提供一定的事实参考依据。本次调查大约会占用您10分钟的时间,问题的答案没有好坏之分,您可以根据实际情况进行作答。您的填写结果将对本研究提供重要支持,同时我们将对您的回答进行严格保密,希望您能如实填写。对您的合作我们表示衷心的感谢!

苏州大学传媒学院
×年×月×日

2. 指导语

指导语是对问卷填答方法的说明,用以限定回答的范围、指导回答的方法、规定和解释特定概念的含义。例如阐明问题是多选还是单选、答案填写在什么位置、是打对勾还是用其他符号进行填答等。指导语可以放在封面信的后面以"填表说明"的形式单独给出,如:请在符合您情况的项目旁"□"内打"√",请在每一个问题后符合您自身情况的答案序号上划圈,或在"_____"处填上适当的内容;也可以在相应的问题开始前进行逐一提示,如:您心中理想的主流媒体是什么样的(可以选多种答案)。

3. 问题与答案

问卷中的问题及其对应的答案选项是问卷的主体部分,也是问卷设计的重点。问卷问题在形式上分为封闭型问题和开放型问题两种。

(1) 设计问题。第一种是封闭型问题,规定了一组可供选择的答案和固定的回答格式。例如:

① 你喜欢当前的上课形式吗?

喜欢( )   不喜欢( )

② 你觉得你的辅导员在对你们进行辅导时采用了哪种管理作风?

专制( )   民主( )   放任( )

③ 把下列课程按你喜欢的程度依次编序。

语文、历史、英语、化学、生物、地理、数学、物理、政治、体育、音美

④ 你在多大程度上对辅导员的管理方式感到满意?

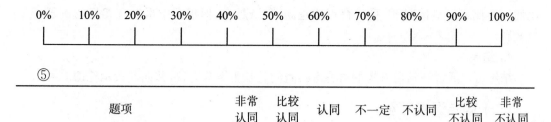

⑤

题项	非常认同	比较认同	认同	不一定	不认同	比较不认同	非常不认同
1. 学习并掌握更多的新媒体技术，可以实时获取疫情的相关动态；							
2. 学习并掌握更多的新媒体技术，可以及时获取更多的健康类信息；							
3. 学习并掌握更多的新媒体技术，可以指导我更好地预防病毒、健康生活							

一方面，封闭型问题便于被调查者填答，另一方面也利于调查者后续对答案进行编码和统计分析。不过，研究表明，被调查者在进行问卷填答时，很容易受到既有答案的位置和次序的影响，比如在都是文字的选项中，被调查者往往会选择头部或尾部的答案选项，而在所有均为数字的选项中，被调查者更倾向于选择中间位置的选项。因此，在设计问卷答案时，也要考虑答案位置造成的干扰。

第二种是开放型问题，没有设置固定的答案选项，而是由被调查者根据自己的语言和习惯进行填答。

例如：

①"你为什么报考广播电视学专业？"

②"你觉得当前老师的授课方式有哪些改进空间？"

③"目前新冠肺炎疫苗正在全国范围内推广，假如你和家人已经接种完毕，之后父母就不再认真戴口罩了，你怎么处理？"

一方面，开放型问题给被调查者提供了一些自由表述的空间，可能会得到比较深入和丰富的信息，因此在探索性研究中，这种问题形式具有重要作用；但另一方面，这类问题所需的填答时间相对较长，可能会引起被调查者的排斥心理，进而影响其填答效率和质量，而且调查者在后续进行编码和统计分析时也比较困难。

（2）设计答案。由于开放型问题不设置答案选项，因此答案设计主要针对的是封闭型问题，答案依据定类、定序、定距与定比四个层次可分为以下三种形式。

第一种，按照类别进行划分。比如将户籍所在地分为农村、乡镇、城市。在设置类别时需要注意，一方面，每个选项之间要有互斥性，保证每个被调查者只能属于其中某一类，另一方面，类别选项要全面，确保所有的被调查者都能够找到自己的归类。

第二种，按照递进次序进行划分。比如，将教育程度分为小学及以下、初中、高中、专科、本科及以上；将态度分为非常不同意、不同意、比较不同意、无所谓、比较同意、同意、非常同意。在进行次序划分时一般会用到相应的量表，以保证选项之间的层次连贯性。

第三种，按照程度差异进行划分。比如，将受教育程度、薪资等信息进行匹配与细化分类。划分过程中需要考虑划分严谨性和现实参照性，比如，本科学历的人，其薪资在什么水平？薪资范围的划分是否具有普适性？不同学历背景的人，其薪资范围是否具有可比性？再比如一般情况下，受教育程度越高，薪资越高，但现实中也会有相反的例子，要尽量兼顾。

4. 结尾

结尾可以通过一句话来提醒填答者检查问卷是否填答完整，并向其表示感谢。

（二）确定调查对象

确定调查对象也即确定样本，在许多情况下，考虑到现实条件的限制，调查者无法接触到所有的调查对象，因此需要按照一定的标准筛选样本，并据此推测总体的情况，这种方法就是抽样。抽样又分为概率抽样和非概率抽样两种基本方式。

1. 概率抽样

概率抽样是对全体调查对象而言，每一个调查对象被抽中的概率都是已知的并且等同的一种抽样方法，具体而言，又可细分为以下五种抽样方式。

（1）简单随机抽样。简单随机抽样是指从全体中随机抽取一定数量的调查对象作为调查样本的一种抽样方式。在抽取的过程中，假如抽中的调查对象是放回的，那么每个调查对象被抽到的概率就是一样的，这种抽样方法被称为重复抽样；反之，假如抽中的调查对象是不放回的，那么每个调查对象被抽中的概率实际上是不同的，这种抽样方法被称为非重复抽样。目前实施简单随机抽样的方式不外乎两种，第一种是将所有个体统一编号，然后以抓阄的形式进行抽取；第二种同样是将所有个体进行编号，但是以表格的形式呈现出来，然后随机抽取其中的一个编号，以此编号为中心，分别向其上下左右四个方向进行扩散抽取。

（2）系统抽样。系统抽样又称机械抽样，是指按照特定的抽样距离从总体中抽取出样本的抽样方式。具体分为四个步骤：首先，对总数为 N 的调查对象进行编号；接着，确定分段间隔 k，假设需要抽取的样本量为 n，那么 $k=N/n$；然后通过简单随机抽样的方法确定第一个抽取对象 i；最后，根据 $i+k$ 得到第二个抽取对象，再加 k 得到第三个，以此类推，直到抽满 n 个样本。

（3）分层抽样。实施分层抽样，需要先将总体的调查对象按照某些标准或特征划分为互不重叠的若干层或类，使每一个调查对象都属于且仅属于其中一个层或类，然后在每个层或类中按照随机抽样或者系统抽样的方法抽取一定量的样本，最后将各层抽取的调查对象综合成总样本。如此一来，可使样本在总体中分布更均匀，从而具有更好的代表性。

（4）整群抽样。整群抽样是指将总体调查对象分为不同的群，然后对抽取的这部分群内的所有对象进行调查的抽样方法。需要注意的是，将总体的调查对象分群时，要尽量保证每个群内部的调查对象之间互相排斥，而群与群之间则具备较高的相似度。整群抽样的优点是实施相对方便，而缺点也比较明显——由于群与群之间不可避免地具有一定的差异性，因此一旦抽取的样本数过低，抽样误差就会被放大。

（5）多阶段抽样。实施多阶段抽样，需要先对总体调查对象进行分群，然后在随机抽取的群当中进行二次抽样，这种叠加抽样可以重复三次甚至更多次。多阶段抽样适用于调查范围大、总体数目多的调查对象，而且每个阶段采用的抽样方法往往并不一致，从而力求使样本具有较高的代表性。但与此同时，这种抽样方法操作起来较为复杂性，且由于每阶段的抽样都会产生一定的误差，因此经过多级抽样产生的样本误差也会随之增加。

2. 非概率抽样

非概率抽样指的是调查者并非严格按照随机抽样的原则来抽取调查对象，而是根据调查目的、现实条件和主观判断来进行取舍的一种抽样方法。因此无法确定抽样误差,也无法确定抽取的样本在多大程度上适用于对总体的推断,只能大致了解人们对某一事件或话题的态度、看法和倾向。但是相比于概率抽样,非概率抽样具有操作方便、省时省力的优势。因此,这种方法通常用于挖掘初步线索、激发研究思路。一般而言,非概率抽样主要细分为以下四种方式。

(1) 方便抽样。方便抽样指的是仅抽取总体中易于接触到的调查对象作为样本的一种抽样方法。比如某堂课上的学生、在街头或商场偶遇的路人等等,网络调查很多时候也属于方便抽样。不过如此一来,样本会因为受到偶然性因素的影响而缺乏代表性。所以,方便抽样一般用于在正式展开问卷调查前对问卷的科学性和有效性进行测试,比如问题是否全面、答案设置及排序是否合理、表达方式是否合适等等。

(2) 立意抽样。立意抽样又称为判断抽样,指的是由调查者自行断定并抽取能够代表总体的调查对象的一种抽样方法。比如,在调查对知乎的认知情况时,研究者会根据自己的研究目的,选择一些学历和收入水平较高的个人作为调查对象。这种方法一般适用于总体的样本数小、内部差异大,同时调查者对总体的有关特征较为了解的情况下。

(3) 配额抽样。配额抽样也称定额抽样,指的是先按照某一标准将总体分层或分群,然后再根据一定比例通过方便抽样或者立意抽样来选取调查对象的一种抽样方法。这种抽样以调查者对总体特征较为熟悉为前提,属于先"分层"、再"判断",费用不高,易于实施。但与此同时,由于其调查对象并不是按照随机原则抽取的,因此容易掩盖一定的偏差性。

(4) 滚雪球抽样。运用滚雪球抽样方法,需要先以现有的一部分符合调查条件的人作为第一批调查对象,然后再由这些调查对象提供线索,找到符合条件的第二批调查对象,接着由第二批找到第三批乃至更多,由此样本如同滚雪球般逐步扩大。一般而言,当总体单位的信息有限,或者实施的研究为观察类型时,这一方法能够比较高效地找到符合要求的被调查者。

(三) 回收调查数据

问卷设计完成、调查对象确定之后,调查者就要敲定收集问卷的方法。相比于由访问员对被调查者进行提问,然后记录答案的方式,调查者一般会选择让被调查者自行填答问卷。

自行填答问卷可采用邮寄问卷、集体填答、电子邮件、在线填答等方式进行。其中,邮寄问卷是早期进行数据收集的常用方法,但由于这种方法的时效性较差且填答和回收效率不高,如今已经逐渐被淘汰。集体填答将被调查者聚集在一起,由研究者进行现场引导填答,相比之下,这种方式的问卷回收率较高,但将调查者集中在统一的时空之下往往比较费时费力。电子邮件是伴随互联网出现的新型收集方法,既节省了纸质材料又提高了收发速度,但是对调查者而言,如何获取调查对象的电邮地址成为一个问题,同时对调查对象而言,这种调查方式不够正式,因此回收效率也会受到影响。在线填答主要借助特定的软件或网站实现,能够以链接的形式分享问卷,并自动记录答案。这种方法节省了调查者处理数据的时间和精力,但是容易形成滚雪球效应,也就是说,虽然最初的样本是随机抽取的,但最后获得的样本中,可能个体间的同质性较高,因此无法有效地推断总体。

二、媒体实施调查的注意事项

(一) 要避免主观判断影响调查设计

在进行调查问卷的设计时,不能先对调查结果进行预判和设想,因为这样容易造成问题设置和最终结果向预设的方向靠拢,进而导致问卷调查的结果可靠性较低。

举个例子,假如某一媒体对60位高中生每天的作业量进行问卷调查,结果显示这60位高中生每天做作业的时长低于平均水平。一般人看到这个结果会怎么想?会不会和高中生课业压力过小进行联系想象?很显然,这个结果对人们形成了一种"暗示"和"引导",仔细思考一下,这个联想其实是缺乏说服力的。一方面,这60位高中生可能是效率较高,也可能是对知识的掌握程度较高;另一方面,仅仅通过60个样本就得出这一结论,显然过于单薄。因此这个调查应该摒弃一开始的主观判断,扩大样本量,同时规范调查结果的表述。

(二) 要注意问卷设计中的漏洞

问卷设计中的漏洞主要表现为以下两个方面。

首先是问题设置模棱两可,即一个问句中包含了多重问题,这很可能导致被调查者产生误判,最终影响调查结果的可靠性。比如下面这个问题:

"对于周六调整出两节课,用于周五下午继续上课,你是否同意?"

不难发现,这个问句实际上包含了两个问题,前半部分在问,对于调整周六两节课的时间,你的态度如何;后半部分在问,对于将这两节课放在周五,你的态度如何。如果受调查者刚好对这两个层次的问题都持肯定态度,或者都持否定态度,那么他回答起来就没有问题。但是假如他只同意前半部分或者只同意后半部分,那么他无论选择"是"还是"否",这道题显然无法表达出他的真实态度,得出的结果自然也就缺乏说服力了。因此,如果想要获得更加准确的答案,这道问题应该分为两个问题分别提问:

① 你是否同意调整周六两节课的上课时间?

② 如果决定调整周六两节课的时间,你是否同意将这两节课放到周五?

其次就是忽略受调查者的利己心理。在很多情况下,受调查者会选择明显符合主流价值认可的答案,从而使自己处于一个"道德正确"的位置之中。比如,下面这几个面向大学生的题目:

① 你是否认为纯粹的理论课很无聊?

② 你认为逃课是否应该被理解?

③ 你认为上课是否可以玩手机?

面对这种过于直接的问题,很多学生的选择并不一定能反映他们真实的想法,这种情况下,这些问题就属于无效提问。因此如果想获得更加真实准确的答案,可以转换情境,让被调查者处于一个第三方的位置,比如"当别人××时,你认为这种行为/看法是否应该被理解?"

(三) 选取的样本要具有代表性

样本的选取在问卷调查中至关重要,直接决定了调查的结果是否可信和有效。比如一项针对苏州人绿色出行的调查,调查者在文景路某个公交车站蹲点一天,随机调查了路过此地的公交出行者,然后以调查结果展示"苏州人对绿色出行践行情况"。这个抽样显然是不合理的,首先文景路的情况无法代表整个苏州的情况;其次绿色出行方式不是只有乘坐公交车一种,地铁、自行车以及短距离的步行等情况都应该考虑在内;而且实施调查的这一天是工作日还是休息日也会影响调查结果,有的人可能选择在工作日绿色出行,而在周末开私家车出行,或者完全反过来,那么仅仅在某一天进行调查就不能反映出他的准确情况。

第五节 采集数据的注意事项

前期采集的数据的质量,关乎后续整个新闻报道的真实性和专业性。采集数据的过程实际上相当于传统新闻报道中采访调查的过程,因此需要格外谨慎,以确保数据的准确性。

一、数据来源要符合媒体和选题的要求

首先,从媒体性质来看,不同的媒体对数据来源的要求是不一样的。比如,对于是否采用百度百科之类的数据、能否转载国内或国外某些媒体的数据等,不同的媒体可能有不同的规定。因此在采集数据之前,必须明确所属媒体的内部要求。

其次,从数据新闻的选题来看,不同的选题对数据来源的要求也是因题而异的。比如时政类新闻,会对严肃性的要求较高,那么在选取数据来源时就要选择具有官方背景的权威机构;相比之下,非时政类新闻对严肃性的要求较低,在选择数据来源时的范围也更广。因此在采集数据时应结合选题的要求选择数据源。

二、尽量采用原始数据而非二手数据

任何数据经过人为使用之后都有可能出现一定程度的误差,而且这种误差会随着数据流转次数的增加而增加。因此二手数据乃至三手数据的可靠性是无法与原始数据相比的,我们在采集数据时也应该尽可能地选择后者。当受制于现实情况而无法获取原始数据时,应该注意对引用的二手数据进行溯源与核查,确保数据准确之后再进行采用。

三、优先采集权威数据

在进行数据采集时,要优先考虑数据的权威性,利于增加报道的专业性和准确性,提高报道的说服力。例如,在国内人口数据方面,国家统计局是最权威的数据来源,引用国家统计局的数据要比使用其他来源的数据更为合适。

不过需要注意的是,除了官方机构,一些专注于某一领域的非官方机构可能具有更高的认可度,因此在选取权威数据时要视具体情况而定。

四、采用机构数据需注意核查机构的性质

社会组织和商业机构也是常见的数据来源。对于社会组织,要注意核查其性质,以免因使用非法组织或山寨社团的数据而让自己陷入违规的风险之中;对于商业机构发布或者赞助调查的报告,要注意分辨其是否具暗藏企业的利益动机,以免为商业机构的宣传或其他目的推波助澜。

五、使用调查数据要溯源原始数据

一般而言,实施调查的过程和方法是否规范和严谨,会关系到最终的调查数据是否科学和准确。比如,面对问卷调查数据,应该回溯到最开始的问卷设计环节——它的样本选取有无偏差、问卷设计是否规范、样本数量以及问卷回收量是否足够等等,如果发现调查方法和实施过程存在明显的缺陷,则应该弃用这样的调查数据。

六、以自采数据为主,谨慎转载媒体数据

在流量时代,当某个新闻事件被报道并引发广泛关注之后,其他媒体的第一反应通常是对其进行转载,而不是及时核查该报道的准确性、追溯事实真相,这在一定程度上导致了假新闻的泛滥。因此,出于对数据新闻内容真实性和准确性的保障,媒体应该尽量以自采数据为主,减少对其他媒体数据的转载。

本章小结

"数据是信息的表现形式或载体,数据可以以数字、文字、图像、语音等任何形式存在;是对现实生活的抽象表达;是知识金字塔的基座。"邱南森在《数据之美——一本书学会可视化设计》中,提出了如上观点。随着数据新闻的不断发展,数据在人类社会中的作用日益凸显,数据新闻中对数据的分析,就是将数据转变为信息的过程,也是挖掘新闻价值的过程。因此获取数据,是数据新闻制作的重要任务。

本章详细介绍了数据获取的四种途径,分别是公开数据的获取、通过搜索引擎命令获取数据、通过爬虫获取数据以及调查采集原始数据。英国《卫报》的经验表明,完成一部数据新闻作品,花在搜集和筛选数据上的时间占70%,可视化环节操作占30%,因此一定要格外重视获取数据这一步骤。

除了介绍数据获取的途径,本章第五节还介绍了数据获取的注意事项,数据获取的真实和专业程度,关乎后续的数据新闻生产流程,因此在获取数据时要格外谨慎,时刻贯彻第五节所列举的六个原则,以确保数据的真实、权威与准确,为后续数据新闻生产打好基础。

作为一名数据新闻工作者,必须具备良好的获取数据能力,不仅需要掌握基本的计算机操作技能,还应该知道从何种渠道获得有效数据。由本章可知,通过政府、企业等机构和组织可以很方便地获取权威数据。在实际操作中,为了证明新闻的客观性与权威性,我们需要交代数据来源,以便接受公众的检验和质疑,从而推动数据新闻的不断发展。

◆ **实操任务**

1. 登录世界卫生组织开放数据平台,从提供的中国数据中找到一个选题角度。
2. 找一个你感兴趣的话题,拟一份调查问卷,并进行小样本测试。
3. 找一则你最感兴趣的报道,分析其数据主要来自哪些渠道,并尝试验证。
4. 登录某个政府机关官方网站,尝试提交一份政府信息公开的申请。

第六章 数据清洗与分析

"数据"是数据新闻的核心,因此数据新闻记者不仅要和"文字"打交道,还要学会和"数据"打交道。如何运用数理统计、数据分析、大数据技术等方法来"打磨"数据新闻作品是未来数据新闻记者需要掌握的基本技能。"数据清洗""数据分析"听起来既高深又复杂,有些数据新闻生产者在面对互联网海量数据时,常常显得手足无措。因此,如何认识数据、把握数据、处理数据、分析数据、利用数据是本章的重点和难点。

第一节 理 解 数 据

在数据新闻实践中,同样的数据经过不同的加工可以产生截然不同的数据新闻作品,这是因为数据分析的角度不同,由数据构建的观测视角也不同。数据本身并没有意义,加工数据、处理数据的过程就是赋予数据意义的过程。既然加工"数据"之于数据新闻具有重要意义,那么首先了解"何为数据"就十分必要,只有了解了"数据"的本质,才能明白如何合理利用"数据"。

一、什么是"数据"

这是一个信息爆炸的时代,每分每秒都在诞生大量的数据,人们不得不创造新的数量单位来描述数据体量,从一开始的 B(字节)、KB(千字节),到后来的 ZB(十万亿亿字节)、YB(一亿亿亿字节)……IDC 的《数据时代 2025》这一报告称,从 2010 年至 2025 年,全球每年产生的数据量呈指数级增长,预计到 2025 年,数据量将会增长到 175 ZB(1 ZB= 1.1 万亿 GB)。

数据新闻是舶来词,由"data journalism"翻译而来,其中"data"一词在牛津词典中有如下两种释义[①]:

(1) The quantities, characters, or symbols on which operations are performed by a computer, which may be stored and transmitted in the form of electrical signals and recorded on magnetic, optical, or mechanical recording media. (计算机可执行操作的大量数值、字符或符号,它们可以以电子信号的形式存储和传输,并被记录在磁性的、光纤的或机械的记录介质上。)

(2) Philosophy things known or assumed as facts, making the basis of reasoning or

---

① 方洁. 数据新闻概论[M]. 北京:中国人民大学出版社,2015:52.

calculation.（在哲学层面可以被视作能构成推理与运算基础的事实材料。）

汉语词典对"数据"一词的定义如下："数据是电子计算机加工处理的对象。早期的计算机主要用于科学计算，故加工的对象主要是表示数值的数字。现代计算机的应用越来越广，能加工处理的对象包括数字、文字、字母、符号、文件、图像等。"[①]这一定义说明"数据"这一概念的内涵随着计算机技术的发展，已经不再局限于狭义上的"数字""数值"，一切可以分析的信息都能够被称作"数据"。

综合中英文两种语言对"数据"和"data"的释义，可以总结出"数据"有如下特征：

(1) 它的形式并不局限于数值，还包括文字、图形、符号等一切可以被分析的信息形式；

(2) 它可以以电子信号的方式存储和传输，被保存在记录介质上；

(3) 它是构成推理和运算的材料基础。

对于数据的理解，要注意两个误区。首先，在日常生活中大多数人对"数据"的理解还停留在数值层面，甚至部分从事数据新闻的媒体也将"数据"与"数值"画等号。部分发表在数据新闻专栏的作品仅仅是引用了一些数字，没有对数据做进一步的处理和分析，这样的作品如果被视作"数据新闻"完全是名不副实的。其次，数据新闻中的"数据"并不都是"大数据"。大数据技术确实为生产优质的数据新闻打开了一条通道，但并不意味着数据量小的数据新闻作品就质量欠佳。衡量数据新闻作品价值的标准并不是数据量的大小，而是作品能否最大化挖掘和呈现出数据中的潜在价值。

二、数据的类型

当今世界已经迈入大数据时代，信息技术迅速发展，计算机能够处理的数据类型越来越多，早已不局限于数值。按照结构的不同可以将数据分为结构化数据、非结构化数据和半结构化数据。其特点如表 6.1.1 所示[②]。

表 6.1.1　不同数据类型的特点分析

数据类型	举例	特点
结构化数据	二维表	先有结构后有数据、行数据
半结构化数据	HTML 文档、XML 文档、SGML 文档	先有数据后有模式，无规则性结构
非结构化数据	图片、文本、声音、视频	模式具有多样性

结构化数据也称行数据，是由二维表结构来逻辑表达和实现的数据，严格地遵循数据格式与长度规范，一般采用数据记录存储。

和普通纯文本相比，半结构化数据具有一定的结构性，但结构变化很大，灵活性较高。系统中的半结构化数据并不能像结构化数据一样，只用一张表格中的字段就能实现一一对应。

与结构化数据相对的是非结构化数据，即数据结构不规则或不完整，没有预定义的数据模型。非结构化数据不适合用数据库二维逻辑表来呈现，包括文本、图像、音频和视频信息等等，一般采用文件系统存储。非结构化数据的格式多样，标准也各不相同，而且在技术上

---

① 汉文学网.数据的解释及意思[ER/OL].[2020-12-30]. https://cd.hwxnet.com/view/bgkkchdpcjebmjlf.html.
② 彭宇,庞景月,刘大同,彭喜元.大数据:内涵、技术体系与展望[J].电子测量与仪器学报,2015,29(4):469-482.

非结构化信息比结构化信息更难标准化和理解。

信息爆炸时代,各行各业都在不断产生数据,目前积累的数据量已经达到 ZB 级别,全球的数据量仍在以每十八个月翻一倍的速度膨胀式增长。据统计,半结构化数据在大数据中占据主体地位。这虽然对数据新闻从业者进行数据收集、处理和分析带来了巨大挑战,但也为数据新闻生产提供了取之不尽的资源,为数据新闻主体策划提供了用之不竭的灵感。

如今,数据已经与我们的日常生活息息相关,我们衣食住行的方方面面都在产生数据。比如通过智能手表等传感设备,我们可以"量化自我"(Quantified self),记录并量化身体状态的变化,成为了解和调整自身状态的参考。此外,各种社交媒体、短视频平台、新闻客户端也正在通过智能算法为用户量身定制和推送内容,这一切都需要建立在采集和分析用户数据并刻画用户画像的基础之上。但是,用户每天产生的数据并不是井然有序的结构化数据,而是图片、符号、文本、视频等非结构化数据。由此可见,数据收集和分析的对象十分广泛。但这些数据并不能直接被计算机处理和分析,需要采用编码的方式将其转换为计算机可以识别的语言——二进制,采用"0"和"1"来表示。为了理解非结构化数据是如何转变为计算机可以处理的数据,需要先了解计算机中数据的相关知识。

(一) 数据的存储单位

1. 位(bit)

位也称为比特,是计算机中数据存储的最小单位,每个 0 或 1 就是一个位。

2. 字节(Byte)

字节是计算机中用来计算存储容量的计量单位,一个字节通常 8 位长,即 8 位二进制数为一个字节(1 B=8 bit)。计算机中和字节一样作为常用计量单位的还有:1 KB(Kilobyte,千字节)=1024 B;1 MB(Megabyte,兆字节)=1024 KB;1 GB(Gigabyte,吉字节,千兆)=1024 MB;1 TB(Trillionbyte,万亿字节,太字节)=1024 GB;1 PB(Petabyte,千万亿字节,拍字节)=1024 TB;1 EB(Exabyte,百亿亿字节,艾字节)=1024 PB。

3. 字

计算机领域,字是用于表示其自然的数据单位的术语,是其用来一次性处理事务的一个固定长度单位。一个字通常由一个或多个字节构成,用来存放一条指令或一个数据。

4. 字长

字长是计算机中每个字可包含的二进制数的长度。一般来说,计算机一次性处理事务的一组二进制数的长度称为"字",而这个二进制数的位数就是"字长"。

(二) 非结构化数据如何数字化

计算机只能够处理数字化的信息,任何非结构化数据在转化为二进制数之前是无法被计算机识别和处理的,下面简单介绍以下几类非结构化数据是如何编码转化的。

1. 字符

ASCII(American Standard Code for Information Interchange,美国信息交换标准代码)是由拉丁字母发展而来的一套电脑编码系统,通常用以显示现代英语和其他西欧语言。它是最通用的信息交换标准,并等同于国际标准 ISO/IEC646。ASCII 码使用指定的 7 位或 8 位二进制数组合来表示 128 或 256 种可能的字符。ASCII 的局限在于只能显示 26 个基本拉丁字母、阿拉伯数字和英式标点符号,因此只能用于显示现代美国英语。

汉字编码：在计算机中，一个汉字通常用两个字节的编码表示，国际码是我国制定的计算机进行汉字信息处理和交换的标准编码。在全部国标汉字及符号组成的 94 * 94 的矩阵中，每一行称为一个"区"，每一列称为一个"位"，区码和位码组合构成"区位码"，从而确定一个汉字或符号。相比西文字符编码，汉字编码更加复杂，汉字在计算机中的存储通常用机内码来表示，以便查询。由于汉字数量大且形态多变，因此还需要对应的字形码来存储。

Unicode 码（万国码、国标码、统一码、单一码）：为了解决传统字符编码方案的局限性，苹果公司创建了 Unicode 编码方案，它的特点在于确保了每种语言中的每个字符都具有唯一的二进制编码，实现了跨语言、跨平台的文本转换和处理。Unicode 编码共有三种具体实现，分别为 utf-8、utf-16、utf-32，其中 utf-8 占用一到四个字节，utf-16 占用二或四个字节，utf-32 占用四个字节。Unicode 码在全球范围的信息交换领域均有广泛的应用，它对世界上大部分的文字系统进行了整理、编码，使得计算机可以以简单的方式来呈现和处理文字。

2. 图形和图像

图形和图像可以分为位图图像和矢量图两种类型。

位图图像(Bitmap)，又可称作点阵图像或栅格图像，是由单个点(像素)组成的。这些点的不同排列和染色可以构成不同图样。扩大位图尺寸会增大单个像素，从而使线条和形状显得参差不齐，但从远处看，又是连续的。用数码相机拍摄的照片、扫描仪扫描的图片以及计算机屏幕截图等都属于位图。位图的特点是可以表现色彩的变化和颜色的细微过渡，产生逼真的效果，缺点是在保存时需要记录每一个像素的位置和颜色值，会占用较大的存储空间。

矢量图(Vector)，在数学上定义为一系列由线连接的点。矢量文件中的图形元素称为对象，每个对象都是一个实体，具有颜色、形状、轮廓、大小和屏幕位置等属性。矢量图只能通过软件生成，根据几何特性来绘制具体图形，矢量可以是一个点，也可以是一条线。矢量图像文件包含独立的分离图像，可以自由地重新组合。它的特点是放大后图像不会失真，与分辨率无关，在设计领域应用广泛。但是与位图相比，矢量图无法像照片那样真实再现色彩丰富和生动的实物景象。

图形和图像可以通过栅格结构和矢量数据结构的方式编码。

(1) 栅格结构。栅格结构是以规则的阵列来表示空间地物或现象分布的数据组织，组织中的每个数据都表示了地物或现象的非几何属性特征。栅格结构具有以下特点：属性明显，定位隐含，即数据直接记录属性的指针或数据本身，而所在位置则根据行列号转换为相应的坐标。

(2) 矢量数据结构。矢量数据结构通过记录坐标的方式尽可能精确地表示点、线和多边形等地理实体，坐标空间设为连续，允许任意位置、长度和面积的精确定义。矢量结构具有以下特点：定位明显，属性隐含。

3. 音频

声音信号是一种连续的模拟信号，需将其转变为离散的数字信号，计算机才可识别和处理，这个过程也称作声音信号的数字化。将声音信号数字化需要通过采样、量化和编码三个步骤。采样是用每隔一定的时间信号样本值序列来代替原来在时间上连续的信号，量化是指给采样值分配值，而编码则是按照一定的规律，将量化值转换为二进制数。这个数字化的过程被称为"脉冲编码调制"，一般用 A/D 转换器完成。

4. 视频和动画

视频(Video)和动画(Animation)泛指将一系列静态影像以电信号的方式加以捕捉、记录、处理、储存、传送与重现的各种技术。连续的静态图像每秒变化超过 24 帧(Frame)画面以上时,根据视觉暂留原理,人眼无法辨别单幅的静态画面,视觉上会产生平滑连续的效果,这样连续的画面就叫作视频。每一幅静态图片称为"帧",当每一帧静态图像是由人工或计算机产生时称为动画,而当每一帧静态图像是通过摄取自然景象或人物社会活动时称为视频。

视频信号来源于电视接收机、摄像机、录像机、影碟机等输出设备,可以分为模拟视频和数字视频。如果要用计算机对视频源的信号进行处理,就必须通过采样、量化和编码的方式将视频信号数字化,其数字化的原理和声音信号数字化的原理相似。

(三) 分析数据的类型

在我们进行数据挖掘和数据分析的过程中,需要对两个概念进行充分了解,即"数据集"和"属性"。

数据集(Datasets)是一组数据的集合,由数据对象组成,数据对象又可以称作样本、实例、数据点或对象,每个数据对象代表一个实体。属性(Attribute)表示数据对象的性质或特性,它因对象而异。在数据处理过程中,要根据数据属性采用合适的数据分析方法。数据对象按照属性可以划分为名义数据(Nominal Data)、顺序数据(Ordinal Data)、等距数据(Interval Data)和等比数据(Ratio Data)。其中名义数据和顺序数据是具有定性属性的数据,即这类数据即使能够以数据的形式标注,也不具有数字意义,不能对其进行数据运算。而等距数据和等比数据则是具有定量属性的数据,可以用数字表示,并进行数值上的比较。

1. 名义数据

例如,在学生名单中有性别一栏,包含了"男""女"两种情况,计算机处理数字比处理文字效率更高,因此为了方便统计和计算,可以给"男""女"分别赋值,相当于以数字来给不同的性别命名,这里的数字不代表数量,仅仅是名称。对名义数据可以进行的统计分析操作有:频率分析、列联相关分析、卡方检验等。

2. 顺序数据

对某一事物或现象进行等级评价的数据是顺序数据。数据的值代表了该事物的次序或顺序,但这种顺序并不是等距的。因此,顺序数据既没有相等的单位,也没有绝对的零点,我们并不能指出其间的差别大小。例如,产品的质量等级、学生成绩等。对于顺序数据可以进行的统计分析操作包括:中位数、百分位数、秩相关、游程检验等。

3. 等距数据

如果数据存在测量单位,且没有绝对的零值,值与值之间的差距是有计算意义的,那么这样的数据就是等距数据,例如温度。对于等距数据可以进行的统计分析操作包括:均值、标准差、t 检验、方差分析等。

4. 等比数据

如果数据存在测量单位,且具有绝对的零值,那么这样的数据就是等比数据,例如年龄、长度、时间等。对于等比数据可以进行的统计分析包括几何平均数等。

第二节　数据审查与质量分析

在记者通过各种途径获取到目标数据后，不能奉行"拿来主义"，不能急于进行数据处理，而是需要对数据质量进行评估，对数据可靠性进行检验，也就是进行数据审查和质量分析。在数据处理之前，数据审查的步骤是不能省略的，因为如果原始数据不可靠，那么建立在原始数据之上的一切数据处理和数据分析都是无效的，不仅可能会影响数据新闻的价值，甚至会误导读者。

数据审查，就是根据每个变量的合理取值范围和相互关系，检查数据的质量、完整性、准确性、时效性、适用性是否合乎新闻报道的要求，从而发现原始数据中可能存在的错误值、异常值、逻辑上不合理或者相互矛盾的数据。

一、数据审查的内容

数据质量的评价维度包括：无误性，即数据是否正确；完整性，包括架构完整性、列完整性、数据集完整性；一致性，包括一张或多张表中的多副本数据的一致性、相关数据元素之间的一致性、不同表中相同数据元素形式的一致性；可信度，包括数据源的可信度、与内部的惯用标准相比的可信度和基于数据年龄的可信度；适量性，即解决这一数据问题所需要的数据量；及时性，即对于使用该数据的任务来说，数据更新的程度；可访问性，即获取数据的难易程度[1]。

对于由记者直接调查获取或从原始数据源处获取的原始数据来说，主要从数据的完整性和准确性两个方面去审核。完整性审核主要是检查应调查的单位或个体是否有遗漏，所有的调查项目或指标是否齐全等。准确性审核主要包括两个方面，一是检查数据资料是否真实地反映了客观实际情况，内容是否符合实际；二是检查数据是否有错误，计算是否正确等。

对于通过其他渠道取得的二手数据，除了对其完整性和准确性进行审核外，还应着重审核数据的适用性和时效性。二手数据可以来自多种渠道，有些数据可能是为特定目的通过专门调查取得的，或者是已经按照特定目的的需求做了加工整理。任何文本意义的生产都依赖特定的语境，对数据而言亦是如此，因此对于使用者来说，首先应弄清楚数据的"语境"——数据的原始来源以及有关的背景资料，即数据是基于何种目的、何种方法、解释何种问题而被收集的[2]，以便确定这些数据是否符合自己分析研究的需要，是否需要重新加工整理等，不能盲目地生搬硬套。此外还要对数据的时效性进行审核，如果议题本身时效性较强，那么滞后的数据就可能失去了研究的意义。一般来说，我们应尽可能使用最新的统计数据。数据在经过审核后，确认适合于实际需要，才能进行进一步的加工整理。

---

[1] Lee Y W, Pipino L L, Funk J D, et al. 数据质量征途[M]. 黄伟, 王嘉寅, 苏秦, 等译. 北京：高等教育出版社，2015：44-47.

[2] 张超. 数据分析在数据新闻生产中的应用、误区与提升路径[J]. 编辑之友，2019，(6)：42-47.

二、数据审查方法

按照审查所用对比数据的来源可以将数据审查方法分为外部审查和内部审查。多数情况下,需要结合外部审查和内部审查两种方式对数据进行质量分析。

(一)外部审查

外部审查是指用其他来源的数据和获取的原始数据进行比较,交叉验证,包括其他数据源、专家知识、以前版本的数据和依靠业务的相关知识经验来判断数据是否合理。例如,制作新冠疫情相关的数据新闻时,记者从当地政府获取了感染病例的数据,同时又从当地收治医院获取了新冠病人的就诊数据,通过对比两个数据来源的数据集,可以核验政府官方的数据是否存在问题。

(二)内部审查

内部审查是指对内部数据进行比较,包括使用不同数据间的约束、某组数据的偏差分析、正态分布或回归方程等。具体方法包括套用方程式、可视化数据等,其中利用直方图来进行数据审查是较为快捷、直观的内部审查方式。

直方图主要用于展示数据的分布情况,它能直截了当地呈现不同范围内的数据数量。本书利用 Excel 来制作直方图,首先要对数据进行分组,具体操作步骤如下:

选择需要分析的豆瓣电影"评分"列数据,插入"直方图",如图 6.2.1 所示。双击 X 轴,在"设置坐标轴格式"选项卡中单击"箱数"并进行设置,如图 6.2.2 所示,假设输入的箱数为"20",回车确定,则该表中所有的评分将被分为 20 组。

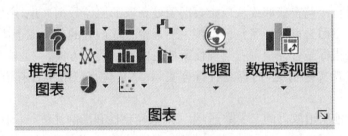

图 6.2.1 插入直方图

在制作直方图时,需要考虑数据分析的正确性,因此生成直方图的样本数量不可以太少,理论上不能少于 50 个。直方图箱数设置需要恰到好处,箱数越多,分组数据之间的间距越窄,分析的区间就越精准,但过多则会失去频数统计的意义。

观测直方图 6.2.2,我们发现所有的评分数据呈现正态分布。一般来说,当统计的数据达到一定数量规模后,通常会呈现正态分布的结果。反之,则需要思考数据是否存在异常情况,是数据量太少,还是数据曾被篡改,抑或是数据采集方法不科学。

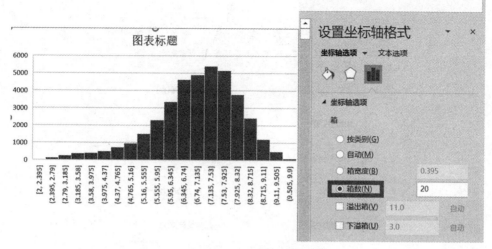

图 6.2.2　设置箱数

第三节　脏数据清洗

脏数据(Dirty Data),也可以称作"坏数据"(Bad Data),是指存在问题的数据,如篡改数据、不完整数据、不一致数据、重复数据、错误数据、异常数据等。这些不完美的数据,会对后续数据分析产生重大干扰,甚至导致数据分析结果出错。因此,在数据分析之前需要对数据进行清洗。数据清洗就是处理数据中存在的问题,也是对采集的数据进行汇总整理和结构化的过程。

一、数据清洗常用软件

高质量的数据是优质数据新闻的创作基础。清洗数据的过程并不是一蹴而就的,需要记者的耐心,必要时辅以工具。数据量较小的时候,可以采取手动清理的方式,数据量较大的时候,就需要合理选择数据处理工具,提高处理效率。常见的数据清洗工具如下:

(一) Excel

Microsoft Excel 是微软公司开发的办公软件之一,是 Microsoft 为使用 Windows 和 Apple Macintosh 操作系统的电脑编写的一款电子表格软件。Excel 是目前市场上最常见的数据处理软件之一,操作简便,无需对数据结构进行预先设定和分析,所见即所得,且内置函数等功能基本能够满足一般的数据清洗和处理要求。对于没有深厚计算机基础和编程能力的数据新闻记者来说,Excel 无疑是一个容易入门和上手的工具。目前绝大多数数据新闻作品都可以通过 Excel 来完成数据清洗和数据分析工作。

Excel 支持导入多种格式的数据,如 Access 数据库数据、网站数据、文本数据(包括".prn"".txt"".csv"等文件格式)、SQL Server 数据库的数据、XML 数据,如图 6.3.1、图

6.3.2所示。

图6.3.1　Excel获取数据格式(一)

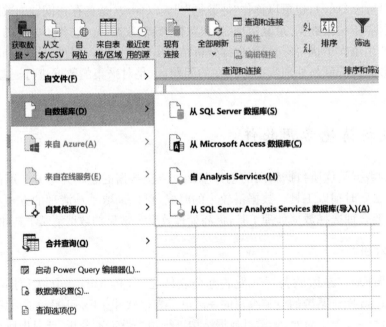

图6.3.2　Excel获取数据格式(二)

(二) OpenRefine

在处理大体量数据时,人工对数据进行一一检查是不现实的,我们需要借助计算机进行自动化处理。Open Refine是由Google与开放资源组织(Open Source Community)共同开发的数据处理软件,其前身是 Google Refine,后于 2012 年开放源代码,并改名为 Open Refine。Open Refine 是一款基于浏览器的数据清洗软件,与 Excel 软件类似,但其工作方式更像是数据库,以列和字段而不是以单元格的方式工作,同时 Open Refine 可以进行聚类、合并等操作。

Open Refine 支持导入多种格式的数据,如 CSV、XLS、JSON、XML 等。除了本地文件外,还可以导入数据网址或将数据文本直接粘贴到剪贴板中导入。数据清洗完毕后它能将制作好的数据转换为 JSON、XML 等格式,直接应用于网页。Open Refine 的数据可以保留在本地计算机上,保证了敏感数据的安全性。

(三) R 语言

R 是属于 GNU 系统的一个自由、免费、开源的软件,是一个用于统计计算和统计制图的优秀工具。同时,R 也是一种可编程的语言。作为一个开放的统计编程环境,语法通俗易懂,很容易学会和掌握,而且学会之后,使用者可以根据实际需求自行编写函数来扩展现有的语言。

二、数据清洗注意事项

数据清洗时,可以根据数据的重要性和缺失率两个不同的维度分为四种不同的类型,并采取不同的应对策略。对于重要性高、缺失率低的数据,可以通过计算、检验或业务知识估计进行有效填充。对于重要性高、缺失率高的数据,可以尝试从其他数据源处补全数据,或通过数据中的其他字段计算补全,如果实在不能补全而留有空白则在去除该字段后在结果中标明。对于重要性低、缺失率低的数据,可以不做处理或简单填充。对于重要性低、缺失率高的数据,则可以直接去除该字段[①]。

另外,在开始做数据清洗前,一定要注意对原始数据进行备份,以便不时之需。清理数据的工作量大、耗时长,有可能会经多人之手,为了把关数据处理过程,备份原始数据是十分必要的。

三、使用 Open Refine 做数据清洗

可供选择的数据清洗软件很多,本小节将以 Open Refine 为例讲解如何进行数据清洗。

(一) 安装 Open Refine

Open Refine 可以在其官网上直接下载,官网地址是 https://openrefine.org/。截至 2021 年 4 月,最新的版本是 2020 年 9 月 24 日发布的 Open Refine 3.4.1。该网站提供了英文版的使用操作指南,可供学习过程中参考。

Open Refine 提供了不同操作系统的安装版本,包括 Windows、Linux 和 Mac。Open Refine 是基于 Java 环境开发的,如果原先计算机没有安装 Java,需要到 Java 官网下载和安装。Open Refine 软件安装包下载完毕后,直接点击解压文件中的"openrefine.exe"运行即

---

① 毛良斌,汤子帅. 数据新闻:操作与实践[M]. 杭州:浙江大学出版社. 2019:70-71.

可使用,默认浏览器将会打开网页,如图 6.3.3 所示。运行界面包括"新建项目""打开项目""导入项目"以及"语言设定"四个栏目,语言可根据实际需要进行自主设定。

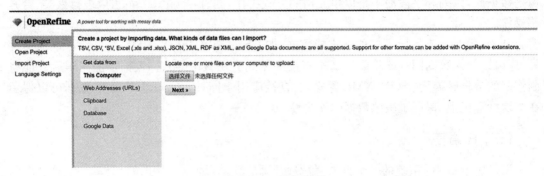

图 6.3.3 运行界面

(二) 创建项目

Open Refine 支持 CSV、XLS、JSON、XML 等格式的文件导入。除了本地文件外,还可以导入数据网址或将数据文本直接粘贴到剪贴板中导入。

首次使用 Open Refine,可创建一个新的项目。数据来源包括本地计算机存储的数据文件、网址(URLs)、剪贴板、谷歌数据以及其他数据库。如果之前已经有创建的项目,可以选择打开以前建立的项目。

导入数据文件后,可根据文件格式选择"数据解析格式",并根据需要在右侧对导入的数据做预先处理,如"忽略文件的前_行""将文件中的空白单元格作为 nulls 保留"等,如图 6.3.4所示。

图 6.3.4 数据解析格式

数据解析格式确认完毕,输入项目名称,点击"新建项目",如图 6.3.5 所示。

图 6.3.5 新建项目

(三) 主界面

新建项目后,进入主界面,可以查看数据的基本情况,检查每列数据的类型、格式是否正确,是否有数据缺失。如图 6.3.6 所示,主界面显示数据的行数,页面显示行数选项、字段名以及具体的数据,每一个字段都有下拉菜单,可以使用菜单对该字段数据进行归类、过滤、编辑、变换和排序等操作。

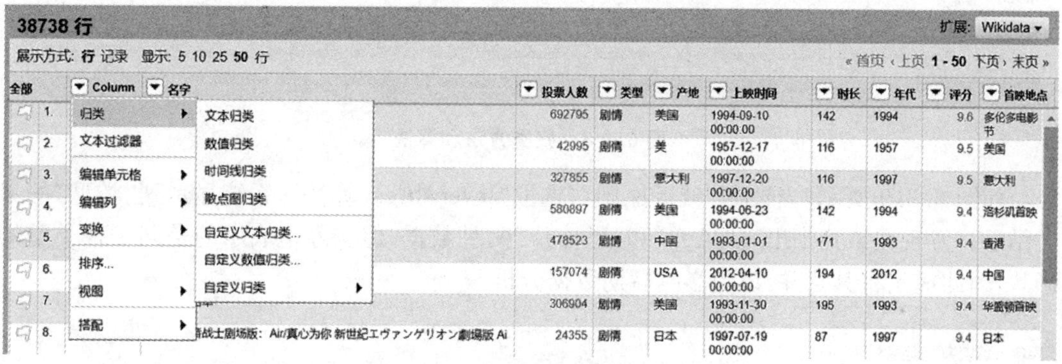

![主界面截图]

图6.3.6　主界面

（四）归类(Facet)

归类(Facet)是Open Refine重要的功能之一，它能够帮助用户快速查找目标数据。最常用的归类方式包括文本归类、数值归类和自定义归类。

1. 文本归类

文本归类(Text Facet)是指将所选字段的数据按照文本规则进行分类汇总。该归类方式适合文本种类较少的情况，如果种类较多，则归类并不能节约查看数据的时间，没有归类的必要。

例如可以对豆瓣电影的产地进行文本归类。点击"产地"字段下拉菜单，选择"归类-文本归类"，就能得到如图6.3.7所示的归类结果。可以根据需要选择归类结果按照"名称"或"数量"进行排序。

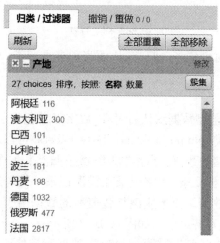

图6.3.7　文本归类结果

簇集(Cluster)用于对相似的数据进行聚类分析，帮助用户快速定位脏数据。单击"簇集"按钮，选择归类方法和算法，方法包括"关键词碰接"和"就近原则"，分别对应两种不同的算法，如图6.3.8所示。

图 6.3.8 归类方法和算法

如图 6.3.9 所示,当按照"就近原则",选取"levenshtein 算法",系统显示列"类型"的聚类结果。发现在该列中出现"恐怖"和"恐怖片"两种数据,但实际上表示的是同一种类型的影片,因此应当将其合并,以免影响后期数据分析。

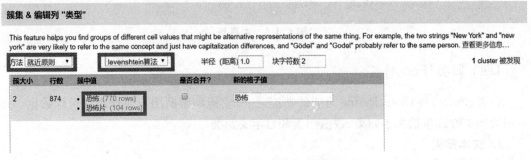

图 6.3.9 归类结果

勾选"是否合并"选项,输入合并后新的格子值"恐怖片",点击下方"合并选中 & 关闭",如图 6.3.10 所示。此时"恐怖片"和"恐怖"这两个簇集被合并归类成一个簇集"恐怖片"。

图 6.3.10 合并

通过这种方式可以同时创建多个归类,从而实现多重归类(Multiple Facets),该功能类似于 Excel 的多条件筛选。

2. 数值归类

在 Open Refine 中,数值型数据默认右对齐,数字以绿色显示,文本型数据默认左对齐,文本以黑色显示。数值归类(Numeric Facets/Date Facets)可以对数值型数据进行归类,方便查找以非数值型格式存储的数值。点击"归类-数值归类",如图 6.3.11 所示,共有数值型数据 38736 条,非数值型数据 2 条,无空记录和错误记录。仅勾选非数值型数据,可在右侧主界面查看 2 条非数值型数据。原本应该是数值型的数据由于含有文本文字,而被识别为非数值型数据(黑色字体左对齐显示),如图 6.3.12 所示。

如图 6.3.13 所示,单击"edit"编辑单元格,将数据类型修改为"数字",将"约 43000"修改为"43000",将"327855 人"修改为"327855",点击"应用",如图 6.3.14 所示。

图 6.3.11　数值归类结果 　　　　图 6.3.12　编辑单元格

图 6.3.13　编辑单元格

图 6.3.14　修改数据

编辑结果如图 6.3.15 所示，原先黑色字体、左对齐显示的文本型数据转换为了绿色字体、右对齐显示的数值型数据。

图 6.3.15　修改结果

日期归类与数值归类相似，在 Open Refine 中，日期数据同样默认为绿色字体、右对齐显示，归类和编辑方式与数值归类操作相同。

3. 自定义归类

自定义归类（Customized Facets）可以根据用户的实际需求进行归类，比如自定义文本归类、自定义数值归类等。其中自定义文本归类和自定义数值归类需要掌握相应的正则表达式。

自定义归类包含按字归类（Word facet）、复数归类（Duplicates facet）、数字对数归类（Numeric log facet）、约为 1 的数字对数归类（1-bounded numeric log facet）、文本长度归类（Text length facet）、文本长度的对数值归类（Log of text length facet）、Unicode 字符归类

(Unicode char-code facet)、按错误归类(Facet by error)以及按空白归类(Facet by blank)。

按空白归类是较常使用的归类方式,归类结果会显示"空值"和"非空值"两种,可以快速定位数据中的缺失值。

复数归类也是较常使用的归类方式,归类结果会显示"重复"和"非重复"两种,可以快速判断数据中是否有重复值。

(五) 文本过滤器

图 6.3.16 文本过滤器

文本过滤器(Text Filter)可以在选定的列中筛选出包含特定字符串的单元格。例如,要查找所有影片类型为"恐怖片"的电影,可以点击类型下拉菜单中的"文本过滤器",在框内输入"恐怖片",右侧主界面会显示符合条件的数据,如图 6.3.16 所示。此外,文本过滤器支持通过输入正则表达式来实现不同类型的过滤。

(六) 编辑单元格

编辑单元格(Editcells)可以实现的功能包括"转换""常用转换""向下填充""相同空白填充""分离多值单元格""合并多值单元格"以及"簇集并编辑"。

"常用转换"中包含了使用频率较高的几种编辑方式,如图 6.3.17 所示。"移除首尾空白"可以删除文本前后的空格,"收起连续空白"可以将文本中的多个空格转换为一个空格,"反转 HTML 字符"可以处理包含超文本标记语言的单元格,"数字化""日期化""文本化"可以对原始数据进行格式转化。注意,并不是所有文本通过"数字化"操作都可以转换为数值型数据,如本例中"约 43000"经过"数字化"操作后依然是非数值型数据,需手动修改。

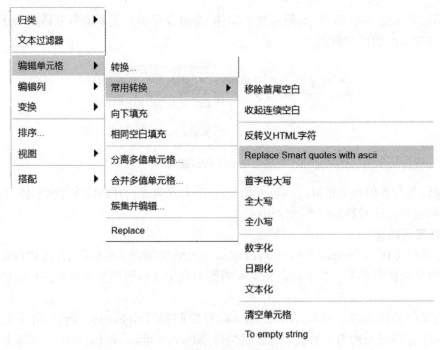

图 6.3.17 常用转换

（七）编辑列

"编辑列"（Edit Column）可以对目标列进行编辑，功能包括"移除该列""列移至开始""列移至末尾""左移列""右移列""重命名列""分割此列"以及"由此派生新列"等，如图6.3.18所示。

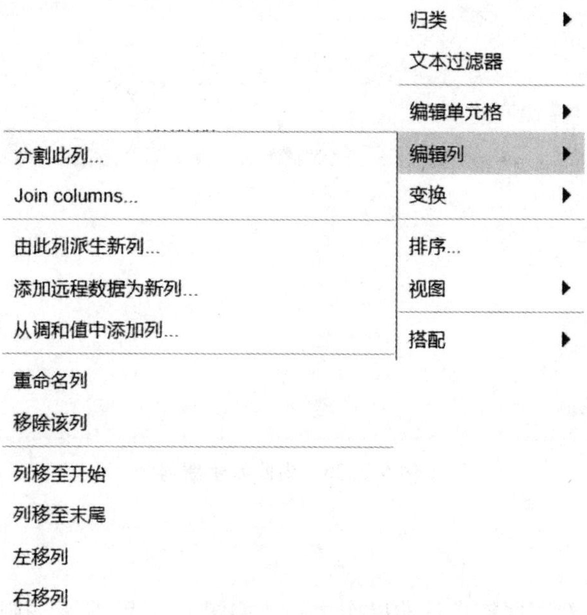

图 6.3.18　编辑列

"分割此列"是指按照某种规则将目标列分割为多列，如按照分隔符、字段长度等标准分割，如图6.3.19所示。清洗数据时会遇到多类信息合并在同一个单元格内的情况，这样不利于后期数据分析，可通过"分割此列"来拆分单元格。

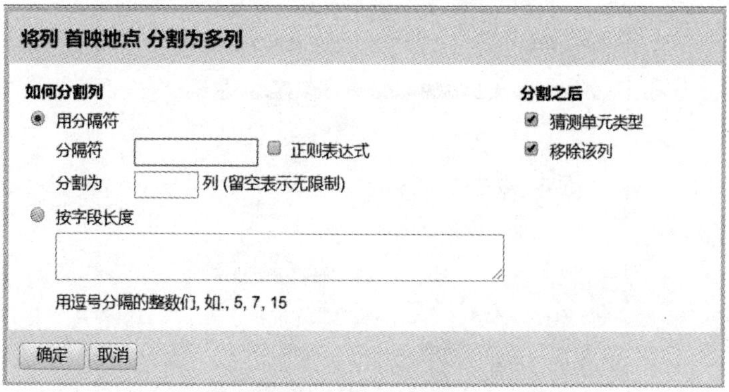

图 6.3.19　分割此列

"由此派生新列"是指根据现有的列生成新的列。例如，已有一列数据为十分制的电影评分，现要根据十分制评分生成百分制评分且保留原有数据列，则需要在框内输入表达式"value * 10"，预览选项卡中可以看到生成的新列的具体值，如图6.3.20所示。点击确定后即可生成新的列。

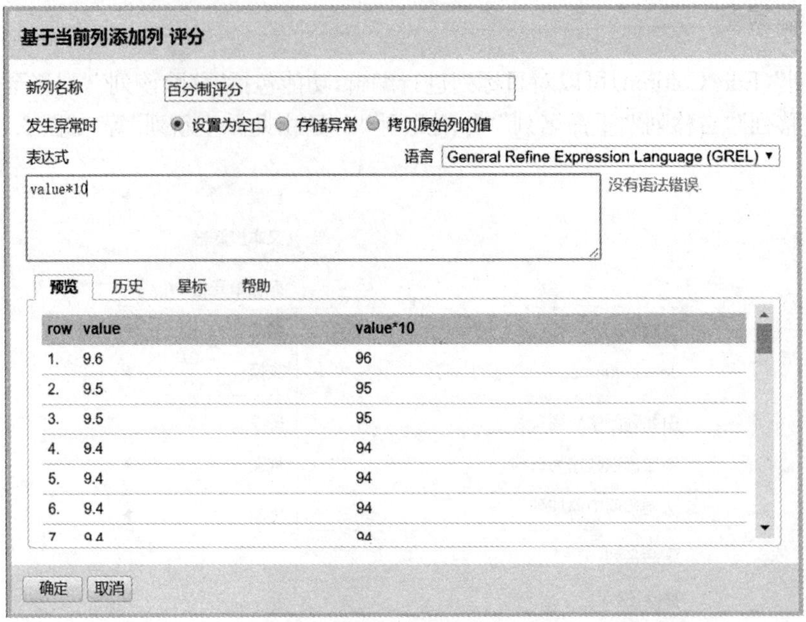

图 6.3.20　由此派生新列

（八）排序

排序（Sort）是查看数据较常见的操作之一。如图 6.3.21 所示，排序对话框的左侧可以选择不同的排序规则（如文本、数字、日期、布尔，设置大小写敏感），右侧则可以通过使用鼠标拖动模块来实现对合法值、错误值和空白值的排序，方便用户快速定位脏数据。对于排序后的列，可以选择重新排序、反转或不排序。

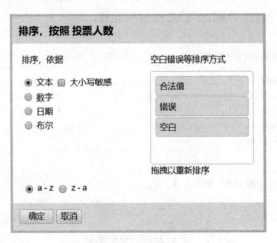

图 6.3.21　排序

（九）导出

当数据清洗完毕后，根据需要将数据导出（Export）为不同的格式。"导出"菜单位于主界面右上角，点击"导出"，如图 6.3.22 所示。

Open Refine 导出的项目为".tar"文件或".gz"文件,内含清洗后的数据,以及清洗的步骤,即数据变化历史。导入该文件的用户可以查阅数据清洗进度,甚至可以撤销一个或多个已操作步骤。这一点是利用 Excel 清洗数据时无法实现的。

Open Refine 也可以选择只导出数据,导出数据的格式包括以 tab 分隔的值、以逗号分隔的值、HTML 表格、Excel 和 ODF 电子表格。需要注意的是,如果使用过滤器,则仅导出匹配过滤规则的数据行和过滤器约束。

自定义表格导出器可以设置具体的导出内容,例如选择导出的列、是否导出空白行、是否输出列头等,如图 6.3.23 所示。

此外,Open Refine 可以通过函数和正则表达式实现更多数据清洗功能。正则表达式是对字符串进行操作的逻辑公式,通过该公式对原字符串进行过滤、筛选或提取指定部分。例如,Length(string s)函数的功能是返回字符串 s 的长度,Replace(string s, string f, string r)函数的功能是将字符串 s 中的一些字符替换为另一些字符。

想要利用 Open Refine 更加高效地清洗数据,就需要熟练掌握一些常用函数和表达式,《Using Open Refine》这本书中提供了更多的使用技巧,可供初学者参考①。

图 6.3.22 导出方式

图 6.3.23 自定义表格导出器

---

① Packtpub. Using OpenRefine[M/CD]. [2020-12-30]. https://www.packtpub.com/product/using-openrefine/9781783289080.

四、利用Excel调整数据类型和格式

Excel表格中的数据格式和类型在输入数据前就应该确保格式正确,否则后期进行数据分析时可能会产生错误。然而,我们在互联网上获得的一手数据常有可能会出现数据类型错误的情况。因此,数据清洗过程中或者数据分析之前应该确保所有数据都以其应有的类型和格式存储。

Excel中的数据可以分为以文本类型存储的数据(靠左对齐)以及以数字类型存储的数据(靠右对齐),常见的数据类型包括以下几种:

① 数值型:用以表示数字类型的数据,例如"123""12.3",数值型数据可以设置小数位数和使用千位分隔符。

② 货币型:用以表示货币的数据,与数值型类似,但货币型数据的前面会添加货币符号,例如"¥123"。

③ 日期型:用以表示日期的数据,有多种表示形式,例如"1991年5月11日""2021/4/20"。

④ 时间型:用以表示时间的数据,有多种表示形式,包括"2:30PM""15:20"。

⑤ 百分比:用以表示百分比的数据,例如"12%""3.5%",能够设置小数位数。

⑥ 文本:用以表示文本型数据,例如"学号""成绩"。

如上文所说,最理想的状态是在输入数据之前就设置好数据的类型,但对于现有数据,只能进行后期设置和修改。首先选中目标数据,单击"开始",点击"数字"组中的下拉菜单,点击相应的数据类型,如图6.3.24所示。

图 6.3.24 数据类型

单击"数字"组的对话框启动按钮,如图6.3.25所示,打开"设置单元格格式"对话框,可以对不同类型的数据进行详细的格式设置,如图6.3.26所示。

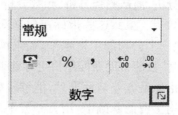

图 6.3.25　对话框启动按钮

图 6.3.26　设置单元格格式

第四节　数据分析的常用函数

数据新闻生产过程中的"数据分析"是指以新闻报道的目的为中心,通过恰当的统计方法和可行的分析手段,对数据进行收集汇总、加工处理并对有效数据进行分析,从而解读数据、发现问题、做出预测、帮助决策,最终为读者提供高质量的信息,实现数据价值的最大化。

当我们获得了一份经过清洗的数据,就可以对这份数据进行分析处理,通过不同的数据分析工具挖掘其潜藏价值。在所有数据分析工具中,Excel 的门槛最低,是最基础也是最常用的软件之一,其内置函数可以基本满足分析需求。本节将以 Excel 软件为例,介绍数据分析中的常用操作。

一、数据分析的类型

从现有的数据新闻作品来看,数据分析可以分为描述统计与推论统计。

描述性统计包括集中趋势分析、离散趋势分析、频数分析和交叉分析。集中趋势分析中常用到算术平均数、众数、中位数等。虽然这些指标在数据新闻中是最常见的统计量,但要使用得当并非易事。比如,反映一个公司的工资水平,如果仅仅用平均数来描述,则容易受到极端值的影响,补充众数和中位数能帮助新闻用户更好地理解该公司的工资水平。

离散趋势分析中最常见的指标是方差与标准差,能够较好地反映一组数据的偏离程度或者变异程度。在已知公司平均工资的基础上,用方差或平均差就可以描述该公司每个员工工资与平均工资之间的偏离程度。其他离散趋势分析的统计量包括极差、最大值、最小值、平均差等。

频数(Frequency),又称"次数",指变量值中代表某种特征的数(标志值)出现的次数,各组频数之和等于抽样数据的总数。通过频数分析能够了解数据的分布情况和分布特征。

交叉分析主要用于分析两个或两个以上分组变量之间的关系,通常采用交叉表的形式呈现各个类别数据的分布情况,以检验两个变量之间是否存在相关关系,例如媒体使用习惯和年龄之间的关系。

数据推论包括总体参数估计和假设检验。总体参数估计即通过现有样本数据推断总体的分布特征。假设检验是用来判断样本与样本、样本与总体的差异是由抽样误差引起还是本质差别造成的统计推断方法。

二、用 Excel 进行数据分析

(一) 统计函数

统计函数共有三个级别。第一级函数包括最常见的加减乘除四则运算,以及开平方函数"power"。

第二级函数包括求和函数、求平均函数、计数函数、求最大值函数和求最小值函数。在选取的单元格内输入第二级函数公式,用鼠标框选相应的数据范围后,按回车键即可获得计算结果。

求和函数公式为 SUM(number 1,[number 2]…),用以计算目标数据的总和,例如,要计算对电影评分的总人次,则在选取的单元格中输入"=SUM(C2:C38739)",按回车键显示求和结果。注意通过上下键选择函数,按"Tab"键确认函数。选择求和范围可以通过鼠标拖动选中"C2:C38739",也可以直接键入"C2:C38739"。另外,输入函数时,请注意切换至英文输入法。

求平均函数公式为 AVERAGRE(number 1,[number 2]…),用以计算算数平均值,例如,要计算电影评分的平均值,则在选取的单元格中输入"=AVERAGE(I2:I38739)"。

计数函数公式为 COUNT(value 1,[value 2]…),用以计算有数据的单元格的数量。

求最大值函数 MAX(number 1,[number 2]…)和求最小值函数 MIN(number 1,[number 2]…),用以计算所有数据中的最大值和最小值。

第三级函数包括求和函数、求平均函数和计数函数。

对指定条件的数据进行求和的函数公式为 SUMIF(range,criteria,[sum_range]),公式中的第一个参数是指定条件所在区域,第二个参数是指定条件,第三个参数是求和区域。例如,要计算为剧情片投票的观众人数,则在选取的单元格内输入"=SUMIF(D2:D38739,"剧情",C2:C38739)",如图6.4.1所示。如果对参数理解不够清晰,也可以打开参数面板进行操作,如图6.4.2所示。注意,在函数参数内键入文本时要添加英文输入法的双引号。

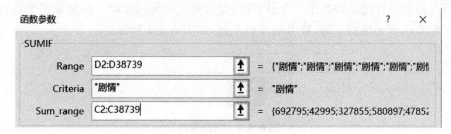

图 6.4.1 输入 SUMIF 函数

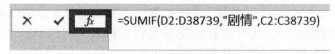

图 6.4.2 参数面板

如果是对多个指定条件的数据进行求和,即多条件求和,则对应函数SUMIFS(sum_range,criteria_range1,criteria1…),第一个参数"sum_range"表示求和区域,"criteria_range1"表示指定条件1所在区域,"criteria1"表示指定条件1,后面还可以添加更多的指定条件区域和指定条件。例如,需要计算为国产剧情片投票的总人数,则在指定区域输入"=SUMIFS(C2:C38739,E2:E38739,"中国",D2:D38739,"剧情")",如图6.4.3所示。

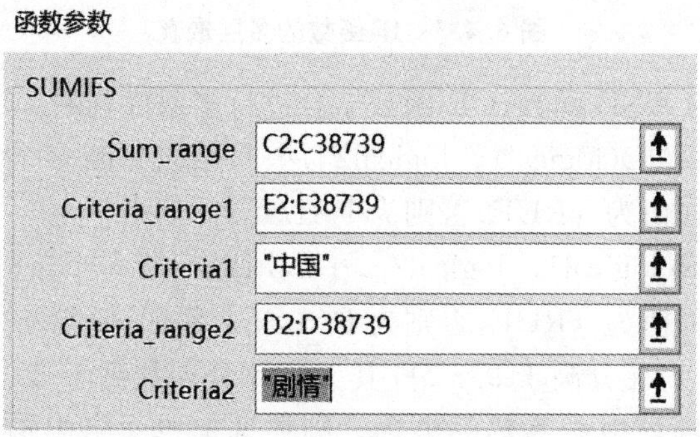

图 6.4.3 输入 SUMIFS 函数

对指定条件的数据求平均的函数公式为 AVERAGEIF(range,criteria,[average_range]),其参数和条件求和函数的参数类似。多条件求平均的函数公式为 AVERAGEIFS(average_range,criteria_range1,criteria1…)。其参数和多条件求和函数类似。

对指定条件的数据进行计数的函数公式为 COUNTIF(range,criteria),第一个参数是计数区域,第二个参数是指定条件。多条件计数的函数公式为 COUNTIFS(criteria_range1,criteria1…),第一个参数是指定条件所在区域,第二个参数是指定条件。

(二) 逻辑函数

If 函数是用来进行逻辑判断的函数,其公式是 IF(logical_test,[value_if_true],[value_if_false]),第一个参数表示逻辑判断的表达式,是任何可以被计算为 TRUE 或 FALSE 的表达式,第二个参数表示表达式被判断为 TRUE 后返回的值,第三个参数则是表达式被判断为FALSE后返回的值。例如,我们需要判断某部电影的评分是否高于9.5分,则在选定的单元格内输入"=IF(I2>9.5,"Y","N")"。以上操作只能判断一个单元格内的数据,如果要知道所有电影的评分是否高于9.5分,则需要从公式单元格开始下拉覆盖整个目标区域,或者用鼠标双击单元格右下角,就可填充整个列,如图6.4.4所示。

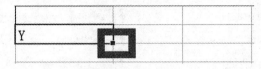

图 6.4.4　填充整列

通过IF函数的多层嵌套可以实现复杂判断。例如,要根据电影评分来判断电影的质量,将评分低于6分的电影判定为"差",高于或等于6分但低于8分的电影判定为"良",高于或等于8分的电影判定为"优",则在选定单元格内输入"=IF(I2<6,"差",IF(I2<8,"良","优"))",按回车键返回结果,如图6.4.5所示。

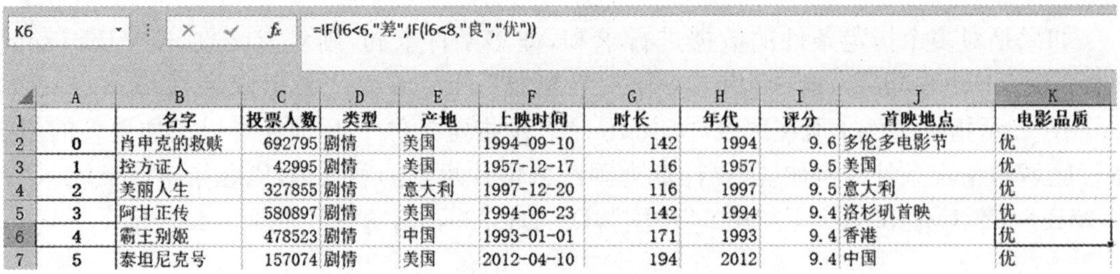

图 6.4.5　IF 函数的多层嵌套

IF 函数可以通过与 AND 函数、OR 函数结合进行多条件判断。

AND 函数公式为 AND(logical1,[logical2],…),用以判断多个条件是否同时成立,如果满足同时成立,则返回值为 TRUE,否则为 FALSE。

OR 函数公式为 OR(logical1,[logical2],…),用以判断多个条件中是否至少有一个条件成立,如果满足则返回值为 TRUE,否则为 FALSE。例如,要判断一部电影是否为热门电影,设定两个条件,其一为评分高于9.5分,其二为评分人数高于30万,规定只有同时满足这两个条件,才可以判断该电影为热门电影。则在选定单元格内输入:"=IF(AND(C5>300000,I5>9.5),"Y","N"),按回车键返回结果,如图6.4.6所示。

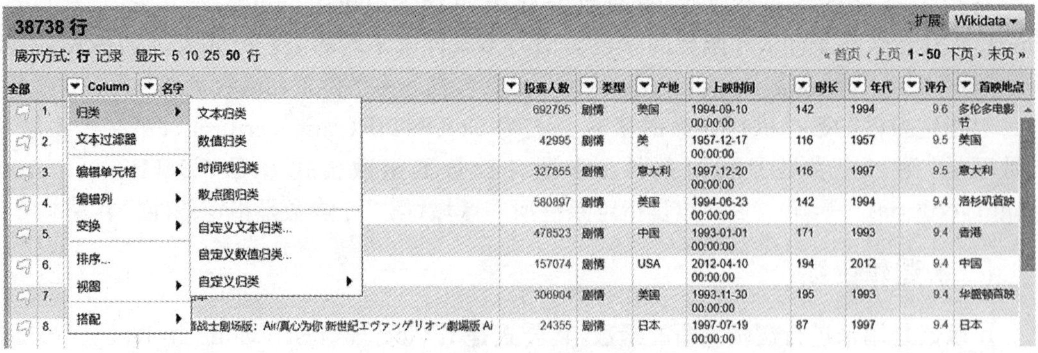

图 6.4.6　IF 函数和 AND 函数结合

最后介绍一下 IFERROR 函数。IFERROR 函数的公式为 IFERROR(value,value_if_error),第一个参数为检查是否存在错误的公式,第二个参数为错误产生后的返回值。在运用函数生成新列时,可能会存在计算错误,为了不影响后续计算,可以设定错误产生后的返回值。

(三) 查找引用函数

1. VLOOKUP 函数

查找引用函数是 EXCEL 软件中最重要的函数之一,它包含 VLOOKUP 函数、INDEX 函数、MATCH 函数和 INDIRECT 函数,其中最常用的是 VLOOKUP 函数。

VLOOKUP 函数可以对两张含有"共通字段"的表格进行检索,根据检索结果返回指定单元格内的数据,从而移动对应信息到另一张表格。其函数表达式为 VLOOKUP(lookup_value,table_array,col_index_num,[range_lookup]),第一个参数表示检索值,第二个参数表示检索区域(区域的第一列通常是共通字段),第三个参数表示返回值所在列,第四个参数表示返回类型,包括精准匹配(输入 0)、近似匹配(输入 1),多数情况输入"0"。

例如,我们分别获取了电影的时长和电影的上映年代两张表格,现在为了方便观察数据,需要将两张表格整合到一张表格内。如图 6.4.7、图 6.4.8 所示,我们观察到两张表格有"名字"这一共通字段,现在需要将表格 1 内的"时长"字段复制到表格 2 内。

1	名字	时长
2	肖申克的救赎	142
3	控方证人	116
4	美丽人生	116
5	阿甘正传	142
6	霸王别姬	171
7	泰坦尼克号	194
8	辛德勒的名单	195
9	新世纪福音战士剧场版:	87
10	银魂完结篇:直到永远	110
11	这个杀手不太冷	133
12	灿烂人生	366
13	疯狂动物城	109
14	福音战士新剧场版:破	108
15	海豚湾	92
16	回忆积木小屋 つみきの	12
17	机器人总动员	98
18	十二怒汉	96
19	旅行到宇宙边缘	90
20	父与女	60

图 6.4.7 表格 1

1	名字	年代
2	家园	2009
3	教父	1972
4	海豚湾	1994
5	父与女	2001
6	美丽人生	1994
7	阿甘正传	1957
8	控方证人	1993
9	霸王别姬	2003
10	灿烂人生	2016
11	城市之光	1931
12	大闹天宫	1961
13	盗梦空间	2010
14	十二怒汉	1957
15	疯狂动物城	2012
16	泰坦尼克号	1993
17	辛德勒的名单	1994
18	肖申克的救赎	1997
19	这个杀手不太冷	1997
20	新世纪福音战士剧场版:	2013

图 6.4.8 表格 2

如果按照人工查找的方式,首先会在表格 1 内找到名字为"家园"的电影,然后查看其时长,并将结果填写到表格 2 内。Excel 也是按照该逻辑自动匹配关联信息的。

我们在右边表格内"家园"这一行的第三个单元格内输入"=VLOOKUP(Sheet2!A2,Sheet1!＄A＄2:＄B＄32,2,0)",如图 6.4.9 所示,并双击该单元格的右下角进行填充,最终结果如图6.4.10所示。

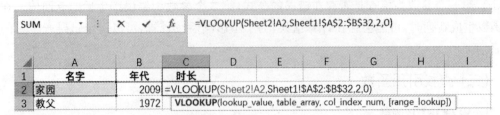

图6.4.9 输入 VLOOKUP 函数

图6.4.10 填充结果

Excel 中默认使用相对引用,如果公式所在单元格的位置改变,公式中引用的单元格也会随之改变。如果多行或多列地复制公式,引用也会自动调整。然而,我们在多行或多列覆盖公式时,可能会遇到希望固定列或者行的情况,这时候就需要根据具体情况为列或者行添加固定符号"＄",这种引用方式称作"混合引用",如果把行和列同时固定就称为"绝对引用"。

在运用查找引用函数时,有时会发现两张表格共通字段内的信息并不是完全一致的,不能一一对应。例如,表格2内的电影在表格1内找不到,函数无法查找并返回正确的信息,这时候就需要运用 IFERROR 函数来解决这一问题。我们可以在原公式的基础上外套一个 IFERROR 函数,将其修改为"＝IFERROR(VLOOKUP(Sheet2！A2,Sheet1！＄A＄2：＄B＄32,2,0),"NULL"))"。

HLOOKUP 函数和 VLOOKUP 函数的查找原理类似,最大的差别在于 HLOOKUP 函数是按行查找,适用于按行排列的字段。

2. MATCH 函数和 INDEX 函数

MATCH 函数可以查找目标内容在指定列中的位置,其公式为 MATCH(lookup_value,lookup_array,[match_type]),第一个参数为检索值,第二个参数为检索区域,第三个参数为返回类型,返回类型包括三种,输入"0"表示精确匹配,输入"－1"表示返回大于该查找值的最小数值在该组数据中的位置,输入"1"表示返回小于该查找值的最大数值在该组数据中的位置。

MATCH 函数通常与 INDEX 函数配合使用,来实现数据查找的目的。INDEX 函数可以返回指定区域内行列交叉处单元格内的数据,其公式为 INDEX(array,row_num,[column_num]),第一个参数表示检索区域,第二个参数表示行所在位置,第三个参数表示列所在位置。当你通过 MATCH 函数分别获取了行和列所在位置,即可通过 INDEX 函数获得行列交叉位置处的数据。

(四)数据透视表

Excel 类似于一个小型的数据库,当你通过各种函数生成新的字段,备齐"材料"后,就需要借助数据透视表的功能来汇总、分析和呈现数据结果。注意,在使用数据透视表之前,必

须确保原始数据的规范,否则可能会产生错误。检查主要包括以下几点:

① 所有的数据都存储在一张表格内,而不是多张表格;

② 表格中不应存在合并单元格;

③ 表格中不应存在空值;

④ 该表格是一维表格而不是二维表格;

⑤ 数据格式正确。

以上几点通过前几节的数据清洗和函数运用基本都可以实现,但我们还需要掌握一维表、二维表的相关知识,了解要确保表格是一维表的原因以及将二维表转换为一维表的方法。

1. 数据透视表的转换

一维表格和二维表格的最大区别是记录数据的方式不同,一维表格只有纵向一个维度,数据按照字段纵向存储,如图 6.4.11 所示。而二维表格分为纵向和横向两个维度,两个维度同时存储数据,如图 6.4.12 所示。二维表格更符合人的观察习惯,但不便于制作数据透视表。因此,需要将二维表转换为一维表。

	A	B	C
1	学号	学科	成绩
2	20204542001	语文	72
3	20204542001	数学	75
4	20204542001	英语	72
5	20204542002	语文	69
6	20204542002	数学	72
7	20204542002	英语	91
8	20204542003	语文	68
9	20204542003	数学	76
10	20204542003	英语	93
11	20204542004	语文	73
12	20204542004	数学	78
13	20204542004	英语	98
14	20204542005	语文	61
15	20204542005	数学	78
16	20204542005	英语	79
17	20204542006	语文	86
18	20204542006	数学	97
19	20204542006	英语	63
20	20204542007	语文	86

图 6.4.11 一维表

	学号	语文	数学	英语
1	学号	语文	数学	英语
2	20204542001	72	75	72
3	20204542002	69	72	91
4	20204542003	68	76	93
5	20204542004	73	78	98
6	20204542005	61	78	79
7	20204542006	86	97	63
8	20204542007	86	83	84
9	20204542008	95	91	81
10	20204542009	86	89	63
11	20204542010	73	62	83
12	20204542011	89	94	70
13	20204542012	79	60	96
14	20204542013	91	70	94
15	20204542014	86	88	67
16	20204542015	94	78	81
17	20204542016	77	84	64
18	20204542017	81	92	87
19	20204542018	95	76	68
20	20204542019	94	66	98

图 6.4.12 二维表

选择"文件"—"选项"—"自定义功能区"—下拉菜单选择"不在功能区中的命令"—选择"数据透视表和数据透视图向导"—"新建选项卡"—"添加"—"确定",如图 6.4.13 所示。

回到主页面,点击菜单栏中的"新建选项卡",打开"数据透视表和数据透视图向导"界面,选择"多重合并计算数据区域",点击"下一步",如图 6.4.14 所示。

图 6.4.13　添加数据透视表和数据透视图向导

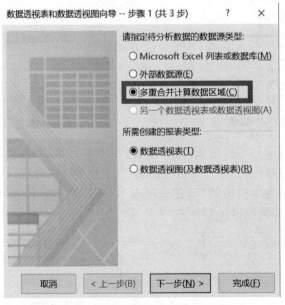

图 6.4.14　选择"多重合并计算数据区域"

选择"创建单页字段",点击"下一步",如图 6.4.15 所示。

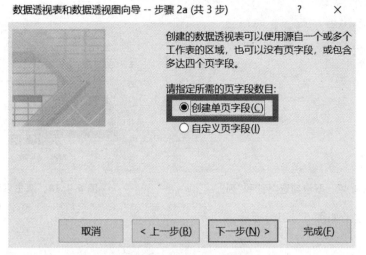

图 6.4.15　选择"创建单页字段"

用鼠标选择二维表区域,点击"下一步",如图 6.4.16 所示。

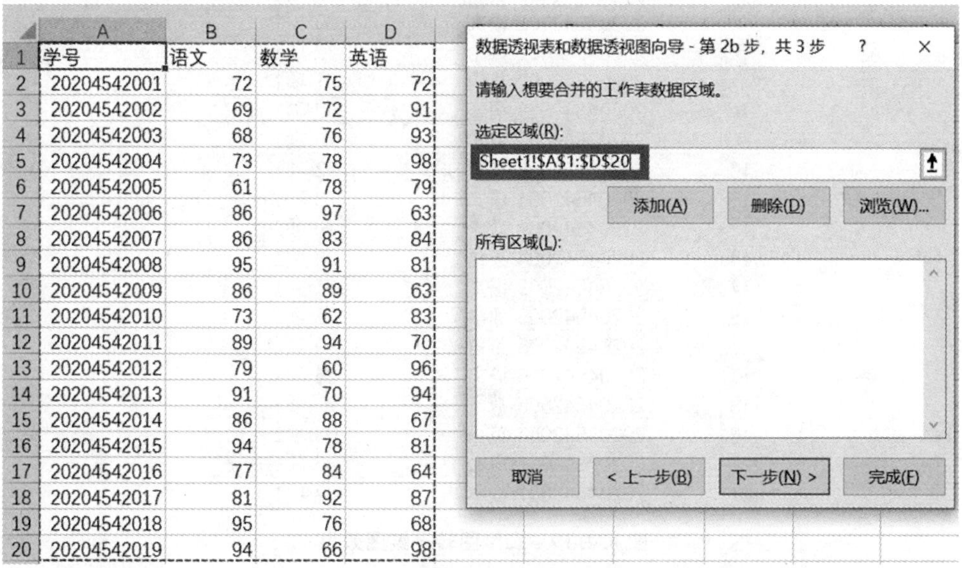

图 6.4.16　选择二维表区域

选择"新工作表",点击完成,此时已经生成了新的表格。对新表进行调整,取消勾选"行"和"列"复选框,在表格中双击求和项数值,如图 6.4.17、图 6.4.18 所示。

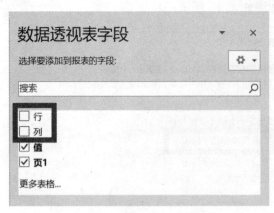

图 6.4.17 取消勾选"行"和"列"　　　　图 6.4.18 双击求和项

最后呈现效果如图 6.4.19 所示。

	A	B	C	D
1	行	列	值	页1
2	20204542001	语文	72	项1
3	20204542001	数学	75	项1
4	20204542001	英语	72	项1
5	20204542002	语文	69	项1
6	20204542002	数学	72	项1
7	20204542002	英语	91	项1
8	20204542003	语文	68	项1
9	20204542003	数学	76	项1
10	20204542003	英语	93	项1
11	20204542004	语文	73	项1
12	20204542004	数学	78	项1
13	20204542004	英语	98	项1
14	20204542005	语文	61	项1
15	20204542005	数学	78	项1
16	20204542005	英语	79	项1
17	20204542006	语文	86	项1
18	20204542006	数学	97	项1
19	20204542006	英语	63	项1
20	20204542007	语文	86	项1
21	20204542007	数学	83	项1

图 6.4.19 二维图转一维图效果

2. 建立数据透视表

在原始数据表中,点击"插入"－"数据透视表",出现如图 6.4.20 所示对话框。这里需要注意的是,第一个框内是选定所分析数据的区域,要涵盖所有要分析的数据,第二个框内是选择放置数据透视表的位置,如果数据透视表内容较多建议选择新工作表,反之默认选择现有工作表,可通过鼠标在现有工作表内选择插入透视表的具体位置,最后点击确定。

3. 字段布局

通过上述步骤,我们成功建立了一张数据透视表,但透视表内呈现的内容还需要通过字段设计来挑选,以从不同角度展现数据。

如图 6.4.21 所示,数据透视表字段设置框共有五个参数,分别是:

① 字段列表：所有原数据表中的字段都会存放在列表中；
② 行区域：被拖放其中的字段会纵向罗列数据；
③ 列区域：被拖放其中的字段会横向罗列数据；
④ 值区域：用以统计汇总数据；
⑤ 筛选器：根据需要筛选字段中的内容。

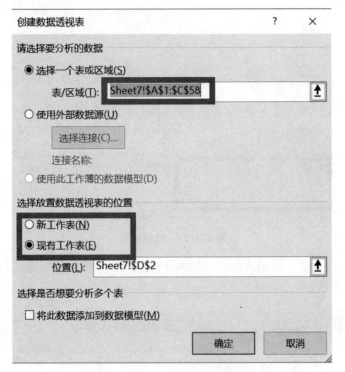

图 6.4.20　插入数据透视表

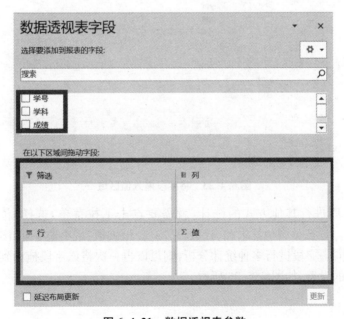

图 6.4.21　数据透视表参数

以学生成绩为例，字段布局一共分为两个步骤，首先通过鼠标将目标字段拖拽到下方区域，如图6.4.22所示。如果要移除字段，用相同的方式将目标字段拖拽出区域即可。

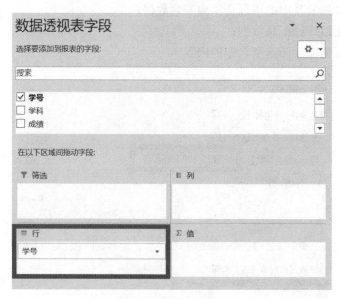

图 6.4.22 拖拽参数

其次，设置字段的值。被拖入"值"区域的字段能够以不同的方式被统计，默认统计值为和，如图6.4.23所示。

行标签	数学	英语	语文	总计
20204542001	75	72	72	219
20204542002	72	91	69	232
20204542003	76	93	68	237
20204542004	78	98	73	249
20204542005	78	79	61	218
20204542006	97	63	86	246
20204542007	83	84	86	253
20204542008	91	81	95	267
20204542009	89	63	86	238
20204542010	62	83	73	218
20204542011	94	70	89	253
20204542012	60	96	79	235
20204542013	70	94	91	255
20204542014	88	67	86	241
20204542015	78	81	94	253
20204542016	84	64	77	225
20204542017	92	87	81	260
20204542018	76	68	95	239
20204542019	66	98	94	258
总计	1509	1532	1555	4596

图 6.4.23 将字段拖入值区域

如果要对字段进行其他方式的统计，就需要点击下拉菜单，选择"值字段设置"，如图6.4.24所示。计算类型包括求和、计数、平均值、最大值、最小值等，如图6.4.25所示。

如果需要对同一字段进行多种统计分析，则可以再一次将该字段拖动到"值"区域，进行不同"计算类型"的设置，如图6.4.26所示。

图 6.4.24 值字段设置

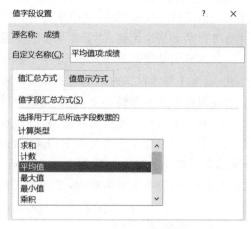

图 6.4.25 计算类型

图 6.4.26 多个值字段设置

数据透视表可以通过筛选器对字段进行筛选,例如只想呈现"语文成绩",则将"学科"拖动到筛选器内,此时主页面表格的上方会出现一个下拉菜单,点击即可选择需要呈现的科目"语文",如图 6.4.27 所示。

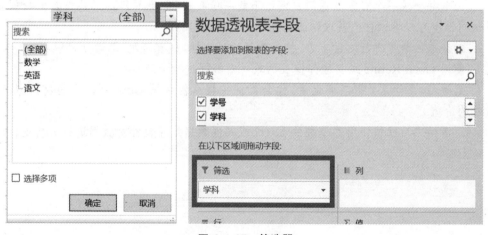

图 6.4.27 筛选器

本章小结

这是一个靠数据驱动的时代,数据决定了很多产业的未来,新闻业也不例外。为了迎头赶上这个时代带来的数据红利,越来越多的人开始学习数据分析,虽然有可能被复杂的软件劝退,或者被数理统计知识难倒,甚至仅仅因为无法找到获取初始数据的途径,就在迈向数据新闻的道路上踟蹰不前。"千里之行,始于足下",即使只会使用最基础的处理软件Excel,你也可以从数据中挖掘出"饕餮盛宴",只要你善于观察、勤于思考。

本章我们从理解数据入手,介绍了数据的内涵和类型,以及如何实现非结构化数据的数字化,从而了解了数据的本质及其价值。对于数据新闻来说,规范的、高质量的,甚至独家的数据是新闻生产的关键一步,但是无论面对多珍贵的数据,都不可忽视对原始数据的质量分析和数据审查。面对庞大的数据集,借助合适的工具可以在清洗和分析数据时获得事半功倍的效果。书中介绍了如何使用Open Refine快速高效地对脏数据进行清洗,以及如何使用Excel软件实现基础的数据分析。但是,现有软件五花八门,各有特点,要想提高自己处理数据、利用数据、分析数据的能力,还需要花费更多时间和精力去掌握这些工具。同时,对于数据清洗和分析的学习,仅仅掌握理论是远远不够的,还需要在具体实践和操作中不断练习和尝试,在试错中获得提升。

注:本章所用到的数据集以百度网盘形式分享,请按需下载,进行练习。

扫码下载:第六章操作数据集

◆ **实操任务**

1. 选取并登录一个官方数据门户网站下载一份数据,会使用爬虫工具或其他数据获取工具的同学也可以尝试自己获取网络数据。

2. 对获取的数据进行质量审查,核查数据的可靠性,如有问题,思考如何解决。

3. 使用Open Refine或其他你擅长的软件对数据进行清洗。

4. 思考:如果你是数据新闻记者,你会如何挖掘这份数据,如何分析这些数据,从而实现数据的价值。

5. 思考结束后就快使用你掌握的Excel或其他数据处理软件对数据进行分析吧!

第七章 数据可视化

数据可视化是数据新闻的一种重要呈现形式,一个好的数据新闻作品,不能只是数据的堆砌,通过可视化软件来对数据进行直观展示,能对数据的分析、信息的展示和传播起到助推作用。近年来,数据可视化这个概念受到了广泛关注。

第一节 数据可视化原则与工具

一、数据可视化简介

(一)数据可视化的定义

"可视化"这个概念在几个世纪前就出现了,尽管不是一个新鲜的概念,但对于"数据可视化"的定义,业界至今尚无定论。在维基百科中,数据可视化被定义为:Data visualization is the creation and study of the visual representation of data。可视化用于信息的展示、数据的分析和传播。数据可视化是为了将数据进行更好的视觉呈现,它创建并研究数据的视觉表达,输入是数据,输出是各种视觉形式,其目的是探索、分析、展示和传播数据,可以让读者加深印象,减轻大脑工作负荷。

可视化能帮我们理解数据,为数据的呈现、探索,信息的发现和交流提供途径。合理的数据可视化可以帮助我们理解、分析数据中的一些奥秘,具体到新闻领域,越来越多的新闻机构开始重视可视化在新闻中的应用。如英国的《卫报》、美国的《纽约时报》,国内的财新网"数字说"、澎湃新闻的"美数课"等,都生产出了一批优秀的可视化新闻作品。

(二)数据可视化的类型

数据新闻具有不同的表现形式,不是所有的数据新闻都适合或者需要运用数据可视化,数据可视化只是其中的形式之一。在判断是否要做可视化时,一个关键的标准就是能否通过可视化得到有价值的信息。在此基础上还需要有足够的数据量支撑,才适合做可视化。

本小节将展示三种常见类型:静态信息图、动态可视化和交互可视化。

1. 静态信息图

数据可视化在诞生之初就是以静态信息图的方式呈现的,日常生活中的股市行情图、旅游标识图、产品说明书等都属于信息图的范畴。在新闻应用中,特别是报刊等平面媒体,经常出现静态信息图的内容,如《广州日报》的"数读"等。由于这种可视化涉及的技术门槛较低,除了报刊媒体,国内网站的数据新闻栏目也多以静态信息图的形式展现,静态信息图制作时间短、投入相对较低,比较适合媒体推广。

2. 动态可视化

动态可视化是指视觉元素由不同的画面组接而成,从而可以形成动态影像。动态可视化更容易将用户带入情景,可以在一定程度上增加画面的场景化。常见的动态可视化有GIF动态图片、动态图表、动画新闻等。当前在国内外,短视频和动画都受到用户的追捧,一些动态的数据新闻往往能获得更高的关注度,从而使得动态的新闻生产越来越火热。

3. 交互可视化

"交互式设计"(Interaction Design)的概念源自20世纪80年代中期,逐渐成为一个业界新兴的呈现方式。交互式设计为网络新闻报道的呈现提供了一种新的思路,可以在报道中提升用户体验,使得新闻内容更加个性化、定制化,受众也会有更强的参与感,更易于接受数据新闻的内容。

数据新闻中应用交互可视化的优缺点见表7.1.1。

表 7.1.1　数据新闻中应用交互可视化的优缺点

优点	缺点
过滤和简化信息	不是所有数据新闻都需要交互式设计
便于用户对数据进行探索	交互可视化设计的门槛较高

二、数据可视化的原则

数据可视化不是随意而为的,为保证作品质量,有以下几条原则需要遵循。

(一) 目标先行原则

要想实现数据可视化,明确目标是第一个步骤。

在开展可视化各项工作之前,首先应确定一个目标,然后据此来分析数据。数据新闻制作团队应该明确如下问题:选题中哪些部分是适合用可视化方法来呈现的,团队想表现哪些数据,最关键的部分是哪些,哪些数据和用户相关,如何通过可视化的方式使得用户获得他们所需的最关键信息。

大体量的数据固然可以为我们的新闻可视化提供丰富的素材,但是并不是所有的素材都适合于可视化生产,在这个过程中要根据目标进行有选择性的取舍,过滤掉不必要的冗余数据,来保证数据的质量和使用率。数据到手之后我们需要确定要检索的数据目录,掌握基本的分类,同时确定筛选的标准。目标先行原则可以保证作品有指向性,不偏离叙事中心。

(二) 根据数据类型匹配适宜的可视化模式

在可视化领域,有一些经过行业多年摸索而形成的规律,不同的数据类型需要合适的可视化模式来展现数据特征,设计者需要对这些模式有所了解,才能在此基础上保证数据传达的准确性。比如,针对时序数据、空间数据和文本数据等类型分别有不同的可视化模式。

(三) 辨识度排序原则

数据图表的元素都需要呈现对比,但是不同的元素在对比的精确度上存在着明显的差异,在读者那里就表现为读者需要花多长时间才能感知辨识。例如,对颜色差异的识别要快于形状差异,对一维事物的计量要易于对面积等的计量。

总之,在数据可视化设计的过程中,选择位置、长度、角度、面积、颜色中的哪一个来表现数据分布,取决于你的目的,要根据目的,选择最有辨识度的表达形式。

以配色技巧为例,在数据图表中合理运用色彩将有助于我们更好地表达信息,此外它们还关乎一张图表的"颜值"。好的图表配色既能和内容主题贴合,也能让读者悦目。如果你对色彩搭配了解不多,也有一些现成的配色小工具给你提供配色方案。

1. Color Advice for Maps

该网站可以提供专业的在线配色方案,自带多色调和单色调的配色方案,进行热点图、地图配色时,可以在这个网站找到不错的方案。如图 7.1.1 所示。

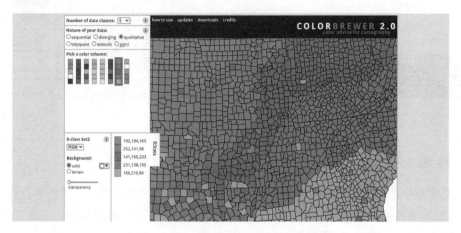

图 7.1.1　Color Advice for Maps 官网①

2. Colorpicker for data

该工具适合于渐变配色,可以通过拖动页面中的两个圆圈取色,来获得两球之间的渐变色。如图 7.1.2 所示。

图 7.1.2　Colorpicker for data 官网②

---

① 图片来源:https://tidyfriday.cn/colors/#type=qualitative&scheme=Set2&n=5.
② 图片来源:http://tristen.ca/hcl-picker/#/hlc/6/1/15534C/E2E062.

3. Color Hunt

该网站呈现了不同的配色方案,选择你喜欢的,将鼠标移动到色块上就能得到其色彩编码,直接在 AI、PS 等作图工具中输入编码就能得到颜色。如图 7.1.3 所示。

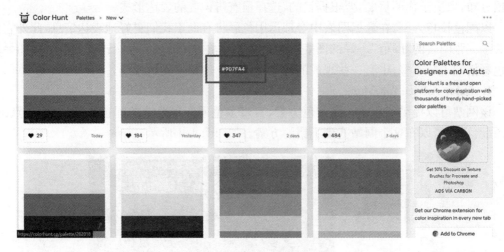

图 7.1.3 Color Hunt 官网①

(四)图表要有侧重

数据新闻中的图表,应该能够让读者最快速地提取到最重要的信息,因此要让图表有所侧重,突出最重要的数据部分,事无巨细、追求绝对完整的数据可视化不是数据新闻的要求,通过可视化提取和传递出重要的新闻信息才是首要目的。

(五)整体要有一条清晰的视觉运动线路

普通新闻稿是通过文字叙述向读者展示逻辑线,而在可视化设计中就需要呈现给读者一条清晰的视觉运动线路。当一个数据可视化方案包含多种图表时,不仅需要突出重点,还需要给读者提供一套有阅读顺序暗示的清晰视觉运动路线,只有如此,观众在面临多种图表时才不会混乱,避免漏掉重要信息。

在可视化作品的设计过程中,要整体把控版面占比、视觉流程、内容分布等要素,需要在制作之前整体考量,从而设计出一条导读性清晰的阅读路线,使得整个视觉逻辑有一种舒适的整体感。

三、数据可视化的工具

目前可用于数据可视化的工具五花八门,但是适合的才是最好的。要根据需要达成的目标来进行工具选择,同时还应考虑自己对工具的掌握程度。

本小节主要对不同层级的可视化工具进行简介,分为入门级、进阶级和高级三个层次,可以为今后系统学习可视化工具提供一个由易到难的参考。

---

① https://colorhunt.co/.

(一) 入门级工具

1. Excel

Excel 是一个入门级的数据可视化工具,拥有制作所有基础图表的能力,例如条形图、直方图、堆积图、折线图、饼图、散点图以及组合图形等。同时,Excel 也是数据新闻工作者必须掌握的数据分析、数据清洗和数据处理的最常用工具,包括清理重复记录、使用函数删除多余空格、转换数据类型、分类汇总等功能。

2. 图片、音频、视频编辑工具

Adobe Illustrator(AI)和 Photoshop(PS)是 Adobe 公司推出的两款与制图处理相关的软件,两者最主要的区别在于 AI 是矢量图形设计,而 PS 是像素图像设计。矢量图无论放大多少倍,图片边缘仍然清晰光滑,而像素图像放大到一定程度后会变模糊,因此首推使用 AI 来制作数据图表。除了图片编辑工具,作为数据新闻工作者还应掌握音视频编辑工具,如音频编辑 Audacity、Audition,视频编辑 Adobe Premiere 等。

(二) 进阶级工具

数据新闻区别于传统新闻的一大特点就是交互性和参与性,交互不仅能够比静态图表容纳更多的信息,还能让读者获得一部分选择阅读的权利。进阶级工具能够达到更高一级的可视化目标,除了静态图表,还能制作动态和交互图表,且不需要写代码,一些在线或者桌面数据分析工具都能完成这一要求。制作交互图表有很多工具,本小节主要介绍几款应用,门槛不高,适合进阶学习。

1. 镝数图表

镝数图表是一款功能强大的免费在线数据可视化工具,输入数据即可一键生成可视化视频、网页交互图表制作,数据动图、矢量图表、信息图表;支持包括词云图、桑基图、玫瑰图、河流图、雷达图等近 100 种图表种类;提供上千种可视化模板。在镝数图表中,可轻松实现不同场景的可视化设计。镝数图表官网如图 7.1.4 所示。

图 7.1.4 镝数图表官网[①]

---

① 图片来源:https://dycharts.com/appv2/#/pages/home/index.

2. SPSS

数据分析工具 SPSS,是一个非常方便的统计软件,导入相关数据后,通过内置的各类统计公式,可以对数据进行统计分析,并能够将计算结果以统计图表的形式来展示。如图 7.1.5 所示。

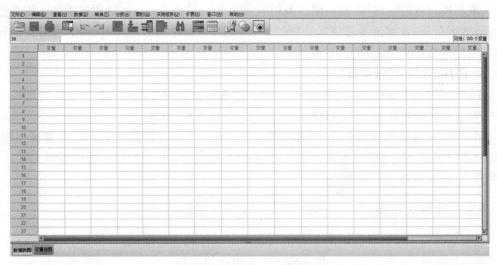

图 7.1.5　SPSS 工作界面

3. Tableau

Tableau 不仅是一款可视化软件,还是一个强大的可视化分析工具,内部包含大量的图表类型,且可以呈现一定的交互效果。如图 7.1.6 所示。

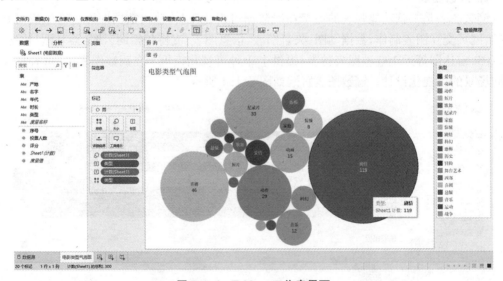

图 7.1.6　Tableau 工作表界面

(三) 高级工具

使用高级可视化工具需要制作者具有良好的计算机基础,已掌握基本的网页设计开发技术,具备编程能力,如 HTML5、CSS、JAVASCRIPT 等,对于初学者来说具有挑战性,可做了解。

1. ECharts

ECharts 是 Enterprise Charts 的缩写,是商业级数据图表,是百度出品的一款开源数据可视化 Java Script 库,底层用的是 Java Script 封装,所以可以在网页 HTML 中嵌入 ECharts 代码显示交互式信息图表。最初是为了满足百度公司各种业务系统的报表要求。ECharts 开源(即开放源代码)来自百度商业前端数据可视化团队,基于 HTML 5 Canvas,是一个纯 JavaScript 图表库,在制作数据可视化图表时具有较高的灵活性。其优势在于能够通过简单的代码修改或编写,生成定制的可视化图表。

通过 ECharts 可以向网页中添加直观、动态和定制化的图表。ECharts 提供常见的如折线图、柱状图、散点图、饼图等图表类型,还提供用于地理数据可视化的地图、热力图、线图,用于关系数据可视化的关系图 Treemap,用于多维数据可视化的平行坐标,以及用于 Power Bi 的漏斗图、仪表板,并且支持图与图之间的混搭。

ECharts 也向零基础使用者提供了使用方法介绍,在其官网的"文档"下拉菜单中可找到教程。如图 7.1.7 所示。

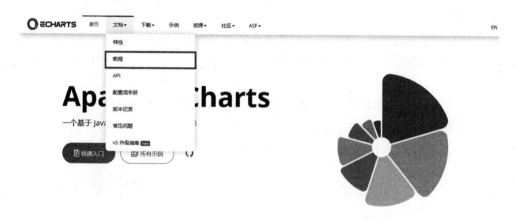

图 7.1.7　ECharts 官网①

2. D3

D3(Data Driven Documents)是支持 SVG 渲染的另一种 Javascript 库,也是一款开源数据可视化库,作为一款网页前端数据可视化工具,它将数据在网页端映射出来,并表现为我们需要的图形。Java Script 是一种直译式脚本语言,D3.js 是一个可以通过数据来操作文档的 Javascript 库,从而很方便地制作生动、交互的动态图表和动态网页地图等。它是由 Mike Bostock 开发的可视化框架,其最大特点就是能够把数据和文档对象模型(DOM)结合,从而实现对文档进行由数据驱动的操作和交互。

和 ECharts 相比,D3 的更高自由度使得它的语言太底层,学习成本高;而 ECharts 的每个类型图表代码都是封装好的,可以直接调用。选择哪一个库取决于你想达到的可视化目标以及对于工具的熟练程度。D3 官网如图 7.1.8 所示。

---

① 图片来源:https://echarts.apache.org/zh/index.html。

图 7.1.8　D3 官网①

3. R 语言

R 语言是用于统计分析、制图的语言和操作环境，数据新闻经常使用 R 语言进行统计计算、数据分析和统计制图。R 语言官网如图 7.1.9 所示。

图 7.1.9　R 语言官网②

以上只是对高级可视化工具做了简介，具体操作方法还需参考官网或其他教程。

---

① 图片来源：https://d3js.org/.
② 图片来源：https://www.r-project.org/.

第二节　Tableau 可视化基础

Tableau 是一款简单易上手的可视化工具,导入数据集后,通过简单的拖拽便能够生成相应的可视化图表,这款软件适用于 Windows、Mac 等不同的操作系统,下载地址是 https://www.tableau.com/。Tableau 的优势在于,不用编写自定义代码,新的控制台也可以完全自定义配置。在控制台上,不仅能够监测信息,而且还能提供完整的分析能力,并具有动态特性[①]。

Tableau 具有不同版本,具体信息如下:
① Tableau Server 是面向企业的版本,费用非常高。
② Tableau Online 是 Tableau Server 软件和服务的托管版本。
③ Tableau Desktop 和 Tableau Public 是个人用户使用较多的两个版本。
④ Tableau Reader 版本是一款完全免费的软件,用于打开和读取 Tableau 其他版本的数据和作品。

不同版本的 Tableau 功能有所不同,Desktop 版本功能相对较全,但只有 14 天的试用期,建议初学者先使用 Tableau Public 版本进行学习,虽然在可视化图形的样式和功能上有所局限,但能够满足练习的基本需求,本小节的讲解也是在 Tableau Public 版本之上进行的。

一、Tableau 界面介绍

跟随安装向导安装软件后,桌面会出现 Tableau Public 的快捷键图标,点击图标打开软件界面。左侧一栏是"连接",这个功能相当于导入数据,可连接的数据类型包括 excel、txt、access、json 文件等,也可连接到 MySQL 数据库。

(一) 数据导入界面

数据导入页面即打开 Tableau 时看到的第一个界面,是起始界面,如图 7.2.1 所示。该界面最重要的功能就是连接文件,可以连接本地文件和服务器文件两种类型,本书练习均以导入本地文件中的 Microsoft Excel 文件为例。

(二) 数据源界面

使用 Excel 数据表"酒店数据"做练习,如图 7.2.2 所示。将左侧"工作表"栏目中的"酒店数据"拖入中间的指示位置,工作表即在页面上显示出来,可以看到,表格中的各项均是以字符串的形式显示的。

注:① 转到工作表:点击此处,进入工作表界面。
② 新建工作表:Tableau 允许用户生成多个工作表,只需要点击该图标即可。
③ 新建仪表板:仪表板是多个工作表的集合。

---

① 参见 Tableau 官方网站介绍。

④ 新建故事:故事是多个仪表板的集合。

图 7.2.1　Tableau 数据导入界面

图 7.2.2　Tableau 数据源界面

(三) 工作表界面

Tableau 具有和 Excel 类似的工作表和工作簿文件结构。一个工作簿包含了一个或多个不同类型的工作表,如工作表(也称视图)、仪表板或故事。

点击进入工作表后,可以看到页面左侧的"数据"栏下分为两个部分,一个是"维度",另一个是"度量"。如图 7.2.3 所示。

注:① 维度:显示所有的项目,代表类别,大多数情况下是字符串的项目。
② 度量:仅显示可以度量的项目,代表数值,即不包含字符串的部分。
③ 页面:用于做动图。

④ 筛选器：筛选用于分析的数据。
⑤ 标记：选择图的类型。

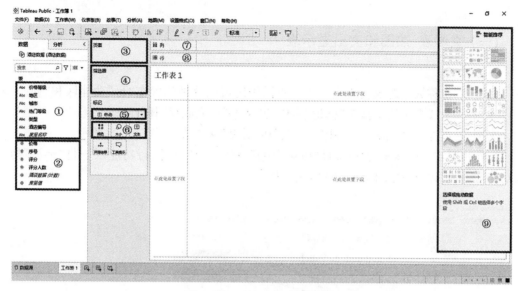

图 7.2.3　Tableau 工作表界面

⑥ 颜色、大小、文本：对图中数据进行处理。
⑦ 列功能区：对应工作表的横轴。
⑧ 行功能区：对应工作表的纵轴。
⑨ 智能推荐：根据所选数据智能推荐最合适的图表表现形式，当没有数值进入中间的操作区时，该区域为灰色。

根据需求，我们可以在这个页面上改变表格数据项的属性。例如，点击城市一栏的下拉小箭头，将其改为"地理角色"中的"城市"，确定后，此处的图标变为一个小地球。同理，还可将内容改为数字或其他属性。如图 7.2.4 所示。

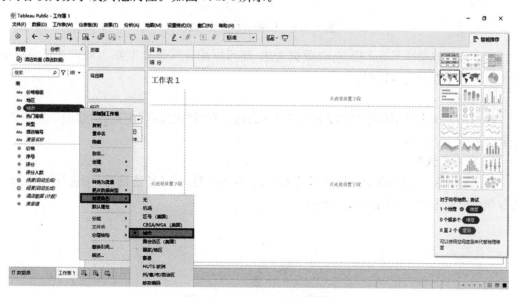

图 7.2.4　Tableau 工作表界面

二、基础数据图表

（一）文本表、热图和突出显示表

1. 文本表

文本表，也称数据透视表或交叉表。不同维度可以分别放置在"行"功能区和"列"功能区，然后将一个或多个度量拖至"标记"卡中的"文本"来完成视图创建。

案例一：选择"电影数据"[①]，制作"产地"和"类型"文本表，如图 7.2.5 所示。

操作步骤：打开 Excel 表格文件"电影数据"→将"产地"拖至行功能区→将"类型"拖至列功能区→将"评分"拖至标记卡的"文本"上。

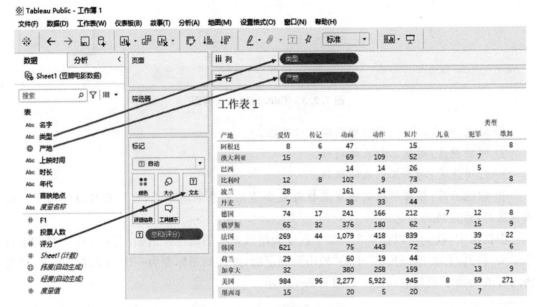

图 7.2.5　Tableau 制作文本表

文本表的效果和 Excel 相似，以数据为主，还可以配合其他类型图表放置在仪表板中，方便用户从中查看具体数据。

2. 热图

热图用方块表示所选项目的大小、多少和高低。在"智能推荐"中选择"热图"，即可自动生成。如图 7.2.6 所示。

3. 突出显示表

突出显示表用颜色表示所选项目的大小、多少和高低。在"智能推荐"中选择"突出显示表"，即可自动生成。如图 7.2.7 所示。

---

① 本章所有数据集均为演示所用，不代表实际情况。

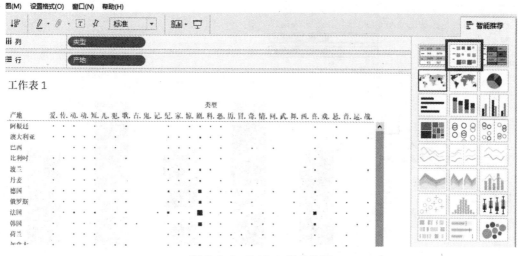

图 7.2.6　Tableau 制作热图

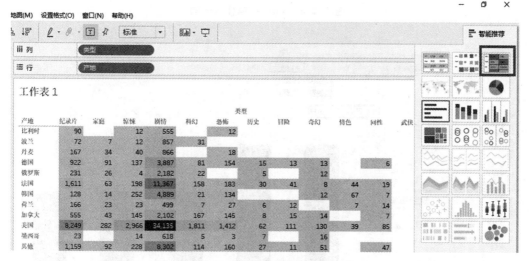

图 7.2.7　Tableau 制作突出显示表

（二）条形图和堆积图

1. 条形图

条形图是应用最广泛的图表类型之一，尤其适合在不同类别之间进行数据比较。如图 7.2.8 所示。

案例二：选择"酒店数据"，制作"地区"和"数量"条形图，如图 7.2.9 所示。

操作步骤：打开 Excel 表格文件"酒店数据"→将"酒店数据（计数）"拖至行功能区→将"地区"拖至列功能区→将"酒店数据（计数）"拖至标记卡的"标签"上。

要想数据图简洁美观，可通过以下项目对数据图进行调整：

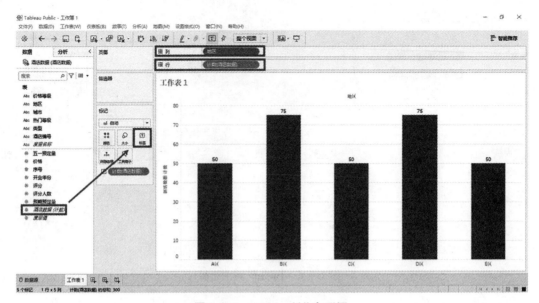

图 7.2.8 Tableau 制作条形图

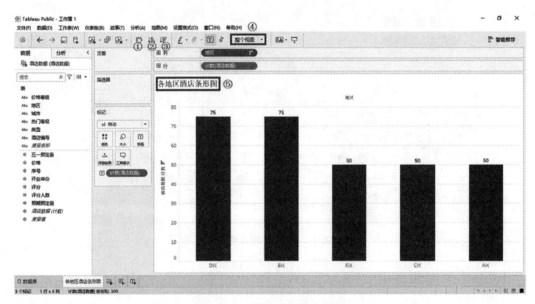

图 7.2.9 Tableau 制作条形图

① 交换行和列；
② 按升序进行排序；
③ 按降序进行排序；
④ 调整页面视图，一般设置为"整个视图"；
⑤ 双击修改数据图名称。

2. 堆积图

堆积图是在条形图的基础上，显示单个项目与整体之间的关系。

案例三：选择"酒店数据"，制作价格等级堆积图，如图 7.2.10 所示。

操作步骤：在条形图操作基础上→将"价格等级"拖至标记卡的"颜色"上。

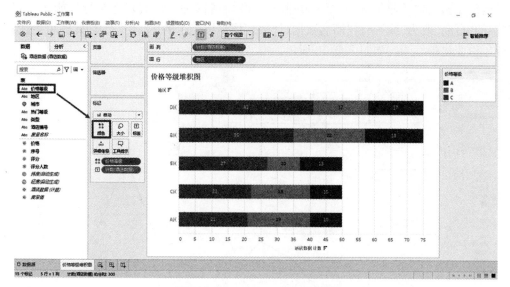

图 7.2.10　Tableau 制作堆积图

结果可显示单个条形图内部的构成情况,蓝色代表 A 等级,橙色代表 B 等级,红色代表 C 等级。

需要注意的是,条形图属于"比较"类型的图,堆积图属于"构成"类型的图。

(三) 线图

线图(又称折线图)是用线条连接各数据点,可以直观显示一系列数值随时间变化的趋势,或者预测未来数值。

案例四:选择"酒店数据",制作酒店开业年份变化折线图。

操作步骤:打开 Excel 表格文件"酒店数据"→点击"开业年份"一栏的下拉小箭头,将其转换为维度。如图 7.2.11 所示。

图 7.2.11　Tableau 制作线图(一)

操作步骤:将"开业年份"拖至列功能区→将"酒店数据(计数)"拖至行功能区→将"标记"中的"自动"改为"线"→将"酒店数据(计数)"拖至标记卡的"文本"上,如此便可生成酒店开业年份变化折线图。如图 7.2.12 所示。

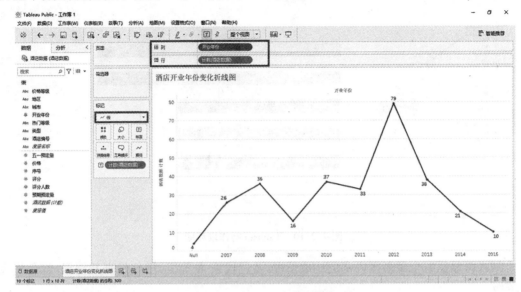

图 7.2.12　Tableau 制作线图(二)

需要注意的是(图 7.2.13):①处为行名称,可以自定义修改;②处 Null 为空值,可予以排除。

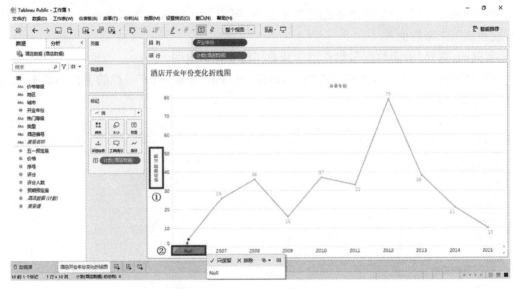

图 7.2.13　Tableau 制作线图(三)

(四) 饼图

饼图可以直观显示各部分的比例,尤其适用于分组较少的情况(如性别分为男女两个类别)。

案例五:选择"酒店数据",制作酒店价格等级饼图。

制作饼图的方法有两种：

方法一：将"价格等级"拖入"列"→将"酒店数据（计数）"拖入"行"→在"智能推荐"中选择饼图。如图 7.2.14 所示。

方法二：首先在"标记"中选择"饼图"→将"价格等级"拖入"颜色"→将"酒店数据（计数）"拖入"大小"。如图 7.2.15 所示。

基础图做好后，将"价格等级"和"酒店数据（计数）"拖入"标签"，可得到显示总数的饼图。但是饼图一般显示为百分比，因此右键"计数（酒店数据）"，在快速表计算中选择"合计百分比"，可得到显示百分比的饼图。

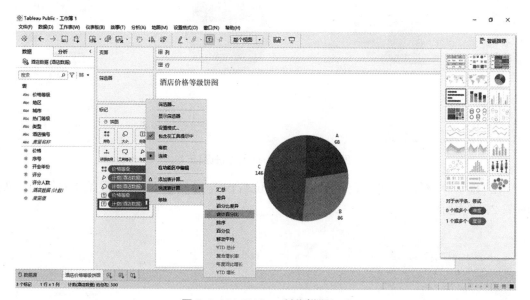

图 7.2.14　Tableau 制作饼图（一）

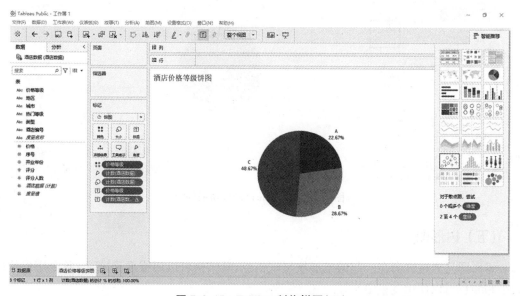

图 7.2.15　Tableau 制作饼图（二）

由于显示的百分比为小数点后两位，为了更加直观，可右键"计数（酒店数据）"，选择"设置格式"。如图 7.2.16 所示。

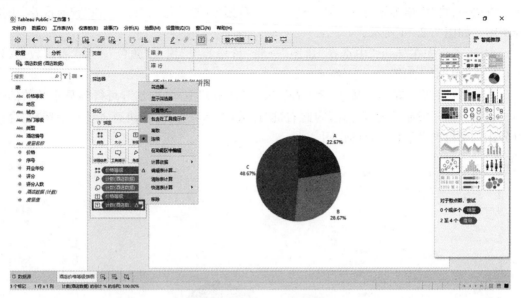

图 7.2.16　Tableau 制作饼图(三)

在"数字"一栏中点击"百分比",将小数位数设置为 0,即可生成更直观的饼图。如图 7.2.17 所示。

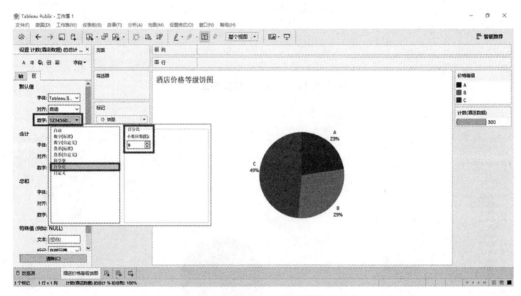

图 7.2.17　Tableau 制作饼图(四)

(五) 树形图

树形图是通过嵌套在一起的矩形块呈现信息,其结构可以用维度来定义,各个矩形块的大小和颜色可以使用度量定义。

案例六:选择"酒店数据",制作不同类型酒店数量与价格树形图,如图 7.2.18 所示。

操作步骤:打开 Excel 表格文件"酒店数据"→将"类型"拖入"行"→将"酒店数据(计

数)"拖入"列"→在"智能推荐"中选择"树形图"→将"酒店数据(计数)"拖入"大小"→将"价格"拖入"颜色",如此便可生成不同类型酒店数量与价格树形图。

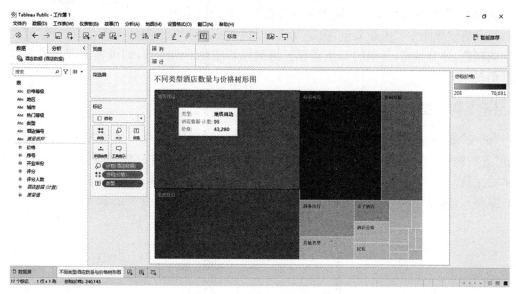

图 7.2.18　Tableau 制作树形图

在最终效果图中,"酒店数量"决定矩形块的大小,数量越多,矩形块的面积越大;"价格"决定矩形块的颜色,价格越高,矩形块的颜色越深。将鼠标悬停在不同区域,即可显示该区域的具体数据信息。

(六) 填充气泡图

填充气泡图可以将数据在一组圆中显示。其中,维度定义各个气泡的名称,度量定义各个气泡的大小和颜色。

案例七:选择"电影数据",制作不同类型电影数量与评分气泡图,如图 7.2.19 所示。

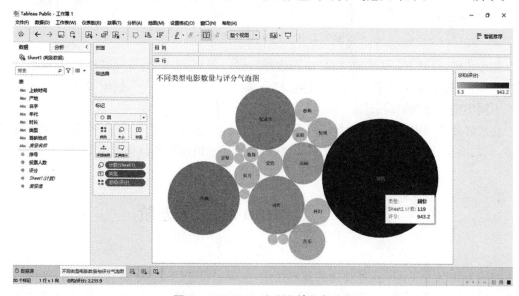

图 7.2.19　Tableau 制作填充气泡图

操作步骤:打开 Excel 表格文件"电影数据"→将"类型"拖入"行"→将"Sheet1(计数)"拖入"列"→在"智能推荐"中选择"填充气泡图"→将"Sheet1(计数)"拖入到"大小"→将"评分"拖入到"颜色",如此便可生成不同类型电影数量与评分气泡图。

在最终效果图中,"电影数量"决定气泡的大小,数量越多,气泡的面积越大;"评分"决定气泡的颜色,评分越高,气泡的颜色越深。将鼠标悬停在不同区域,即可显示该区域的具体数据信息。

(七) 词云图

"词云"就是通过形成"关键词云层"或"关键词渲染",对网络文本中出现频率较高的"关键词"进行视觉上的突出,可以过滤掉大量的文本信息,使浏览者只要一眼扫过就可以领略文本的主旨。

案例八:选择"电影数据",制作不同类型电影数量词云图,如图 7.2.20 所示。

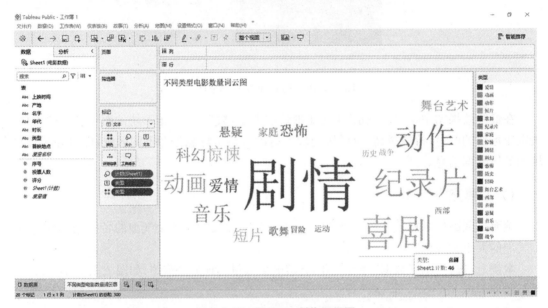

图 7.2.20　Tableau 制作词云图

操作步骤:打开 Excel 表格文件"电影数据"→将"类型"拖入"行"→将"Sheet1(计数)"拖入"列"→在"智能推荐"中选择"填充气泡图"→将"标记"下的"自动"改为"文本",如此便可生成不同类型电影数量词云图。

在最终效果图中,不同电影类型用不同颜色表示,"电影数量"决定关键词的大小,数量越多,词的面积越大。将鼠标悬停在不同区域,即可显示该区域的具体数据信息。

第三节　Tableau 可视化进阶

前一节介绍了 Tableau 可视化的基础操作,本节主要介绍 Tableau 可视化的进阶操作,主要包括甘特图、箱线图、标靶图、漏斗图、人口金字塔以及仪表板的制作,最后介绍可视化图表的导出与发布。

一、高级数据图表

高级数据图表制作起来较为复杂,但是能反映出基础图表无法反映的信息,掌握之后可以帮助我们解决更多可视化难题。

(一) 甘特图

甘特图(也叫甘特条形图、横道图)可用于查看项目计划、日期或不同定量变量之间的关系,通过活动列表和时间刻度能够形象表示出某一项目的顺序和持续时间,普遍被用于项目管理。甘特图中每个标记的长度都与"标记"中"大小"上的度量成比例。

案例一:选择"物资采购统计",制作交货延期情况的甘特图。

操作步骤:打开 Excel 表格文件"物资采购统计"→将"计划交货日期"拖至列功能区→右键"计划交货日期",在弹出框中选择第二个"天"→将"供应商名称""物资类别"拖至行功能区。此时的线代表不同供应商不同类别货物的计划交货日期。如图 7.3.1 所示(注:第二个"天"代表真正的日期,第一个"天"只是一个符号)。

图 7.3.1　交货延期情况甘特图(一)

要想显示供应商延期交货与否,首先需要创建一个计算字段。右键"实际交货日期",选择"创建"→"计算字段"。

将该"计算字段"命名为"延迟天数",计算公式设置为"[实际交货日期]-[计划交货日期]"(计算变量可以通过拖拽填入),点击确定,会发现在"度量"一栏下新出现了"延迟天数"。如图 7.3.2、图 7.3.3 和图 7.3.4 所示。

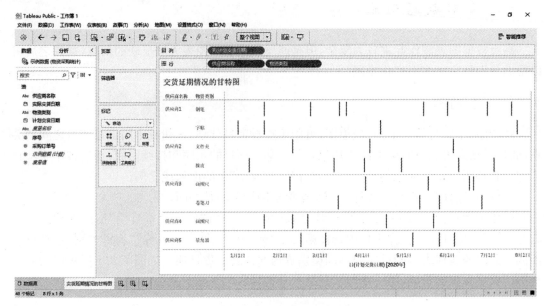

图 7.3.2　交货延期情况甘特图(二)

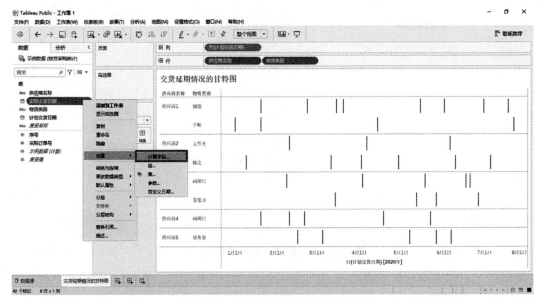

图 7.3.3　交货延期情况甘特图(三)

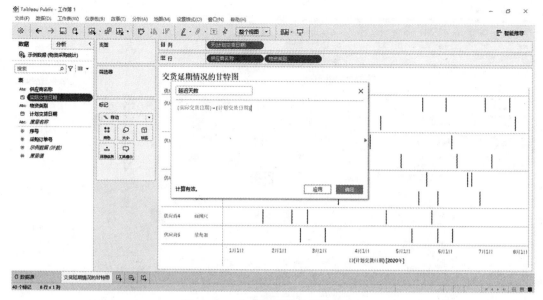

图 7.3.4　交货延期情况甘特图（四）

将"延迟天数"拖至"标记"中的"大小"，得出图 7.3.5：

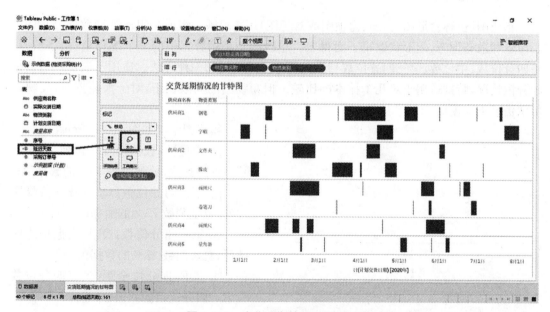

图 7.3.5　交货延期情况甘特图（五）

可发现图中的蓝色色块有正有负，不容易分辨，可将"延迟天数"拖至"颜色"上，得出的图示更加直观。

黄色为提前交货，蓝色为延迟交货，颜色越深，代表距离指定日期越远。将鼠标悬停至某一色块，还可显示详细信息。如图 7.3.6 所示。

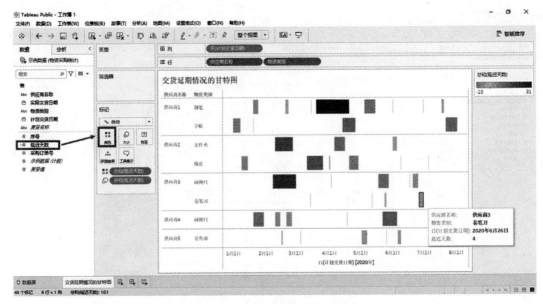

图 7.3.6　交货延期情况甘特图(六)

(二) 箱线图

箱线图(也称盒形图、箱图、盒须图或盒子图)用来反映一组或多组连续型数据分布的中心位置和散布形态,因形状像箱子而得名。箱线图是利用数据中的五个统计量:最小值、第一四分位数、中位数、第三四分位数与最大值来描述数据的一种方法。适用于展示一组数据的分散情况,特别适用于对几个样本的比较。但箱线图的局限在于,对于大数据量,反映的形状信息更加模糊。

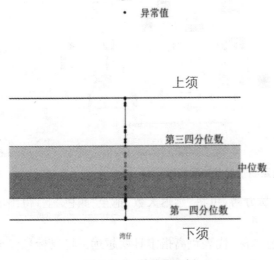

图 7.3.7　箱线图示例

箱线图示例如图 7.3.7 所示。

① 中位数:数据按降序排列,处于中间位置的数据,总观测数 50% 的数据值;

② 第三四分位数(Q3):数据按降序排列,总观测数 75% 的数据值;

③ 第一四分位数(Q1):数据按降序排列,总观测数 25% 的数据值;

④ IQR:四分位全距,第三四分位数与第一四分位数的差值;

⑤ 上须:Q3+1.5IQR;

⑥ 下须:Q1-1.5IQR;

⑦ 异常值:上下限范围之外的数据。

在图 7.3.7 中,箱子的中间有一条线,代表了数据的中位数。

箱子的上下底,分别是数据的第三四分位数(Q3)和第一四分位数(Q1),这意味着箱体包含了 50% 的数据。于是,箱子的高度在一定程度上反映了数据的散布、波动程度。

上下边缘则代表了该组数据非异常的最大值(上须)和最小值(下须)。

有时候箱子外部会有一些点,可理解为数据中的异常值。

对于异常值的界定:在 $Q3+1.5IQR$ 和 $Q1-1.5IQR$ 之外的数据一般被界定为温和的异常值,如果把系数由 1.5 换为 3 的话就是极端的异常值。

案例二:选择"酒店数据"数据,制作各地区酒店均价的箱线图。

操作步骤:打开 Excel 表格文件"酒店数据"→将"地区"拖至列功能区→将"价格"拖至行功能区,右键在度量中选择"平均值"。如图 7.3.8 所示。

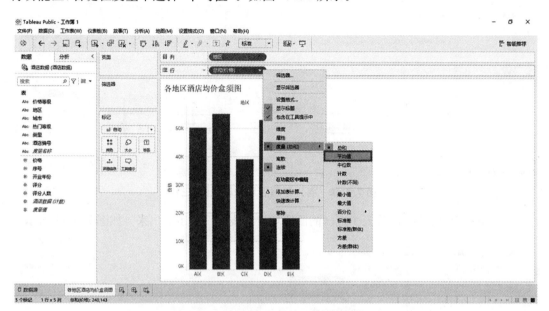

图 7.3.8　各地区酒店均价箱线图(一)

将标记中的"自动"改为"圆"→在"分析"中解除"聚合度量"。如图 7.3.9 所示。

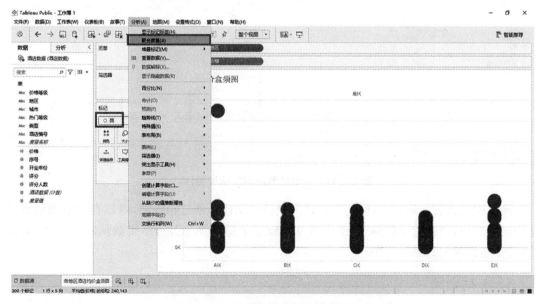

图 7.3.9　各地区酒店均价箱线图(二)

在"智能推荐"中选择"箱线图",如图 7.3.10 所示。

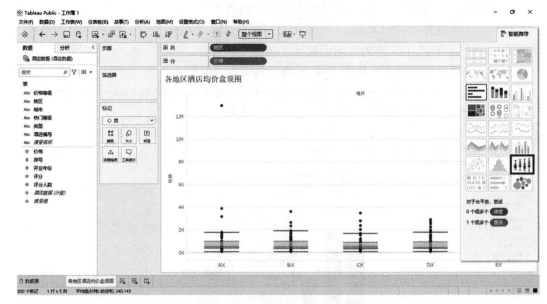

图 7.3.10　各地区酒店均价箱线图(三)

最终图示把 A、B、C、D、E 五个地区的酒店均价箱线图都展示了出来。如图 7.3.11 所示。

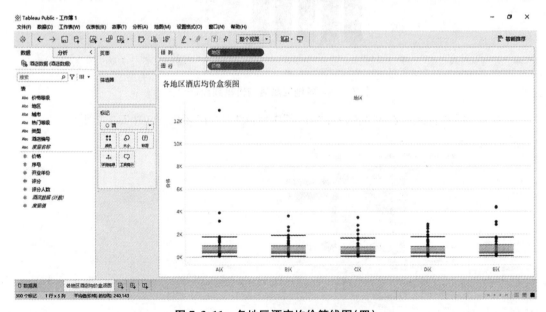

图 7.3.11　各地区酒店均价箱线图(四)

箱线图包含的元素复杂,因此具有许多独特的功能。通过箱线图,可以直观地识别数据集中的异常值,判断数据的偏态,还能通过比较箱子的高度来分析多批数据的分散、波动程度,箱体越扁说明数据越集中。

(三) 标靶图

标靶图是一种特殊形式的条形图,是在基本条形图的基础上,增加一些参考线和参考区间,可以帮助分析人员更加直观地了解两个度量之间的关系,如用来比较计划值跟实际值,看是否达到计划标准。标靶图至少包含两个度量字段。

案例三:选择"酒店数据",制作不同地区酒店五一预定情况标靶图。

操作步骤:打开 Excel 表格文件"酒店数据"→将"地区"拖至行功能区→将"五一预定量"拖至列功能区(标靶图通常横向展示)→将鼠标放置在图示底部浅蓝色区域右击,选择"添加参考线",如图 7.3.12 所示。

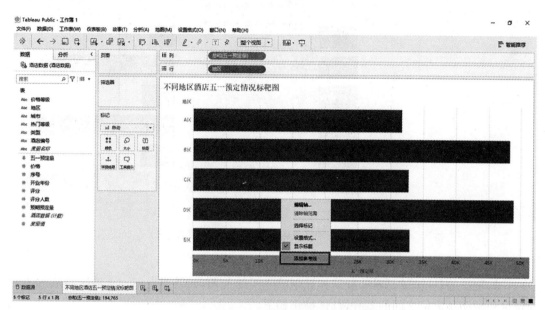

图 7.3.12　各地区酒店五一预定情况标靶图(一)

点击后弹出框如图 7.3.13 所示。

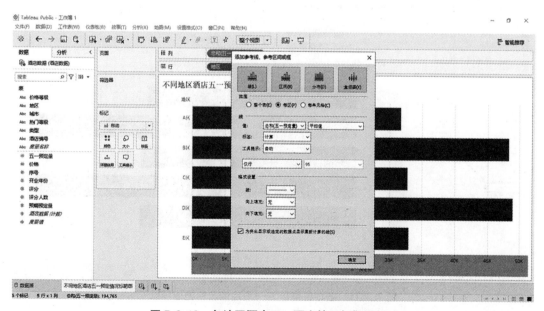

图 7.3.13　各地区酒店五一预定情况标靶图(二)

该弹出框功能中"线"和"区间"经常会用到,此处以"线"为例讲解。

选择"线"→选择"每区"→"值"一栏选择"五一预定量"的"平均值",便出现了不同地区酒店五一预定量的平均值线,如图 7.3.14 所示。

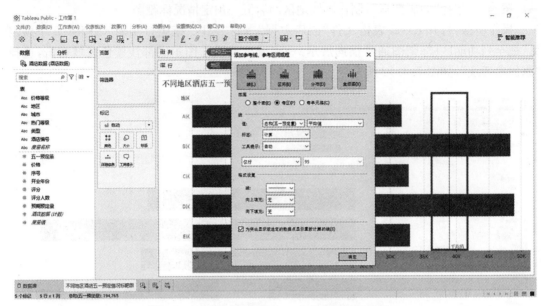

图 7.3.14　各地区酒店五一预定情况标靶图(三)

这是最基本的参考线设置,还可以进一步优化。

作标靶图的目的,就是看实际值和计划值之间的关系,如果要看每一个地区酒店的五一预定量和预期预定量之间的差异,具体操作如下。

首先把"预期预定量"拖入到"详细信息"。如图 7.3.15 所示。

图 7.3.15　各地区酒店五一预定情况标靶图(四)

再点击表中的线,在弹出框中选择"编辑"。如图 7.3.16 所示。

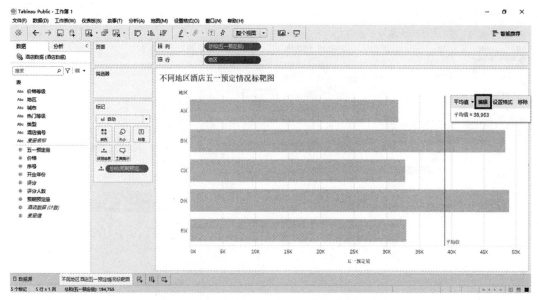

图 7.3.16　各地区酒店五一预定情况标靶图(五)

在弹出的对话框中,从"值"的下拉菜单中选择"总和(预期预定量)"。

注意:只有上一步将"预期预定量"拖入到"详细信息",此处"值"的下拉菜单中才会出现"总和(预期预定量)"。如图 7.3.17 所示。

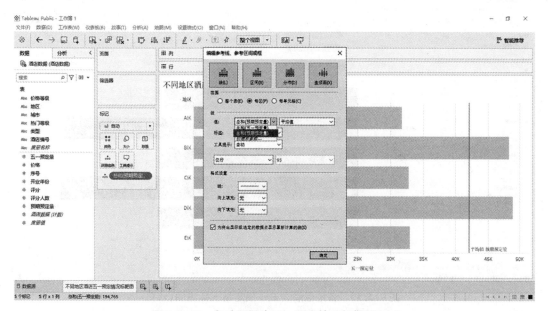

图 7.3.17　各地区酒店五一预定情况标靶图(六)

做到这一步,会发现对"预期预定量"求平均值,没有太大意义,真正有意义的是每一个地区酒店自己的预期预定量与五一实际预定量的对比,所以在弹出的对话框中,"范围"应选择"每单元格","标签"选择"无",点击确定。如图 7.3.18 所示。

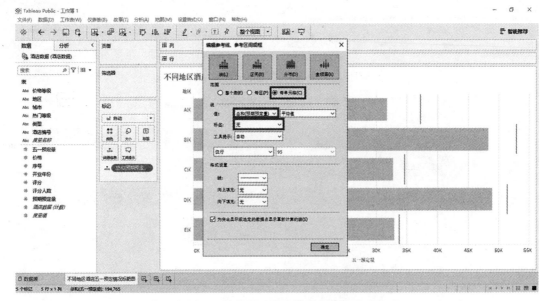

图 7.3.18　各地区酒店五一预定情况标靶图(七)

鼠标悬停在想了解的区域,即可查看不同地区酒店的评分和预期评分之间的关系。如图 7.3.19 所示。

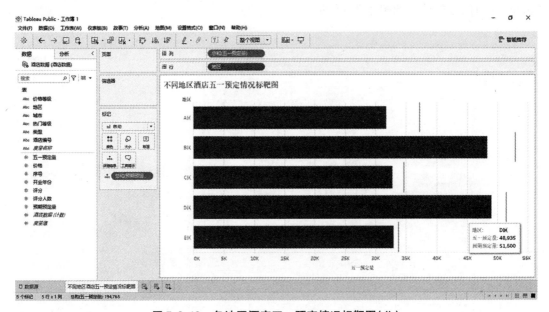

图 7.3.19　各地区酒店五一预定情况标靶图(八)

此时图中的线比较浅,阅读不方便,可以进行进一步美化。如图 7.3.20、图 7.3.21 所示。

首先右击图中的线,在弹出框中选择"编辑"。

在新的弹出框中会发现有"格式设置"区域,可在此进行编辑美化。

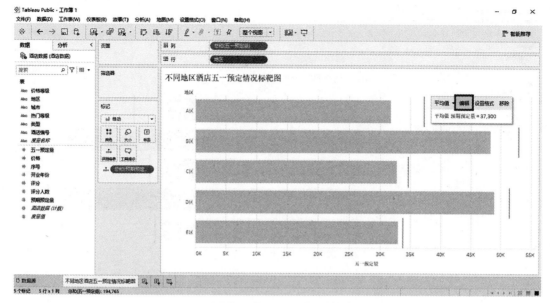

图 7.3.20　各地区酒店五一预定情况标靶图(九)

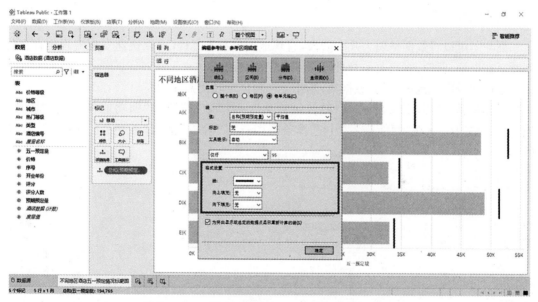

图 7.3.21　各地区酒店五一预定情况标靶图(十)

最终结果如图 7.3.22 所示。

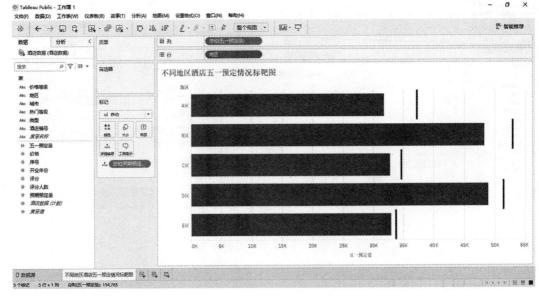

图 7.3.22　各地区酒店五一预定情况标靶图(十一)

(四) 漏斗图

漏斗图可以将数据呈现为几个阶段,直观地展现业务流程,可以快速发现流程中存在的问题。在电商、营销、客户关系管理等领域有广泛应用。

案例四:选择"流量转化"数据集,制作某平台流量转化漏斗图。

操作步骤:打开 Excel 表格文件"流量转化"→将"数量"拖至"列功能区"→将"阶段"拖至"行功能区"→在"智能推荐"中选择条形图→将"阶段"拖至"颜色"上,如图 7.3.23 所示。

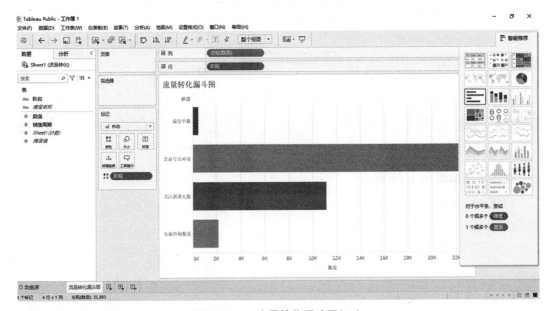

图 7.3.23　流量转化漏斗图(一)

拖动此处可快速调节图的顺序。如图 7.3.24 所示。

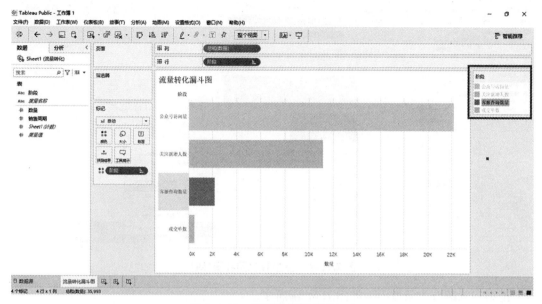

图 7.3.24　流量转化漏斗图(二)

按住"Ctrl"键,将列功能区的"总和(数量)"向右边拖拽,如此在工作表中将出现两张图。将第二张图转化为"线图"。如图 7.3.25 所示。

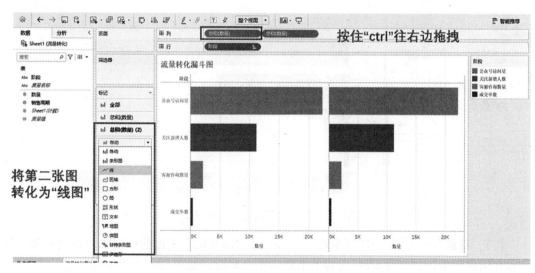

图 7.3.25　流量转化漏斗图(三)

右击鼠标,选择"双轴",此时会将两张图合为一张图。如图 7.3.26 所示。

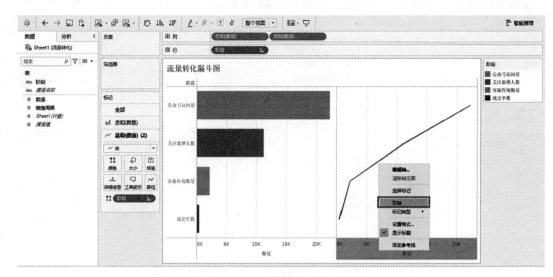

图 7.3.26 流量转化漏斗图(四)

把第一张图改为条形图。如图 7.3.27 所示。

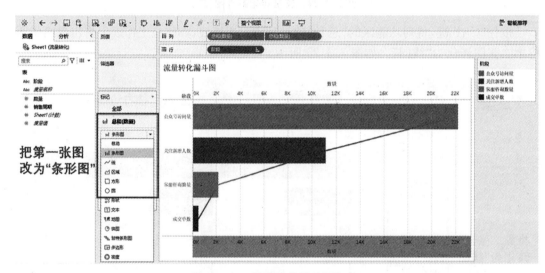

图 7.3.27 流量转化漏斗图(五)

作完"双轴",一定要设置"同步轴"。如果不点"同步轴",上面的横轴和下面的横轴可能会存在错位现象,点击"同步轴"之后上下才会完全对应。如图 7.3.28 所示。

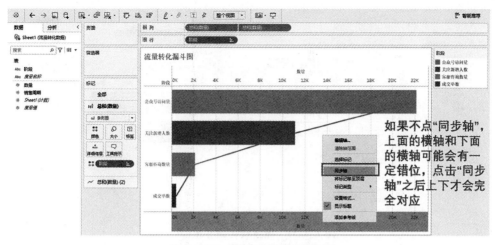

图 7.3.28　流量转化漏斗图(六)

这样漏斗图的一半就做完了,接下来作另一半,重复上述步骤。如图 7.3.29 和图 7.3.30 所示。

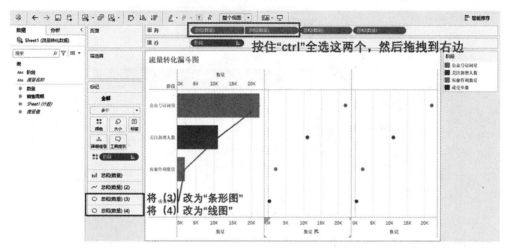

图 7.3.29　流量转化漏斗图(七)

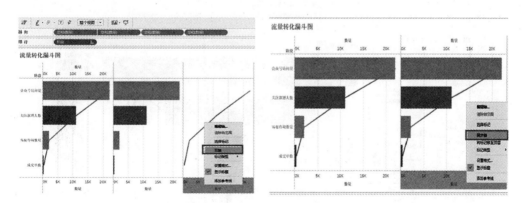

图 7.3.30　流量转化漏斗图(八)

漏斗图的另一半作好后,在左图下右击鼠标→编辑轴→勾选"倒序",如此便可将左图反转,与右图合为一个完整的漏斗图。如图 7.3.31 所示。

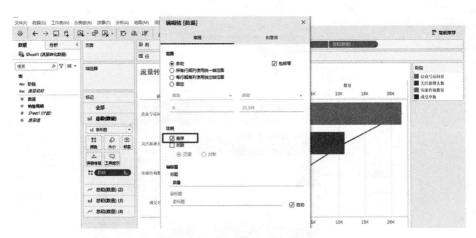

图 7.3.31　流量转化漏斗图(九)

我们将图中横纵坐标的标题都勾选掉,让具体信息直接在图中展示。如图 7.3.32 所示。

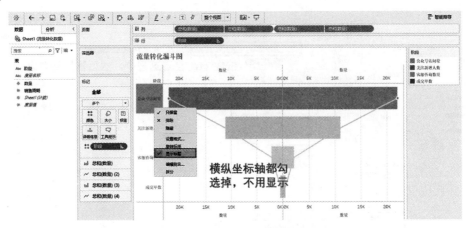

图 7.3.32　流量转化漏斗图(十)

按照图 7.3.33 图示进行操作。

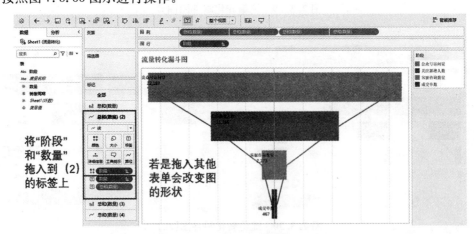

图 7.3.33　流量转化漏斗图(十一)

一般漏斗图的数量用百分比显示,因此添加表计算,将计算类型设置为"百分比"。如图

7.3.34 所示。

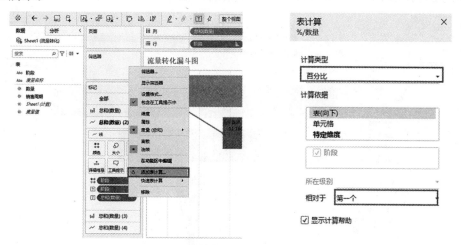

图 7.3.34　流量转化漏斗图(十二)

漏斗图左边设置完成后,还可以在漏斗图的右边设置不同形式的百分比。如图 7.3.35 和图 7.3.36 所示。

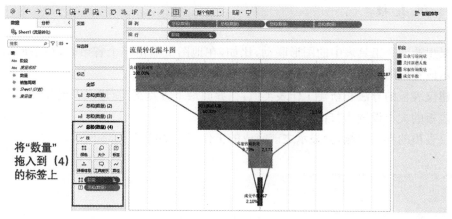

图 7.3.35　流量转化漏斗图(十三)

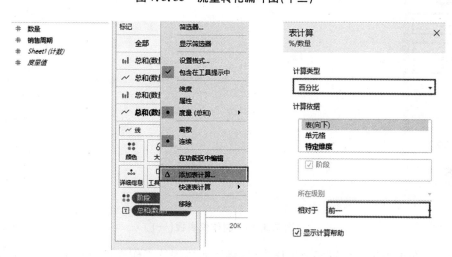

图 7.3.36　流量转化漏斗图(十四)

如此便可作出如图7.3.37所示的流量转化漏斗图。

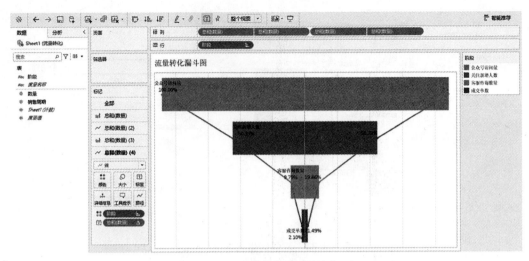

图7.3.37　流量转化漏斗图(十五)

二、仪表板

如果想让两个工具表中的图形联动，比如，在地图上点击某个省市时，在条形图中可以突出显示该省市的销售额，可以通过仪表板来实现该功能。

新建仪表板的方法和新建工作表类似，在界面最下方点击"新建仪表板"图标(　)，一般会将仪表板的大小设置为"自动"。

在仪表板的界面左侧，会显示之前完成的工作表。如图7.3.38所示。

图7.3.38　制作仪表板(一)

当需要在仪表板上放置多个工作表时，将所要呈现的工作表拖至显示区，可以拖动调整所要显示的内容的大小和布局,这样,两个工作表就被整合到一个仪表板中了。如图 7.3.39 所示。

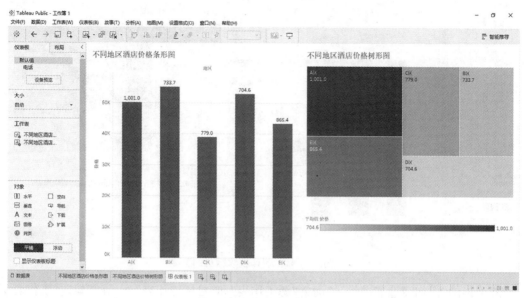

图 7.3.39　制作仪表板(二)

要想让这两个工作表联动起来,需要在仪表板的下拉菜单中找到"操作"。如图 7.3.40 所示。

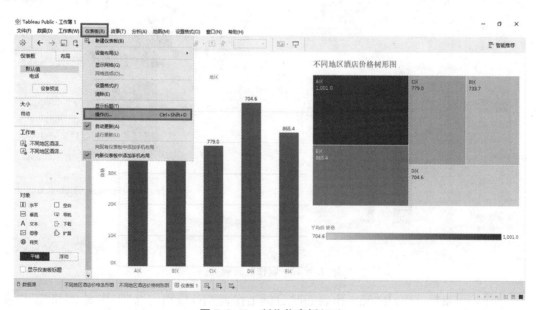

图 7.3.40　制作仪表板(三)

然后"添加操作",选择"筛选器"。如图 7.3.41 所示。

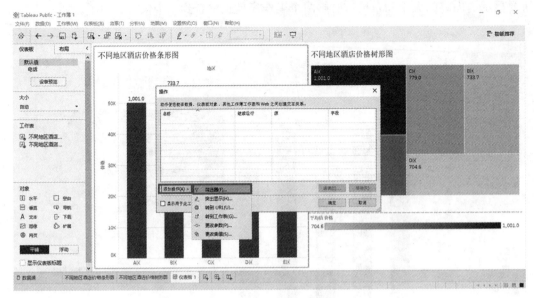

图 7.3.41 制作仪表板(四)

在弹出的"添加筛选器操作"界面的"源工作表"和"目标工作表"下,分别勾选"工作表1"和"工作表 2",运行操作方式设为"选择",点击确定。如图 7.3.42 所示。

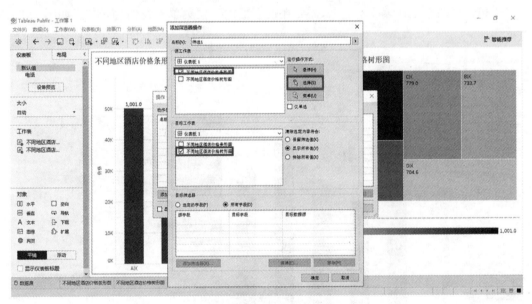

图 7.3.42 制作仪表板(五)

这个步骤重复一次,在"源工作表"和"目标工作表"下,分别勾选"工作表 2"和"工作表 1",运行操作方式设为"选择",点击确定。如图 7.3.43 所示。

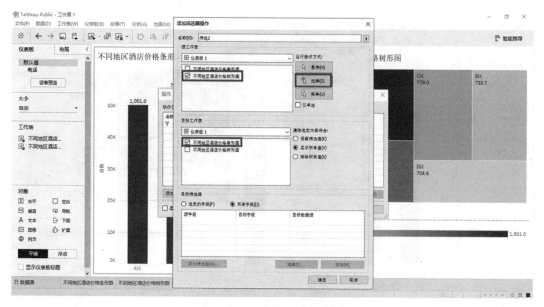

图 7.3.43 制作仪表板(六)

这样无论点击哪个表中的内容,都可以实现联动了。如图 7.3.44 所示。

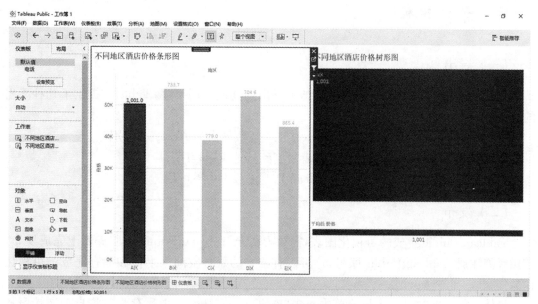

图 7.3.44 制作仪表板(七)

完成后进行重命名,修改名称,如此一个联动的仪表板就完成了。如图 7.3.45 所示。

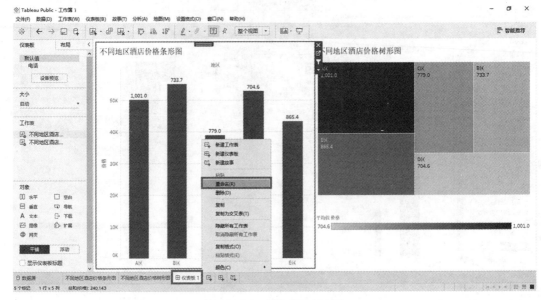

图 7.3.45　制作仪表板(八)

三、导出和发布

(一) 导出

可视化制作完成之后,可能需要将结果导出到其他应用程序,Tableau 提供了几种导出的方法。

导出数据:将视图的数据复制到 Excel 工作表或导出为 Access 数据库。

导出为图像:将视图的图像截图或者复制到其他应用程序。

遗憾的是,导出功能在免费的 Tableau Public 版本中不可用。

(二) 发布

Tableau Public 生成的可视化图表,需要上传至 Tableau Public 的服务器上完成发布,使用者需注册 Tableau Public 账号,才可以有独立的账号空间来上传和储存完成的可视化作品。

具体操作为在"文件"下拉菜单中点击"在 Tableau Public 中另存为",将自动连接服务器,并将完成的可视化作品上传至服务器(图 7.3.46)。

当作品上传完成后,可以点击"分享"按钮,将作品通过"嵌入代码"或者"链接"的形式分享(图 7.3.47)。

嵌入代码:支持在你的网页、博客(支持代码)等地方插入这个图,让访问者在你的网站、博客等界面互动图表。

链接:可以分享给朋友打开查看。

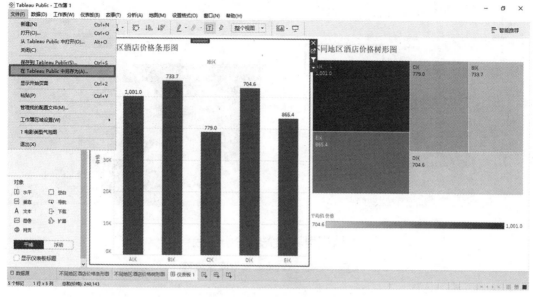

图 7.3.46　作品发布(一)

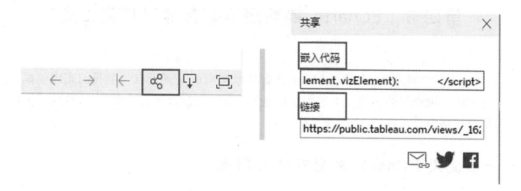

图 7.3.47　作品发布(二)

注意：Tableau Public 是官方免费且开放的平台，即你发布的图表，任何人都有机会接触，包括图表或图表背后的数据，并且是可以任意下载的，对于追求图表隐私的群体而言不是一个好选择。

另外一款收费的 Tableau Server，是一款服务器平台的 BI 产品，可以让你搭建一个类似官方 Public 服务器那样的平台，是你独有的，不会与其他人分享，但是花费较高，在学习工作中可以根据实际需要选择合适的版本。

Tableau 可视化平台功能非常强大，本章仅仅介绍了其中一部分常用操作，你还可以通过 Tableau 官方网站教程，学习更多操作方法(图 7.3.48)。

图 7.3.48　Tableau 官方网站教程

第四节　ECharts、镝数图表等其他可视化工具

可视化工具多种多样,除了 Tableau,还有其他类型的工具可以帮助我们完成可视化的任务,还可以实现交互的功能。本章主要介绍 ECharts 和镝数图表两个工具,其他可视化工具,可作为拓展内容了解。

一、使用 ECharts 定制可视化图表

前文介绍到 ECharts 是 Enterprise Charts 的缩写,是商业级数据图表,是百度出品的一款开源数据可视化 Javascript 库,能够通过简单的代码修改或编写,生成定制的可视化图表。
以下案例制作步骤来自 ECharts 官网[①]:

(一) 获取 ECharts

用户可以通过多种方式获取 ECharts:
方法一:从 Apache ECharts 官网下载界面[②]获取官方源码包后构建。
方法二:在 ECharts 的 GitHub 获取。
方法三:通过 npm 获取 ECharts,npm install ECharts——save,详见"在 webpack 中使用 ECharts"。
方法四:通过 jsDelivr 等 CDN 引入。

[①] https://echarts.apache.org/zh/tutorial.html#5%20%E5%88%86%E9%92%9F%E4%B8%A6%6%89%8B%20ECharts.

[②] https://echarts.apache.org/zh/download.html.

(二) 引入 ECharts

通过标签方式直接引入构建好的 ECharts 文件。

```html
<!DOCTYPE html>
<html>
<head>
<meta charset="utf-8">
<!-- 引入 ECharts 文件 -->
<script src="echarts.min.js"></script>
</head>
</html>
```

(三) 绘制一个简单的图表

案例一:制作不同类型商品的销量柱状图。如图 7.4.1 所示。

在绘图前我们需要为 ECharts 准备一个具备高宽的 DOM 容器。

```html
<body>
<!-- 为 ECharts 准备一个具备大小(宽高)的 DOM -->
<div id="main" style="width:600px;height:400px;"></div>
</body>
```

然后就可以通过 ECharts.init 方法初始化一个 echarts 实例并通过 setOption 方法生成一个简单的柱状图,下面是完整代码。

```html
<!DOCTYPE html>
<html>
<head>
<meta charset="utf-8">
<title>ECharts</title>
<!-- 引入 echarts.js -->
<script src="echarts.min.js"></script>
</head>
<body>
<!-- 为 ECharts 准备一个具备大小(宽高)的 Dom -->
<div id="main" style="width:600px;height:400px;"></div>
<script type="text/javascript">
// 基于准备好的 dom,初始化 ECharts 实例
var myChart = echarts.init(document.getElementById('main'));

// 指定图表的配置项和数据
var option = {
  title: {
    text: 'ECharts 入门示例'
  },
```

```
            tooltip: {},
            legend: {
            data:['销量']
                        },
            xAxis: {
            data: ["衬衫","羊毛衫","雪纺衫","裤子","高跟鞋","袜子"]
                        },
            yAxis: {},
            series: [{
            name: '销量',
            type: 'bar',
            data: [5, 20, 36, 10, 10, 20]
                        }]
                };

            // 使用刚指定的配置项和数据显示图表。
            myChart.setOption(option);
            </script>
            </body>
            </html>
```

这样你的第一个图表就诞生了。

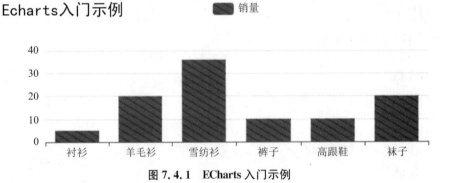

图 7.4.1　ECharts 入门示例

你也可以直接进入 ECharts Gallery 中查看编辑示例。

二、使用镝数图表制作可视化图表

镝数图表是一款功能强大的免费在线数据可视化工具(图 7.4.2)，输入数据即可一键生成可视化视频、数据动图、矢量图表、信息图表等；支持包括词云图、桑基图、玫瑰图、河流图、雷达图等近 100 种图表种类；提供上千种可视化模板，内容创作、媒体运营、营销海报、市场研究、论文写作、工作总结、个人简历等场景的可视化设计均可在镝数图表轻松搞定。

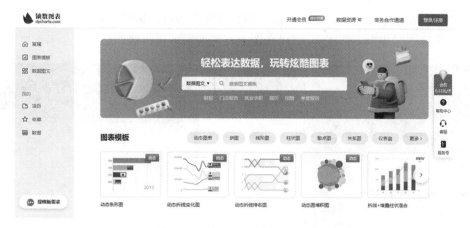

图 7.4.2 镝数图表官网[①](一)

案例二:选择"玩家综合能力数据",制作玩家综合能力雷达图。

操作步骤:进入镝数图表官网→在图表模板中选择"雷达图"。如图 7.4.3 所示。

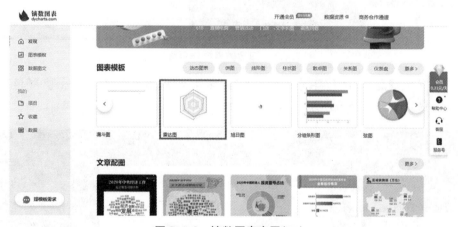

图 7.4.3 镝数图表官网(二)

编辑页面可分为三部分:左侧页面可选择图表类型,右侧页面可对数据与图表进行编辑,中间页面用于呈现最终图表。如图 7.4.4 所示。

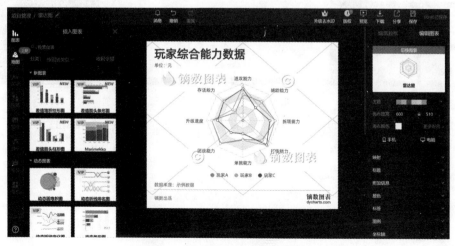

图 7.4.4 镝数图表操作页面(一)

要想制作玩家综合能力雷达图,点击"编辑数据",然后点击"上传数据"将待处理数据上传。上传后的数据如果存在问题,可以在图中右侧编辑区进行修改。如图7.4.5所示。

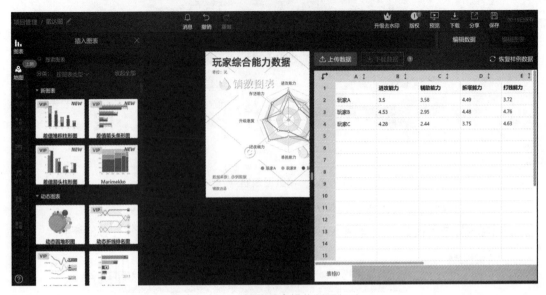

图 7.4.5　镝数图表操作页面(二)

数据上传完成后,系统会自动生成雷达图,点击"编辑图表",可以对标题、颜色、标签等项目进行修改。如图7.4.6所示。

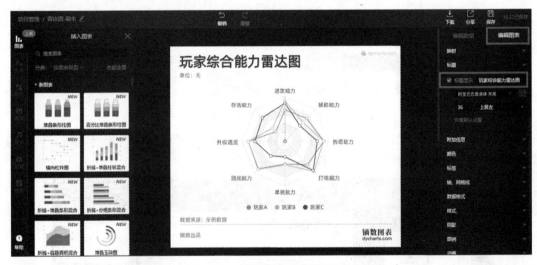

图 7.4.6　镝数图表操作页面(三)

如此便可作出玩家综合能力的雷达图。将鼠标悬停在某一节点,可以显示该节点的详细信息。如图7.4.7所示。

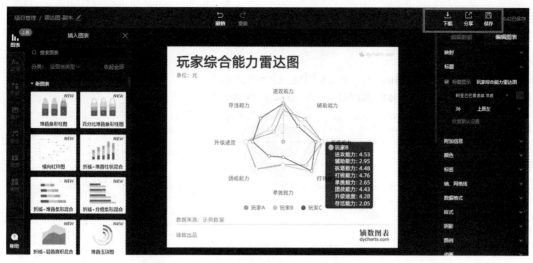

图 7.4.7 玩家综合能力雷达图

在页面右上角可选择对该图进行下载、分享和保存。

三、其他可视化工具

（一）Flourish

Flourish 是一个简洁的数据可视化制作工具，可以在网页轻松实现多种图的制作，该网站还提供一些较复杂图表的图文制作教程，可以按照教程学习和制作，满足你的不同需求。Flourish 官网如图 7.4.8 所示。图 7.4.9 是 Flourish 教程页面图示。

图 7.4.8　Flourish 官网[1]

---

[1] 图片来源：https://flourish.studio/

图 7.4.9　Flourish 教程页面[①]

(二) Rawgraphs

Rawgraphs 是一款在线的可视化工具,是基于 d3.js 库的开源应用工具,不需要写代码也可以制作出炫酷的数据图表,图表输出可以是静态的,也可以是交互的,其数据处理体量和产出图形的复杂度、美观度也不逊色于用 d3.js 等代码实现的效果。

需要注意的是,Rawgraphs 要求输入数据的格式首行是属性,下面每行是一个案例,如果是 Excel 里面的数据直接粘贴进去还需要进行格式转换。Rawgraphs 官网如图 7.4.10 所示。

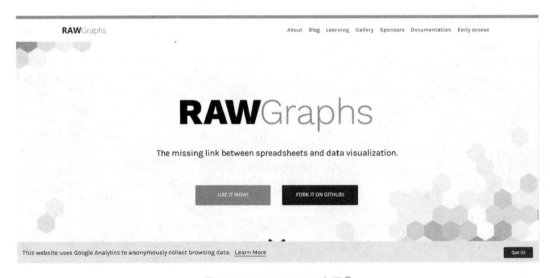

图 7.4.10　Rawgraphs 官网[②]

---

① 图片来源:https://flourish.studio/2019/03/21/bar-chart-race/.
② 图片来源:https://rawgraphs.io/.

以上只是对部分可视化工具做了简介,具体操作方法还需参考官网或其他教程。

本章小结

重视数据的原因,就是因为数据会"说话",但是数据不会自己"说话",只有科学地解读数据才能挖掘出背后的信息。因此,数据新闻从业者要学会科学分析数据,才能从数据中解读出有新闻价值的信息。本章介绍了多种可视化工具,通过对数据的可视化呈现,将帮助我们更方便、快捷地发现数据中蕴含的信息。

数据可视化的能力以前是由专业人士承担的,但是现在越来越多的记者掌握了该技能。制作可视化新闻需要一种思维模式,在进行可视化之前,先问问自己:我拥有什么数据?关于数据,我想了解什么?应该使用哪种可视化类型?这种呈现方式有意义吗?

虽然个案报道有助于深入挖掘和阐明事件的因果关系,但是缺乏宏观视角。数据新闻可以直观类比同类事件,探索事件的趋势和背后的诸多关联,系统性地反映社会问题的全貌。相对于文本形式,数据新闻更加直观,具有更强的说服力。

数据可视化的流程,主要分为三个步骤,获取数据、过滤和清洗、可视化与分析。因此,在数据新闻制作过程中需要程序员、设计师和新闻记者共同合作,发挥所长,才能制作出一份数据新闻作品。当然,也有人同时具备这几项技能,能够极大地助力数据新闻的生产,提高效率。

总之,本章介绍了数据可视化的工具和操作步骤,大家要根据新闻选题和数据特点,选择合适的方式来进行数据新闻实践。

注:本章所有数据集以百度网盘形式分享,请按需下载,进行练习。

扫码下载:第七章操作数据集

◆ 实操任务

1. 请选择一个数据可视化作品,评价其中可视化的操作方法,并运用你所掌握的工具完成临摹。

2. 请选择一个合适的选题,从各种渠道获取相关数据,尝试用 Tableau 进行可视化制作。

3. 探索 ECharts 等其他可视化工具的操作方法。

第八章 数据新闻经典案例解读

在了解数据新闻的相关概念和制作流程后,本章将介绍国内外数据新闻的经典案例,并对其选题角度和呈现方式进行解读,帮助大家拓宽视野与思路。具体而言,数据新闻发源于西方媒体,英国的《卫报》和美国的《纽约时报》作为数据新闻实践的两大先驱,其发展模式各具特色,前三节将着重介绍国内外数据新闻经典案例,用以拓宽视野,第四节将重点对国际数据新闻获奖作品进行分析,用以拓展思路。

第一节 《纽约时报》案例

美国《纽约时报》强调新闻呈现方式和叙事语言的创新,在大数据的基础上,充分用全媒体的形式讲好新闻故事。因此,其数据新闻作品隶属"交互叙事、图表与多媒体"(Interactive Storytelling, Graphics and Multi-meida)版块,通过不同的细分频道加以呈现,如"数据可视化"(Data Visualization)、"数据驱动的故事"(Data-driven Stories)、"解释性图表"(Explanatory Graphics)、"多媒体故事"(Multimedia Stories)等[①]。

《纽约时报》数据新闻的快速发展得益于美国的"开放政府"(Open Government)制度、社交媒体发展以及开源(Open Source)社区理念。"开放"是互联网时代的大趋势,《纽约时报》在数据新闻生产过程中的实践,很好地践行了"开放"理念,以下将对该报经典案例进行分享。

一、雪崩

原文标题:《Snow Fall: The Avalanche at Tunnel Creek——By John Branch》

获奖情况: 2013年普利策新闻特稿奖

作品简介:《雪崩》是西方新闻界近年来的一篇极具借鉴学习意义和里程碑式的数据新闻报道作品,由《纽约时报》融媒团队创作,2013年一经发出便引起了传媒业界的强烈关注,并于当年获得了普利策新闻作品奖。这篇报道之所以成为数据新闻多元融媒创作范例,不仅仅因为其在数据可视与交互创作中表现出众,更因为其在数据新闻之外采取了动画、影像、声音等多种媒介元素合而为一的手段,使得新闻叙事深入人心。通过融媒手段对雪崩事故的报道,《纽约时报》积极思考如何将原本停留在纸质媒体的静态报道放到互联网上,除了

---

① 孟笛. 开放理念下的新闻叙事革新:以《纽约时报》数据新闻为例[J]. 新闻界,2016(3):61—65.

从用户体验视角出发的报道思路,制作人员还通过多媒体元素的融合信息流进行创作,对新闻整体进行了全方位的包装,实现数据信息、事实传达、文字叙述、图片影像的融合与嵌套(图 8.1.1、图 8.1.2)。

图 8.1.1 《Snow Fall:The Avalanche at Tunnel Creek——By John Branch》(一)(扫码阅读)

图 8.1.2 《Snow Fall:The Avalanche at Tunnel Creek——By John Branch》(二)

二、《交互:全面了解冠状病毒体现的种族不平等》等系列报道共计 15 篇

原文标题:《Interactive:The Fullest Look Yet at the Racial Inequity of Coronavirus》
获奖情况:2021 年普利策新闻奖——公共服务奖
作品简介:该系列报道揭露了美国和其他国家在新冠疫情中的种族与经济不平等以及政府的失败,填补了针对新冠肺炎的数据真空,从而帮助地方政府、医务工作者、企业与个人有效地做好防护,体现了数据新闻的人文关怀和社会关怀,并发挥了数据新闻在重大社会公共事件中的作用。普利策委员会称该系列报道"勇敢、有先见之明且全面"(图 8.1.3)。

图 8.1.3 《Interactive：The Fullest Look Yet at the Racial Inequity of Coronavirus》（扫码阅读）

三、我们向 615 名男性询问他们在工作中如何表现自己

原文标题：《We Asked 615 Men about How They Conduct Themselves at Work》

获奖情况：2018 年普利策新闻奖——公共服务奖

作品简介：该报道调查了各个岗位的 615 名男性在过去一年中所做过的性骚扰行为，引起了社会各界的思考，而引发的"♯Me Too"运动也塑造了一场围绕性别与公平的现代对话。该报道用人脸来象征接受访问的男士，用 10 种颜色绘制成侧脸的形状来展现 10 个不同层次的性骚扰问题，除了列出每个个体的访谈结果，还用图标和百分比相结合的形式来展现整体访谈情况（图 8.1.4）。

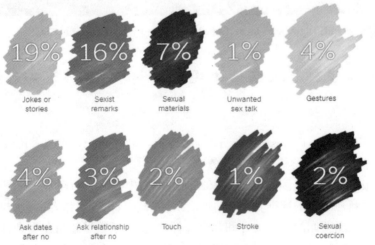

图 8.1.4 《We Asked 615 Men about How They Conduct Themselves at Work》（扫码阅读）

四、世界上污染最严重的空气与你所在城市的空气

原文标题:《See How the World's Most Polluted Air Compares With Your City's》
获奖情况:2020年Sigma Award新闻奖
作品简介:PM2.5的微观颗粒污染,对人类健康造成了严重破坏。从湾区到新德里,该作品帮助你比较世界上污染最严重的城市与你所在城市的空气,页面用漂浮颗粒描绘了PM2.5的微观颗粒污染(图8.1.5)。

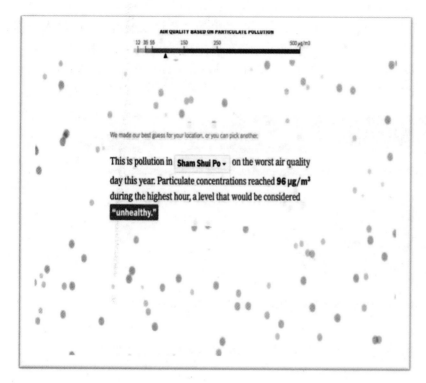

图8.1.5 《See How the World's Most Polluted Air Compares With Your City's》(扫码阅读)

第二节 《卫报》案例

英国《卫报》于1821年5月5日创刊第一期上的一篇调查未成年教育系统的报道,被视为该报最早的数据新闻,但文章罗列的那一长串表格难免会让读者生畏[①]。前《卫报》数字编辑西蒙·罗杰斯首次提出数据新闻的概念,他于2008年12月18日在《卫报》网站发表的一篇名为《按下按钮,把官方数字变成可理解的图表》(《Turning Office Figures into Understandable Graphics, at the Press of a Button》)的博文,里面提到:"就在昨天,我们的研发

---

① 马玉霞.数据新闻的兴起与发展文献综述[J].传媒观察 2015(6):11-13.

团队找到了一种应用方式,能处理原始数据,也能将数据映射。这意味着我们能生产一种奇妙的、基于数据的互动图表。这就是数据新闻——编辑和研发者生产出的有趣的技术产品,它将改变我们的工作方式,以及我们看待数据的方式。"[1]《卫报》明确采用了"数据新闻"的概念,并以数据为亮点开辟了"数据商店"(Data Store)板块,以下将对该报经典案例进行分享。

一、维基百科伊拉克战争日志:每一次死亡地图

原文标题:《Wikileaks Iraq: Data Journalism Maps Every Death》

作品简介:2010年10月23日,一篇刊登在《卫报》上的文章让数据新闻一鸣惊人。《卫报》借助维基解密的数据,利用制图软件制作了一张在伊拉克战争中伤亡人数的分布图,图中标记的每一个红点都代表一次伤亡事件。点击红点可以显示详细的伤亡人数、时间、地点以及伤亡原因。这张数据图间接地推动了英国政府做出从伊拉克撤军的决定(图8.2.1)。

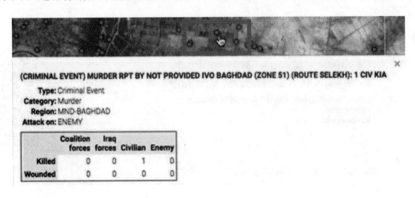

图 8.2.1 《Wikileaks Iraq: Data Journalism Maps Every Death》

二、全球平均气温上升三度将会有哪些城市被淹没

原文标题:《The Three-degree World: the Cities that Will be Drowned by Global Warming》

作品简介:2017年11月的联合国气候谈判闭幕前夕,最新预测指出2100年全球气温将较工业化前水平上涨3.2℃,英国《卫报》随即发布可视化新闻作品,模拟了几个人口密集的全球滨海城市在气温上涨3℃的预测值下将会受到的影响。作品通过交互式地图首次将海平面上升估计值与现代人口密度图相结合,以动态的方式展示出气温上升前后日本大阪、埃及亚历山大、巴西里约热内卢、中国上海、美国迈阿密等几个重点城市的水域覆盖区域对比及受影响人数,揭示了全球变暖的风险,使读者直观感知气候变化的影响(图8.2.2)。

---

[1] Rogers S. Turning Official Figures into Understandable Graphics[EB/OL]. [2018-12-18]. https://www.theguardian.com/Help/insideguardian/2008/dec/18/unemploymentdata.

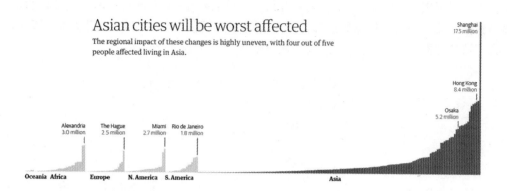

图 8.2.2 《The Three-degree World: the Cities that will be Drowned by Global Warming》

三、孙杨是如何夺取 200 米自由泳金牌的

原文标题：《How Sun Yang Caught up with Chad le Clos to Claim Gold in the 200 m Freestyle》

作品简介：这个作品可以动态展示一个运动员从比赛开始到结束的所有状态数据。比如当孙杨打败南非选手查德·勒·克罗斯夺得 200 米自由泳冠军后，《卫报》数据可视化团队制作了"孙杨在 200 米自由泳中如何在最后 25 米翻盘"动态产品，该团队收集了 8 位决赛选手的数据，从中能看出其实查德·勒·克罗斯在开局时是最具有优势的。随后该作品用 50 米、100 米、150 米、200 米作为节点，以领先者的成绩与他人做横向对比，来动态展示领先者的优势以及其他追赶者与他的差距（图 8.2.3）。

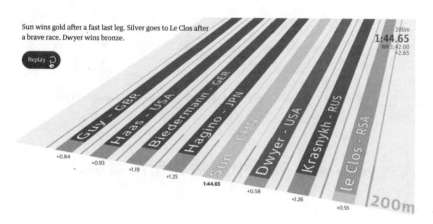

图 8.2.3 《How Sun Yang Caught up with Chad le Clos to Claim Gold in the 200 m Freestyle》

四、美国如何安置无家可归者

原文标题：《Bussed Out: How America Moves Its Homeless》
获奖情况：2018 年凯度信息之美奖——政治与全球类金奖
作品简介：该作品描绘了美国政府是如何安排无家可归的人去往另外一座城市的。通

过各种数据图表,该作品还展示了无家可归者数量的变化、无家可归者出发地及目的地的距离等数据。关于该特殊群体的迁移活动是容易被忽视的,但是《卫报》这则数据新闻作品关注到了该特殊群体,并将之展示到公共视野中(图8.24、图8.25)。

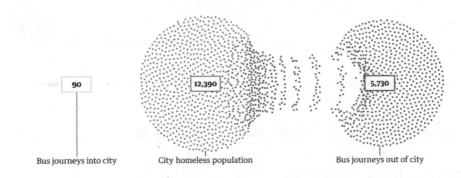

图8.2.4 《Bussed Out：How America Moves Its Homeless》(一)

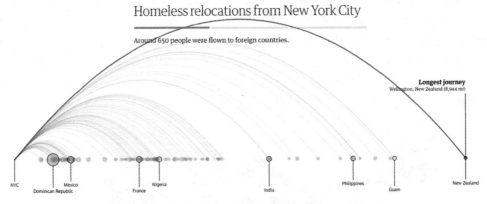

图8.2.5 《Bussed Out：How America Moves Its Homeless》(二)

第三节　中国数据新闻案例

与国外相比,中国纸质媒体的数据新闻实践兴起较晚,《南方都市报》领中国纸质媒体风气之先,从2012年开始尝试制作数据新闻,但总体来看国内较早进行数据新闻实践的主要是以四大门户网站(腾讯、网易、新浪、搜狐)为主的网络媒体。他们推出的第一条数据新闻也多发布于2012年上半年,如腾讯在2012年4月推出首条数据新闻"还有多少东西是工业明胶做成的",网易在2月推出"中国大陆赴港产子人数,10年飙升超50倍",新浪在6月推出"两会微数据——微博上最被关注的内容";搜狐则先行一步在2011年5月就推出"分税制下的'财政样本'"①。

2012 年是"大数据"引爆国内舆论话题的一年,各行各业都在寻找大数据带来的机遇。国内网络媒体由于没有正式采编权只能进行二次传播,通过转载分发传统媒体的新闻来吸引读者,而数据新闻的制作就是基于对数据的二次挖掘分析,这正是网络媒体的长处,从而使得国内网络媒体在"大数据"浪潮中走在了传统媒体前头。以下将对国内数据新闻经典案例进行分享。

一、据说春运:"大数据"展现"大迁徙"

创作机构:中国中央电视台《晚间新闻》栏目

作品简介:2014 年 01 月 25 日,央视晚间新闻推出"据说春运"特别节目,首次采用百度地图 LBS 定位的可视化大数据来播报国内春节人口迁徙情况,用数据讲述背后的故事。百度迁徙动态图反映出,北京和成都之间的迁徙路线连续几天成为最热门线路。一般而言,从北京出发到成都的路线成为热门线路并不奇怪,因为大量四川在京务工人员春节期间都会返乡过年,但是成都地区的动态图显示,虽然很大一部分人是从外地进入,但与此同时,仍有相当一部分人是从成都往外流动。针对这一特殊现象,央视节目组随即派出记者赴成都车站进行采访调查,发现由成都至北京的旅客的增幅已经超过了 60%,而其中相当一部分的比例由老年群体构成。原来,一部分在外工作的年轻人无法回家过节,年迈的父母们便决定奔赴其所在的城市,与儿女实现春节团聚。如若没有借助对大数据的宏观分析和可视化呈现,记者可能很难发现这一特殊的"逆向迁徙"现象(图 8.3.1)。

图 8.3.1 中央电视台《晚间新闻》栏目|《据说春运:"大数据"展现"大迁徙"》(扫码阅读)

---

① http://zh.wikipedia.org/wiki/数据可视化.

二、跃然纸上看报告

创作机构: 新华通讯社——新华网

作品简介: 2018年3月6日,新华网推出独家创意短视频《跃然纸上看报告》,对政府工作报告进行视频化、可视化解读,打造全新视听体验。作品首次采用"三维立体书"形式解读政府工作报告,在视频后期制作中运用3D立体画和折纸动画相结合的手法,对报告中提到的过去五年成就进行了3D可视化呈现,场景逼真震撼,满满科技感,让人眼前一亮。其内容紧扣民生热点,情感细腻,角度贴近受众,并配以李克强总理作报告的现场同期声,画面简约大气,数据呈现新颖醒目,配乐简洁明快,引发网民广泛好评和点赞(图8.3.2)。

图 8.3.2　新华网|《跃然纸上看报告》(扫码阅读)

三、变胖的地球人

创作机构: 财新网数字说

作品简介: 这则数据新闻通过可视化的形式介绍了世界人口的肥胖状况,包含各个洲的数据,并创造性地插入BMI指数(Body Mass Index,即身体质量指数)计算器,使读者在阅读新闻之余还能计算自己的身体质量指数,互动性增强,结合内容能够达成更好的传播效果。这篇数据新闻并不是简单的数据罗列,而是通过地图的形式来展现40年间(1975~2014)的世界人口BMI指数变化情况,并通过可视化图例展示性别分布状况,通俗易懂(图8.3.3)。

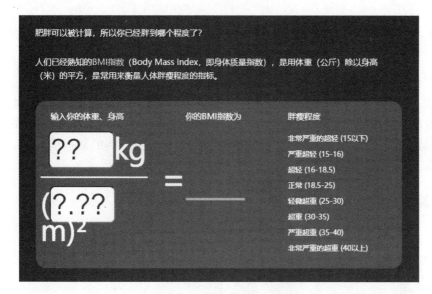

图 8.3.3　财新网数字说 |《变胖的地球人》(扫码阅读)

四、专利药为什么这么贵

创作机构: 财新网

作品简介: 一个名为"Zolgensma"的新药再次燃爆了公众对于"天价药"的讨论,财新网通过该数据新闻作品阐述了"专利药为什么这么贵"这个话题。作品采用多种数据图,形象直观地解释了诸如专利药从实验室到药店要经历什么、研发失败的药物净现值变化等专业性较强的问题,通过将复杂的数据可视化,阐释了专利药与仿制药间的博弈,信息量巨大,起到了很好的科普作用(图 8.3.4)。

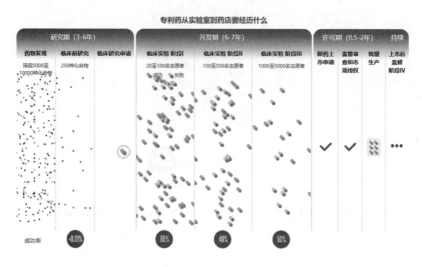

图 8.3.4　财新网 |《专利药为什么这么贵》(扫码阅读)

五、5000元能否实现租房自由？北上广深租房实验报告

创作机构：DT财经

作品简介：一线城市的租房问题往往是大众关注的话题，DT财经一次性把北上广深这四个国内大城市的租房情况用可视化图表的形式展现了出来，使读者避免迷失在枯燥的数据中，并且还可以轻易实现不同城市间的对比分析，能够为读者呈现更广阔的数据信息，发挥了数据新闻的社会服务功能(图8.3.5)。

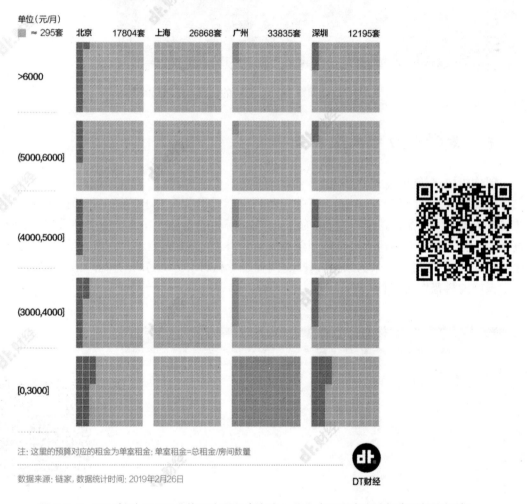

图8.3.5　DT财经｜《5000元能否实现租房自由？北上广深租房实验报告》(扫码阅读)

第四节　国际数据新闻获奖作品分析

国际上有很多关于数据新闻的赛事,比如全球数据新闻奖(Data Journalism Awards,DJA)、凯度信息之美奖(The Kantar Information is Beautiful Awards)、菲利普·迈耶奖(Philip Meyer Awards)以及亚洲卓越新闻奖(SOPA Awards)等奖项,本节将选取部分获奖案例进行展示,并对其选题角度和呈现方式进行分析。

一、拯救恒河的竞赛

原文标题:《The Race to Save the River Ganges》
创作机构:路透社(美国)
获奖情况:年度最佳数据可视化奖
选题角度:该作品选题角度新颖,通过对恒河污染问题的展现,引发读者对环境问题的思考,具有深刻的教育意义,通过触目惊心的图表,有助于呼吁人们关注恒河的污染问题,展现了数据新闻在承担社会责任中的积极贡献。
呈现方式:该作品使用照片、动态地图和大量数据,质疑了印度政府能否兑现承诺:在下一年之前对污染恒河的大量工业废水和让4亿人饮用水处于不安全状态的未经处理的污水进行有效治理。作品既通过生动的照片呈现了成千上万忠实教徒在恒河边洗澡、饮水、播撒骨灰的情况,又通过具体的数据展示了恒河的受污染情况,每天约有来自160多个主要城市下水管道的60亿升有毒废水,蔓延2500千米,流进恒河(图8.4.1、图8.4.2)。

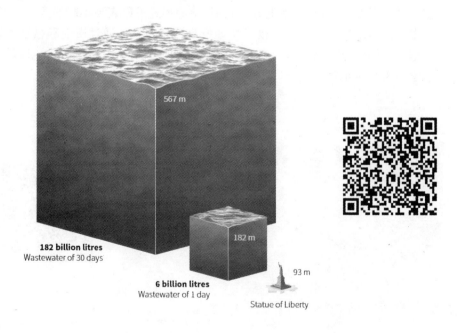

图8.4.1　《The Race to Save the River Ganges》(一)(扫码阅读)

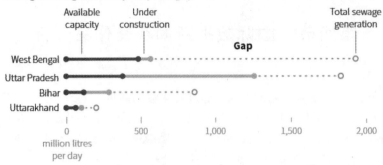

图 8.4.2 《The Race to Save the River Ganges》（二）

二、瑞士人在担心什么

原文标题：《What People in Switzerland Worry about》
创作机构：SRF data team
获奖情况：入围 2020Sigma Awards 数据新闻奖
选题角度：该作品基于瑞士实用社会研究院（GfS Bern Research Institute）受托于瑞士信贷所每年开展的"忧虑晴雨表"调研数据，收集并分析了从 1995 年到 2018 年这 25 年间瑞士人所关注议题的演变过程，以及这些议题对政治选举的影响。详细探讨了包括退休、健康保险、外国人、难民、环境保护和失业在内的六大议题，体现了浓厚的社会关怀。

呈现方式：作品用六种不同颜色的线条表明六大议题的演进趋势，若线越高或者越粗，表明某个问题的讨论频率越高，线条色彩的修辞说服是最常见的视觉修辞手法。当代符号学者索亚·福兹指出，图像中的颜色、线条、质地、布局与和谐程度是受众判断情感、论点、概念、评论、主题、思想的重要基础，线条的直、曲、横、斜等形式可以表现不同的含义，色彩的色相、纯度的面积等，可以凸显冲击力，使读者快速发现问题所在。通过横轴和纵轴可以清晰地看出绿色区域曲线忧虑程度较低，代表公众对环境保护方面的忧虑较低；蓝色区域忧虑程度较高，代表公众对失业的忧虑较高（图 8.4.3）。

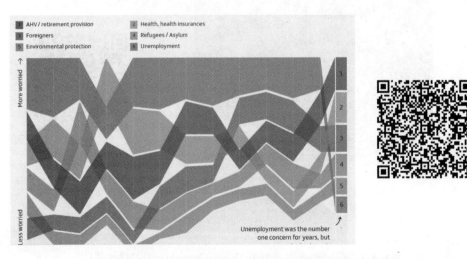

图 8.4.3 《What People in Switzerland Worry about》（扫码阅读）

三、如果叙利亚内战发生在你的国家会怎样？

原文标题：《What if The Syrian Civil War Happened in Your Country?》
创作机构：美国公共国际广播电台
获奖情况：2016年数据新闻奖（DJA）公众选择奖
选题角度：为了警醒世人，让人们意识到战争的危害，美国公共国际广播电台制作了一个数据新闻作品，可以模拟出叙利亚内战发生在世界上不同国家可能造成的后果。其作品价值在于，人们可以根据已有的数据做出预测。
呈现方式：作者以叙利亚战争为参照，将涉及的相关战争危害方面的情况进行数据化，包括总死亡人数、每年死亡人数与常规道路交通事故死亡人数的对比、缺乏安全用水人数、需要医疗救助人数、流离失所人数、饥饿人数、难民人数等（图8.4.4），用户可以结合各自国家的人口规模，根据作品的计算方法对自己国家的命运进行预测。

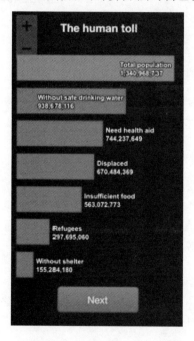 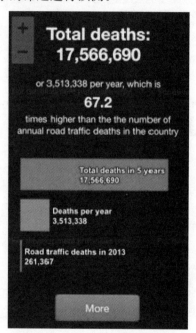

图 8.4.4 《What if The Syrian Civil War Happened in Your Country?》

四、富学校，穷学校：澳大利亚巨大的教育鸿沟

原文标题：《Rich School, Poor school：Australia's Great Education Divide》
创作机构：ABC新闻（澳大利亚广播公司）
获奖情况：2019年凯度信息之美奖——杰出团队奖
选题角度：该项目利用澳大利亚各所学校的独家收入和支出数据，首次准确地展示了贫富学校之间的差距。这项涵盖逾8500所学校的调查显示：2013年至2017年，澳大利亚学校220亿澳元的资本项目支出中，有一半仅用于10%的学校。这些学校的学生只占学生总数的不到30%，而且是澳大利亚最富有的学校，排名依据的是5年期间所有来源（联邦和州政

府资金、学费和其他私人资金)的平均年收入。

呈现方式:通过气泡图、条形图(图8.4.5)、折线图(图8.4.6)等对数据进行展示,颜色鲜明,对比强烈,可以对数据进行多维度展示,并将重点内容进行突出,生动形象地解释了澳大利亚的社会贫富分化问题。

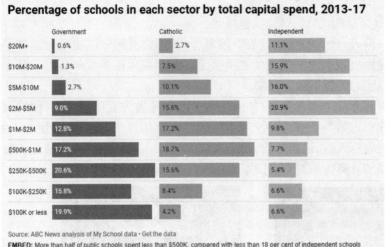

图 8.4.5 《Rich School, Poor School: Australia's Great Education Divide》(一)(扫码阅读)

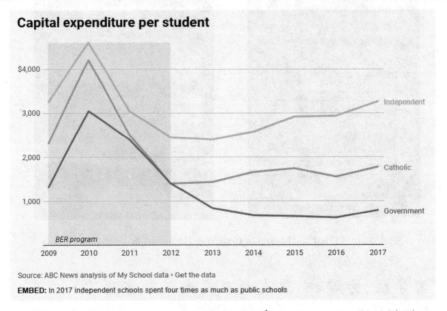

图 8.4.6 《Rich School, Poor School: Australia's Great Education Divide》(二)

五、印度尼西亚狮航坠机事故

原文标题:《Indonesia Plane Crash》
创作机构:路透社美国分社
获奖情况:2019年全球数据新闻奖——突发新闻数据使用奖(36小时以内)

选题角度：印度尼西亚狮航一架载有 189 人的航班自印尼首都雅加达起飞后不久坠入大海，该报道及时、准确、专业的报道方式令社会各界第一时间了解该消息，并获得 2019 年全球数据新闻奖的突发新闻数据使用奖。评审认为，"这是一个突发新闻视觉呈现的教科书般的案例，以一种美丽的方式，让你一眼就知道需要知道的一切。"

呈现方式：事故发生后，在 24 小时内，路透社图表部门就将飞行跟踪数据拼合在一起，发布了一份深入、直观的报告。飞行跟踪数据来自 Flightradar 24 和波音公司的事故数据，地图绘制主要运用 QGIS，在处理数据时，团队还与各个机构和专家进行了交谈，收集了多媒体内容，并绘制了飞机结构的矢量图（图 8.4.7、图 8.4.8）。

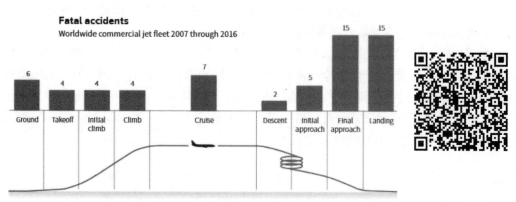

图 8.4.7 《Indonesia Plane Crash》（一）（扫码阅读）

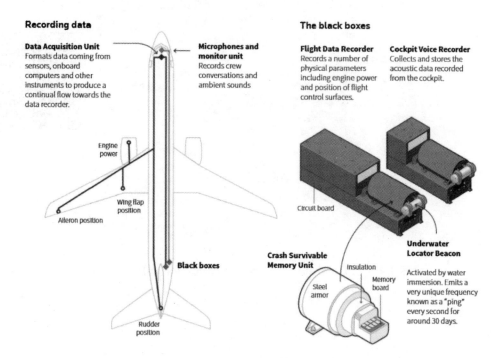

图 8.4.8 《Indonesia Plane Crash》（二）

六、罪犯移民的神话

原文标题：《The Myth of the Criminal Immigrant》
创作机构：马歇尔计划非盈利新闻机构（The Marshall Project）
获奖情况：2019年全球数据新闻奖——年度数据新闻应用奖
选题角度：特朗普政府称美国社会许多罪行是移民导致的，这一点其实是错误的。特朗普政府却以此推动其移民政策：限制入境、旅行和签证；加强边境执法；计划沿墨西哥边境修建一堵墙。《罪犯移民的神话》这篇报道证明这些说法不准确，基于本报告中的数据，马歇尔计划与报告的作者合作，将数据扩展到2016年，然后将这些数据用作进一步深度时间序列分析和可视化移民人口与暴力犯罪率趋势的基础。

呈现方式：通过四所大学的大规模合作，由纽约州立大学布法罗分校的Robert Adelman领导的一个研究小组研究了全国200个大都市40年间的统计区域，得出结论：高移民人口与高犯罪率之间没有相关性。该项目的目标不是简单地让读者相信原始学术论文的统计结果和时间序列分析的结果，而是给读者提供工具，让读者亲自从自己的城市看到数据，并做出自己的判断（图8.4.9、图8.4.10）。

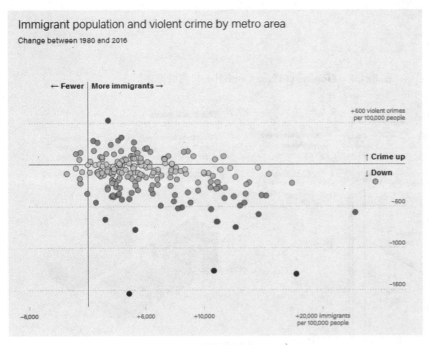

图8.4.9 《The Myth of the Criminal Immigrant》（一）（扫码阅读）

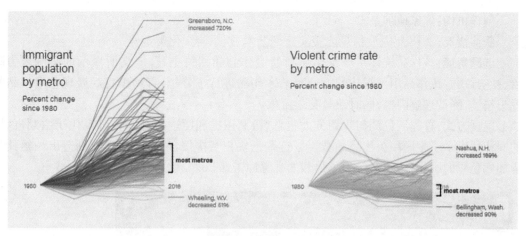

图 8.4.10 《The Myth of the Criminal Immigrant》(二)

七、黑夜中的地球,光汇成山脉

原文标题:《Earth At Night, Mountains Of Light》
创作机构:The Guardian United Kingdom
获奖情况:2019 年凯度信息之美奖——地图、场所与空间类金奖
选题角度:如果地球上的地形是由夜晚的灯光决定的,那么地图会呈现成什么样子呢?The Guardian United Kingdom 运用美国国家航空航天局(NASA)的卫星图像,以灯光亮度为依据,重新绘制了地球的三维地形图,以一种新颖的方式展示了世界各地夜间的亮度。
呈现方式:在地图中,高度被重新定义,所参考的数据是不同地区的灯光亮度。作品显示不同的城市形态各异,有的高耸尖锐,有的较为平坦,用 3D 网络映射技术通过对地球的表面进行了完整的重塑,这是一种对地图的重新定义(图 8.4.11)。

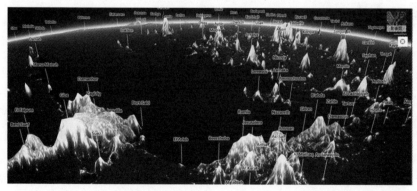

图 8.4.11 《Earth At Night, Mountains Of Light》(扫码阅读)

八、我们分析了 8000 幅毕加索作品,以下是我们的发现

原文标题:《We Analyzed 8000 of Picasso's Works. Here's What They Reveal about Him》

创作机构：国家地理杂志

获奖情况：2018 年凯度信息之美奖——艺术、娱乐与文化类金奖

选题角度：该作品统计了毕加索主要绘画作品的相关主题，上文所展示的案例多为政治、社会议题，该作品用可视化的方式对艺术作品进行了分析，有助于直观展现艺术作品的思想精髓，降低理解门槛，同时兼具美学价值。

呈现方式：首先用色调初步划分大主题，再利用饱和度进行进一步可视化子主题，色块的面积代表了子主题相关作品的数量。这些色块相互拼接，最后竟然重新创造出一幅具有毕加索色彩的画作，给观众带来了强烈的视觉冲击（图 8.4.12）。

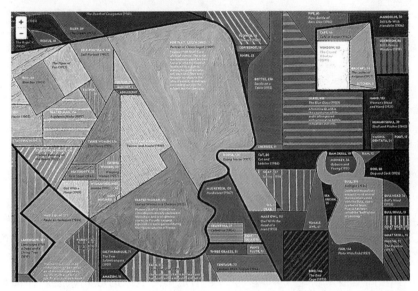

图 8.4.12　《We Analyzed 8000 of Picasso's Works. Here's What They Reveal about Him》（扫码阅读）

九、什么左右着选举？

原文标题：《What Would It Take to Turn Red States Blue?》

创作机构：FiveThirtyEight 新闻网站

获奖情况：2016 年数据新闻奖（DJA）最佳数据新闻应用奖

选题角度：什么能让选举从一个方向摆动到另一个方向？该数据新闻作品允许用户操控五个人口群体的投票人数和针对两党的选票份额，旨在展示如果这些群体做出了和 2012 年不同的投票时美国选举会被怎样"翻转"。

呈现方式：该作品注重情境再造，它允许用户操控五个人口群体的投票人数和针对两党的选票份额，按照设定的情境进行操作，从而可以亲身体验美国大选的种种可能性。交互性的设计鼓励用户主动参与到新闻叙事当中，增强了用户的动手能力和体验感，让用户从宏观角度体验到美国选举的本质（图 8.4.13）。

图 8.4.13 《What Would It Take to Turn Red States Blue?》(扫码阅读)

十、难民营的生活

原文标题：《Life in the Camps》
创作机构：路透社
获奖情况：2018年数据新闻奖比赛年度数据可视化奖
　选题角度：来自路透社的 Simon Scarr 和 Weiyi Cai 制作的可视化作品，结合了视频、静态摄影、卫星图像、地图和文案等呈现方式，共同展示了罗兴亚难民营中荒诞的生活条件。
　呈现方式：该作品用图表(图 8.4.14、图 8.4.15)展现出由于恶劣生活环境导致的疾病数据和每日死亡报到人数数据，可以看出呼吸道感染和急性水样腹泻约占所有疾病的一半。

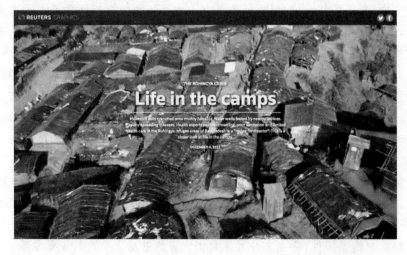

图 8.4.14 《Life in the Camps》(扫码阅读)

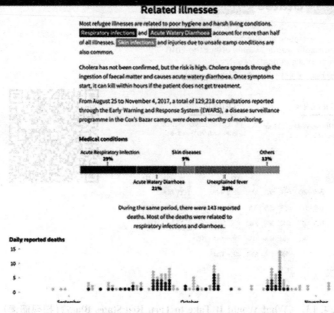

图 8.4.15 《Life in the Camps》

本章小结

本章主要介绍了国内外数据新闻的经典案例，并对其选题角度和呈现方式进行解读，帮助大家拓宽视野与思路。英国的《卫报》和美国的《纽约时报》作为数据新闻实践的两大先驱，其作品较为前沿，有利于拓宽国际视野。国内数据新闻发展如火如荼，第三节介绍了国内数据新闻的相关实践，有助于了解国内发展动向。在介绍经典案例的基础上，第四节重点对国际数据新闻获奖作品进行分析，从选题角度和呈现方式两个层面来解读优秀获奖作品，从而深入了解其内在逻辑和社会意义，有助于挖掘数据新闻作品背后的人文关怀和社会价值。

从案例选题角度来说，真正能打动读者的，还是具有人文关怀的数据新闻作品。人文关怀使作品具备了温度，能够照亮社会的阴暗面，从而使得社会合理有序运转。从呈现方式来说，一般分为静态类、视频类和交互类，这三种形式各具特色，本章通过案例对不同类型数据新闻作品进行了呈现。交互类数据新闻，成为目前应用最广的数据新闻形式，本章所介绍的也多为交互类数据新闻。交互意味着选择，面对指数级增长的数据，对信息的选择非常有必要，因此交互意味着传播者与接收者之间可以进行互动，读者可以选择阅读自己感兴趣的部分。交互类数据新闻不仅可以进行选择，还可以根据用户的浏览数据来确定未来新闻的选题，实现数据与用户之间更大程度的互动，有助于新闻实践的不断深入。

数据新闻改变了传统新闻的浏览模式，不需要繁复的设计风格，只需清晰简洁地传递新闻内容，因此在设计上应首先考虑实用性，兼顾美观，从而满足不同用户的需求。在新闻元素的呈现上，可以充分利用颜色、线条、图示等要素，通过合理组合展现出数据新闻内容。不应过度追求美观而忽视数据的真实性，要在充分展示数据内容的基础上来进行视觉呈现。

数据新闻是不能设置门槛的，其最终目的在于新闻信息的传递，因此需要确保操作的便捷性。为达成这一需求，首先页面不可以过于复杂，其次操作说明应该用合适的方式展示，最后就是操作的步骤不宜多，确保各类用户均可以便捷操作，实现新闻信息的有效传递。数据新闻还应遵循基本的设计理念与逻辑，才可以合理地展示出数据之间的结构与关系，并且作品背后需要较强的技术支持，但是普通用户不需了解其中的技术细节，只需明白如何操作数据新闻界面即可。

◆ **实操任务**

1. 浏览国内外数据新闻作品，培养对选题的敏感度。
2. 赏析国内外数据新闻作品，分析新闻的呈现方式。
3. 关注中外数据新闻赛事，并浏览其优秀作品。
4. 在学习前文操作的基础上，尝试设计制作一则数据新闻作品。

附　录

附录一　各章案例链接汇总

第一章

1. 澎湃新闻 |《2个月，13753例，新冠肺炎如何蔓延全球？》
https://www.thepaper.cn/newsDetail_forward_6316835
2. 财新"数字说" |《青岛中石化管道爆炸事故大事记》
https://china.caixin.com/2013-11-23/100608795.html
3. 公众号"狐说" |《用数据告诉你：青岛大虾如何破坏城市形象》
https://www.sohu.com/a/35193536_114812
4. 财新"数字说" |《2015三公消费龙虎榜》
https://datanews.caixin.com/2013/2080/100612707/
5. 财新"数字说" |《阿里巴巴IPO：史上最大，是有多大？》
https://datanews.caixin.com/2014-09-17/100729798.html

第二章

1. 中国中央电视台《晚间新闻》栏目 |《据说春运："大数据"展现"大迁徙"》
https://tech.qq.com/a/20140126/008268.htm
2. 新华网 |《全景交互看阅兵》
http://fms.news.cn/swf/ybbz2015_sjxw/index.html
3. 路透社（美国分社） |《印度尼西亚坠机事故》
https://fingfx.thomsonreuters.com/gfx/rngs/INDONESIA-CRASH/0100810F1X2/index.html
4. DT财经 |《预算5000元，在北京也很难租到好房》
https://baijiahao.baidu.com/s?id=1625877044582688840&wfr=
5. 美联社、调查性新闻中心、Quartz网 |《谁死于飓风玛丽亚》
https://hurricanemariasdead.com/

第三章

1. 财新"数字说" |《北京新发地新冠疫情已确诊328例，如何关联？》

https://datanews.caixin.com/2020-07-02/101574563.html

2.《纽约时报》Upshot栏目|《从首例到500万例,美国这202天是怎么过来的?》
https://baijiahao.baidu.com/s?id=16745566519985663468wfr=spider&for=pc

3.《纽约时报》Upshot栏目|《美国各州新冠肺炎确诊病例数分布概况》
https://www.nytimes.com/interactive/2020/07/02/us/coronavirus-cases-increase.html

4. 央视网|《开卷两会》
http://tv.cctv.com/2018/02/28/VIDANlJd4oNEGKqjVu610giO180228.shtml

5. 人民网|《数据逐年看:为什么说这5年发生了历时性变革》
http://news.cnr.cn/native/gd/20180306/t20180306_524154393.shtml

6. 新华网创意数据视频|《改变中国:影响世界的40年》
http://www.xinhuanet.com/2018-12/16/c_1123860186.htm

7. 中国地方政府数据开放指数|《2017中国地方政府数据开放平台报告》
http://www.cbdio.com/BigData/2017-05/28/content_5528780.htm

8. 2019年全国两会网络传播大数据报告|《2019年全国两会热点全网传播趋势》
https://biz.huanqiu.com/article/9CaKrnKj8jv

9. 2019年全国两会网络传播大数据报告|《两会十大热点发布会》
http://news.youth.cn/sh/201903/t20190318_11899811_1.htm

10.《纽约时报》普利策新闻获奖作品|《雪崩》动态融媒创作画面
https://v.qq.com/x/page/k0138t3cx91.html

11. CGTN|《Who Runs China|这2975个点点代表着全中国》
https://mp.weixin.qq.com/s/wUtH7nd9bN8lNLmpWDMIgA

12. 人民日报|《中国24小时》系列短视频
https://v.qq.com/x/page/j3235dn9bsp.html

13. 新华网|《防患于未"燃":全国十年火灾大数据警示》
http://www.xinhuanet.com/video/sjxw/2019-04/12/c_1210106721.htm

14. 财新"数字说"|《星空彩绘诺贝尔》
https://datanews.caixin.com/2013/nobel/

15.《环球邮报》数据新闻编辑团队|《无据可依》作品主页面
https://www.theglobeandmail.com/news/investigations/compare-unfounded-sex-assault-rates-across-canada/article33855643/

16. 澎湃"美数课"|《看见盲人眼中的世界》
http://projects.thepaper.cn/thepaper-cases/839studio/blind/index.html

第四章

1.《So hat Deutschland 2017 Gewählt-alle Resultate in der Übersicht》
https://www.nzz.ch/international/bundestagswahl-live-so-hat-deutschland-gewaehlt-eine-analyse-in-grafiken-ld.1316249?reduced=true#back-register

2.《Europe's First-births Convergence》
https://www.economist.com/graphic-detail/2017/10/03/europes-first-births-convergence

3. 解释气候变化的六个图表
https://www.bbc.co.uk/news/resources/idt-5aceb360-8bc3-4741-99f0-2e4f76ca02bb

4.《The Myth of the Criminal Immigrant》
https://www.themarshallproject.org/2018/03/30/the-myth-of-the-criminal-immigrant

5. 《数据告诉你,全球抗疫,中国不会缺席》

https://m.thepaper.cn/newsDetail_forward_6476794

6. 澎湃新闻 |《四图看懂"双一流":增加了哪些高校?哪些学科上榜最多?》

https://m.thepaper.cn/newsDetail_forward_1802136

7. 《Homicides in Mexico Exceed the Crisis of 2011》

http://www.ladata.mx/homicidiosenmexico_en/

8. 澎湃新闻 |《图释两千年传染病史:若瘟疫无法被根除,该如何与之相处?》

https://m.thepaper.cn/newsDetail_forward_6058438

9. 《3 万条航班数据背后,230 座城市的天空之战》

https://baijiahao.baidu.com/s?id=1633396835068786183&wfr=spider&for=pc

10. 《New Berliners and Native Berliners-Who Came, Who Went and Who Lives Here Today》

https://www.morgenpost.de/berlin/25-jahre-mauerfall/interaktiv/article136530429/New-Berliners-and-native-Berliners-who-came-who-went-and-who-lives-here-today.html

11. 网易"数读"|《内卷的中国咖啡,靠它打败星巴克》

https://www.163.com/data/article/H6HCHES7000181IU.html

12. 《1183 位求助者的数据画像:不是弱者,而是你我》

https://mp.weixin.qq.com/s/0mB03Zp0jaI9uOdx5cbCkg

13. 《The Secret OF Success》

https://www.flickr.com/photos/infografika/7628645452/in/photostream/

14. 《What is Congress Tweeting About》

https://congress.pudding.cool/

15. 《最新!中国以外累计确诊 28861 例》

https://baijiahao.baidu.com/s?id=1660670007243169879&wfr=spider&for=pc

16. 《家宴·人间至味是团圆》

http://www.xinhuanet.com/video/sjxw/2019-02/19/c_1210062862.htm

17. 《Uber Rides by Neighborhood》

https://bost.ocks.org/mike/uberdata/

18. 《In Seattle Art World, Women Run the Show》

https://www.seattletimes.com/entertainment/visual-arts/in-seattle-art-world-women-run-the-show/

19. 《中国孩子 30 年体质变化,不只是跑不动 1000 米》

https://www.thepaper.cn/newsDetail_forward_14547210

20. 《What People in Switzerland Worry About》

https://www.swissinfo.ch/eng/politics/2019-elections_what-people-in-switzerland-worry-about/44997722

21. 《A Disappearing Planet》

https://projects.propublica.org/extinctions/

22. 《2019 Review: the Year Hong Kong Dominated the Headlines》

https://multimedia.scmp.com/infographics/article/3043006/colours-scmp-infographics-2019/

23. 《Is it Better to Rent or Buy?》

https://www.nytimes.com/interactive/2014/upshot/buy-rent-calculator.html?abt=0002&abg=0

24. 《The Uber Game》

https://ig.ft.com/uber-game/

第八章

1. 《Snow Fall：The Avalanche at Tunnel Creek——By John Branch》

https://m.v.qq.com/z/msite/play-short/index.html?cid=&vid=k0138t3cx91&qqVersion=0&share_from=

2. 《Interactive：The Fullest Look Yet at the Racial Inequity of Coronavirus》

https://www.nytimes.com/interactive/2020/07/05/us/coronavirus-latinos-african-americans-cdc-data.html

3. 《We Asked 615 Men about How They Conduct Themselves at Work》

https://www.nytimes.com/interactive/2017/12/28/upshot/sexual-harassment-survey-600-men.html

4. 《See How the World's Most Polluted Air Compares With Your City's》

https://www.nytimes.com/interactive/2019/12/02/climate/air-pollution-compare-ar-ul.html

5. 《Wikileaks Iraq：Data Journalism Maps Every Death》

https://www.theguardian.com/world/datablog/interactive/2010/oct/23/wikileaks-iraq-deaths-map

6. 《The Three-degree World：the Cities that Will be Drowned by Global Warming》

https://www.theguardian.com/cities/ng-interactive/2017/nov/03/three-degree-world-cities-drowned-global-warming

7. 《How Sun Yang caught up with Chad le Clos to Claim Gold in the 200 m Freestyle》

http://www.theguardian.com/sport/ng-interactive/2016/aug/09/how-sun-yang-caught-up-with-chad-le-clos-to-claim-gold-in-the-200m-freestyle

8. 《Bussed Out：How America Moves Its Homeless》

https://www.theguardian.com/us-news/ng-interactive/2017/dec/20/bussed-out-america-moves-homeless-people-country-study

9. 中国中央电视台《晚间新闻》栏目|《据说春运："大数据"展现"大迁徙"》

https://tv.cctv.com/2014/01/25/VIDE1390659482603882.shtml

10. 新华网|《跃然纸上看报告》

http://www.gov.cn/xinwen/2018-03/06/content_5271363.htm

11. 财新数字说|《变胖的地球人》

https://datanews.caixin.com/mobile/obesity/

12. 财新网|《专利药为什么这么贵》

https://datanews.caixin.com/interactive/2018/patent-drug/index.html

13. DT财经|《5000元能否实现租房自由？北上广深租房实验报告》

https://mp.weixin.qq.com/s/G_C0gUv47HwyGt6GlLXJUw

14. 《The Race to Save the River Ganges》

https://graphics.reuters.com/INDIA-RIVER/010081TW39P/index.html

15. 《What People in Switzerland Worry about》

https://www.swissinfo.ch/eng/2019-elections_what-people-in-switzerland-worry-about/44997722

16. 《What if The Syrian Civil War Happened in Your Country?》

http://www.pri.org/stories/2016-03-16/what-if-syrian-civil-war-happened-your-country

17. 《Rich School，Poor School：Australia's Great Education Divide》

https://www.abc.net.au/news/2019-08-13/rich-school-poor-school-australias-great-education-divide/11383384?nw=0

18. 《Indonesia Plane Crash》

https://fingfx.thomsonreuters.com/gfx/rngs/INDONESIA-CRASH/0100810F1X2/index.html

19.《The Myth of the Criminal Immigrant》
https://www.themarshallproject.org/2018/03/30/the-myth-of-the-criminal-immigrant
20.《Earth At Night，Mountains Of Light》
https://jwasilgeo.github.io/esri-experiments/earth-at-night/
21.《We Analyzed 8000 of Picasso's Works．Here's What They Reveal about Him》
https://www.nationalgeographic.com/magazine/2018/05/genius-picasso-art-categories-infographic/
22.《What Would It Take to Turn Red States Blue?》
http://projects.fivethirtyeight.com/2016-swing-the-election/
23.《Life in the Camps》
http://fingfx.thomsonreuters.com/gfx/rngs/MYANMAR-ROHINGYA/010051VB46G/index.html

附录二　公开数据平台清单

综合类

1．欧睿国际数据库

网址：https://www.euromonitor.com

简介：可以提供全球 100 个国家的行业数据，以及 210 个国家的宏观数据与消费者数据，同时还可以提供超过 8 年的历史数据和 5 年的预测数据，来展现行业整体的发展趋势。可以提供 1000 多万条国际可比较的市场数据（市场容量和市场销售额、品牌和公司占有率、分销渠道销售额、包装和成分数据）等。

2．中国统计信息网

网址：http://www.cnstats.org/

简介：中国统计信息网，是中华人民共和国国家统计局的官方网站。中国统计信息网通过先进的网络技术汇集了海量的全国各级政府各年度的国民经济和社会发展统计信息，建立了以统计公报为主，统计年鉴、阶段发展数据、统计分析、经济新闻、主要统计指标排行等为辅助的多元化统计信息资料库，目前在线资料已达上万份。并通过专业的索引页面，帮助使用者在最短的时间内找到自己需要的资料。

3．凯度（Kantar）

网址：https://cn.kantar.com/

简介：总部位于英国伦敦的凯度是在全球范围内提供数据、洞察和咨询的公司。凯度擅长于理解全球各地的人们是如何思考、感受、购物、分享、投票和收看媒体的，是洞察人性需求的专家，也是不断研发技术的团队。凯度在全球 100 个市场的 30000 多名员工致力于帮助全球各行业的领军机构不断地获得成功与增长。

4．MobTech

网址：http://www.mob.com/about/aboutus

简介：MobTech 是全球领先的数据智能科技平台，在数据智能产业，以数据应用为主导，融合顶尖的大数据、云计算、人工智能等多元先进技术，打造开发者服务、商业化、AI、Mob 研究院四大版块，为全球 200 多个国家和地区的企业、开发者和政府机构提供商业智能解决方案、App 运营赋能方案、企业级 AI 智能方案、数据咨询研究等服务。

5．大数据世界

网址：http://www.thebigdata.cn/

简介:提供大数据技术、大数据应用案例,汇聚大数据资料,讨论大数据话题。中国大数据是国内较早的公益性大数据网站,由刘鹏教授创办。

6. Statista

网址:https://www.statista.com/

简介:Statista 是全球领先的数据统计互联网公司,团队由超过 250 位统计学家、数据库专家、分析师和编辑人员组成。Statista 帮助用户研究定量数据、统计资料和相关信息,提供创新和直观的工具。网站可供访问的数据来自市场和民意研究机构,也包括英国和德国的商业组织和政府机构。该网站拥有超过 22500 个不同行业的统计和研究数据资料,主要涵盖了社交媒体、电子商务、手机、化妆品、服装业等 600 个行业的趋势,所有的数据都是以信息图表的方式呈现。

7. 中国科学院数据云

网址:http://www.csdb.cn/

简介:中国科学院数据云里的科学数据库内容涵盖了化学、生物、天文、材料、腐蚀、光学机械、自然资源、能源、生态环境、湖泊、湿地、冰川、大气、古气候、动物、水生生物、遥感等多门学科,由中国科学院各学科领域几十个研究所的科研人员参加建设。在"十五"期间,科学数据库项目资助的建库单位已达到 45 个。到"十五"结束之时,科学数据库的专业子库数量达到了 503 个,总数据量达到 16.6 TB,其中可通过网络共享的数据量达到 9.48 TB。

8. 艾媒网

网址:https://www.iimedia.cn/#shuju

简介:iiMedia Research(艾媒咨询)是全球知名的新经济产业第三方数据挖掘和分析机构。基于公司独立自主研发的"中国移动互联网大数据挖掘与分析系统(CMDAS)"(广东省科技计划重大专项),艾媒建立了互联网运营数据、企业舆情和商情、用户属性和行为偏好、零售数据挖掘、广告效果、商业模式与商业趋势等多维度的数据监测体系。报告覆盖了新技术、新零售、教育、生物、医疗、出行、房产、营销、文娱、传媒、金融、制造、区块链、环保与公共治理等新兴领域。

9. 数据集市

网址:http://index.baidu.com/v2/index.html#/

简介:数据集市属于第三方数据网站,是专业的数据资源共享网站,提供数据下载、数据分享、数据快递等服务,助力于数据的发现与共享。截至 2020 年 4 月 19 日,数据集市共有 337 个数据集,涉及金融财经、医疗健康、新闻出版、交通出行、影视传媒等行业领域的数据。值得一提的是,网站只提供原始数据及其出处,不提供数据分析等服务。

10. 易得数据

网址:http://1999data.com/

简介:易得数据是一个数据全面、操作简单、性价比极高的数据服务平台,可以一站式获取全球 200 多个国家、30 多个一级行业和 100 多个二级行业领域的权威热门数据。一方面具有丰富的数据可视化功能,在线即可制作数据图表,另一方面也具备数据在线分析的功能,轻松洞察数据价值。

11. Nation Master

网址:https://www.nationmaster.com/statistics

简介:Nation Master 是一个全球性的组织,建立于 2003 年,致力于发掘地缘政治、经济、地理、国防和文化等方面的真相并将事实告诉公众,有着各国的各种统计数据,并且可以进行数据对比。到目前为止,Nation Master 已经发展成为一个统计学创造者和使用者的协会。

12. 中国国家数据中心

网址:https://data.stats.gov.cn/

简介:中国国家数据中心官网可以查找到目前国内最全面、最权威的数据信息。网站上有月度数据、季度数据、年度数据、普查数据、地区数据、部门数据等,目前还实现了可视化数据,可以直观了解最新的数据法规及制度，满足各行业数据需求。

13. 镝数聚

网址：http://www.dydata.io/

简介：镝次元 Dyclub 是一家以数据挖掘、数据可视化和数字出版为核心业务的创新科技企业。公司核心产品镝数，是中国首个数据查找与可视化平台，零代码实现数据可视化，快速查找高质量数据集，此外还提供专业的数据服务和数据传播服务。简单来说，镝数就是一个数据查找与可视化制作的平台，适于任何职业、身份的小白用户。

经济类

1. 易观智库

网址：https://www.analysys.cn/

简介：易观智库是易观国际推出的基于新媒体经济（互联网、移动互联网、电信等）发展研究成果的商业信息服务平台，兼具信息可视化、数据模型化、分析工具化、内容定制化与解读互动化等亮点，提供可信、可靠、可用、成本有效的商业信息，最终帮助节省时间和人力，提高工作效率。

2. 易车指数

网址：http://index.bitauto.com/login

简介：反映国内汽车销售市场，为购车者或汽车从业者提供参考。打造完整营销闭环，拥有竞品对比以及行业趋势分析，结合专业营销理论，通过热度、潜客、销售、口碑等多维立体数据实现全方位的营销效果评估，实现一站式数据分析。通过多指标、全维度的专业模型，结合专家理论分析，解读汽车市场，助力智慧营销。

3. CBNData

网址：http://www.cbndata.com/home

简介：第一财经商业数据中心 CBNData 借力阿里巴巴大数据，整合中国最大的财经媒体集团优势资源，主要提供电商、快消类的数据与报告。拥有商业数据报告、数据指数、定制化咨询等核心产品，同时通过数据新闻、活动、视频、直播等形式丰富数据商业化的应用场景。

4. 投中研究院

网址：https://www.chinaventure.com.cn/report/list.html

简介：投中研究院成立于 2006 年 12 月，依托投中多元化产品、丰富资源和海量数据，聚焦 VC/PE 行业政策环境、投资趋势、新经济领域投融资等开展深入研究，为国内外投资机构、监管部门和行业组织提供专业服务与研究成果，成为中国 VC/PE 领域权威的咨询研究机构。

5. 中国产业信息网

网址：https://www.chyxx.com/

简介：中国产业信息网是目前全国最大和最权威的产业信息提供商之一，公司致力于为企事业管理人员和决策者、企事业规划部门、信贷和投资机构、政府决策部门等提供最为专业和权威的信息资料，如行业研究报告、市场调查、统计数据等。可为决策者提供准确的参考信息，为广大客户提供极具价值性、前瞻性、指导性的行业研究及信息咨询服务，帮助客户在激烈的市场竞争中把握正确发展方向。

6. 中经网产业数据库

网址：https://newcyk.cei.cn

简介：中经网产业数据库是以更加贴近用户研究分析习惯的方式提供数据的数据库产品。内容涵盖农业、煤炭、石油、电子、汽车、家电、金融、房地产等 24 个重点产业，各库包含行业相关的生产、需求、外贸、价格、投资、效益等方面的进度和年度经济统计数据，以报表形式将相关指标组合在一起，内容丰富，结构清晰，易于查找和使用。除了统计数据，还提供行业景气、指标跟踪、权威预测等增值栏目，为行业研究人员进行业产业监测和研究提供有力的支持。

7. 世界经济数据库

网址：https://wdb.cei.cn

简介：世界经济数据库汇集了来自 IMF、OECD 和世界银行等权威数据发布机构的第一手数据资源。覆盖经济总量占全球主导地位的 22 个主要国家和新兴经济体。内容包括国民经济核算、国际收支、对外贸易、人口就业、财政金融、能源环境、价格水平等专题。数据最早起始于 1948 年，频度跨越月、季、年度。既可以监测各国和地区重点经济指标，又可以从专题角度进行国家间经济比较，是国内外专家和学者分析和研究世界经济形势的便捷工具。

8. CEIC 全球经济数据库

网址：https://www.ceicdata.com/zh-hans

简介：CEIC 全球经济数据库，是需要付费的数据库，目前包括全球 117 个国家的宏观数据，历史资料可追溯至 70 年以上。CEIC 是全球最全面的宏观经济数据库，而且还是数据可操作性及数据质控最为严谨的经济数据库，在大陆地区提供的全球经济数据库被众多券商和研究机构所使用。

9. CSMAR 数据库

网址：http://www.gtarsc.com/

简介：CSMAR 经济金融研究数据库是国泰安从学术研究的需求出发，借鉴芝加哥大学 CRSP、标准普尔 Compustat、纽约交易所 TAQ、I/B/E/S、Thomson 等国际知名数据库的专业标准，并结合中国实际国情开发的经济金融型数据库，主要针对中国金融学术研究。国泰安集团除了 CSMAR 外还有一系列的数据产品，规模比较大。

10. 中国城市居民调查报告 CNRS-TGI

网址：http://www.tgi-cnrs.com/index.asp

简介：这属于第三方统计数据。CNRS-TGI 是全球市场营销与媒介研究领头羊——TGI 全球项目的中国分支研究，连续跟踪中国消费者行为、生活变迁 14 年之久。它帮助客户跟踪消费者产品和品牌需求变化，并通过人口属性及心理层面的信息精准描述并定位目标消费者；研究消费者媒体使用习惯，掌握媒体间的竞争态势及发展趋势，帮助广告主和广告公司有针对性地实施媒体策略。其数据产品包括全球消费者研究体系、中国商务人士调查、中国母婴人群调查等，也会公开部分报告，如《洞悉 O2O 时代线上线下行为》等。

11. App Annie Blog

网址：https://www.appannie.com/cn/insights/

简介：这属于第三方统计数据。App Annie 提供 app 指数报告，是移动应用和数字内容时代数据分析和市场数据的行业领导者。该平台帮助企业主、市场人员和投资者了解其自身应用业务状况以及整个应用市场的趋势，帮助他们更好地制定有关产品、国际化、营销和投资策略等的市场决策。其提供的信息和服务有：Store Stats、Analytics、Intelligence 等。其中 Store Stats 是最易使用的、免费的应用市场数据库，提供 App 详细排名图表、历史排名变化、被推荐情况和全球应用市场矩阵，既有免费内容也有付费信息。

12. 中国经济社会大数据研究平台

网址：https://data.cnki.net/

简介：《中国经济社会大数据研究平台》作为中国知网大数据碎片化抽取与分析的应用产品，数字化整合国内外权威机构发布的数据资源，实现了数据的采集、清洗、挖掘和可视化，是一个集数据查询、数据挖掘分析、决策支持及个人数据管理于一体的综合性宏观统计数据服务平台，为用户提供数据资源获取与数据分析处理的一站式服务。目前累计数据 8 亿余笔，覆盖行业 32 个，涉及核心统计指标 256 万余个。

13. Osiris——全球上市公司分析库

网址：https://osiris.bvdinfo.com/ip

简介：Osiris 数据库是研究全球各国证券交易所内 155 个国家超过 80000 家上市公司的大型专业财务

分析库(含中国深/沪及海外上市公司数据),向专业用户提供各国上市公司所需的详细财务经营报表与分析比率、股权结构、企业评级数据、历年股价系列、企业行业分析报告等(含已下市公司数据)。Osiris 库是目前欧美各国针对各国上市公司证券投资分析、企业战略经营分析、跨国企业转让定价、公司财务分析等研究领域中广泛使用的知名实证分析数据库。为适合不同用户的需求及准确开展跨国、跨行业检索与分析,库中各上市公司的财务数据按不同财务格式分层呈现,由标准模板深入至原始财务数据。

14. 阿里研究院

网址:http://www.aliresearch.com/cn/index

简介:阿里研究院是依托阿里巴巴集团海量数据,深耕小企业前沿案例,集结全球商业智慧,以开放、合作、共建、共创的方式打造的具有影响力的新商业知识平台。自 2007 年 4 月成立以来,阿里研究院与业界顶尖学者、机构紧密合作,聚焦电子商务生态、产业升级、宏观经济等研究领域,推出 aSPI-core、aSPI、aEDI、aCCI、aBAI 及数据地图等多个创新性数据产品、大量优秀信息经济领域研究报告,以及数千个经典小企业案例。

15. 云听

网址:http://www.yunting.ai/

简介:云听基于八爪鱼 6 年的大数据资源积累以及企业服务经验,运用人工智能自然语言分析技术,具备全网数据收集能力、数据整合分析能力,可为企业提供场景化解决方案,尤其在客户体验管理 CEM 领域,拥有 OPPO、VIVO、科沃斯等知名零售品牌大客户,在电商数据及舆情方面拥有丰富的经验。

16. 雪球

网址:https://xueqiu.com/hq

简介:雪球是专业的数据资源共享网站,提供数据下载、数据分享、数据快递等服务,一直致力于为中国投资者提供跨市场(沪、深、香港及美国市场)、跨品种(股票、基金、债券等)的数据查询、资讯获取和互动交流以及交易服务。旗下拥有雪球网站和雪球股票、雪盈证券、蛋卷基金等三款移动应用。

17. 艾瑞互联网大数据服务平台

网址:https://data.iresearch.com.cn/home.shtml

简介:艾瑞数据致力于成为数据应用技术为核心驱动力的科技型企业,本着通过数据改变认知、提升企业效能的理念,为客户提供基于情报+数据+服务的商业数据智能解决方案,涵盖消费者洞察、市场竞争监控、企业精细化运营、共享数据服务。

18. 中研网

网址:https://www.chinairn.com/

简介:中研网(ChinaIRN com)全称中国行业研究网,是中国综合经济门户平台,也是国内外经济交流的窗口。中研网创始于 1998 年,是中国最大的行业研究机构中研普华集团旗下最具影响力的网络服务平台。中研网秉承"让中国走向世界,让世界了解中国"的理念,成为工业和信息化融合的网络领航者,树立中国产业的第一风向标。

19. 深圳证券交易所

网址:http://www.szse.cn/market/

简介:提供金融数据,包括上市公司信息,股市、基金、债券、权证等金融产品信息,交易信息,监管信息等。

20. 极光数据

网址:https://www.jiguang.cn/reports

简介:极光数据服务领域涵盖金融风控服务、客户洞察服务与行业研究服务,并伴有移动应用监测平台。

21. 中国资讯行

网址:www.infobank.cn

简介:中国资讯行是一个中文商业数据库平台,专门从事中国商业经济资讯的收集、整理和传播,致力于将全面而实用的资讯带到全球商业社会,满足商界人士的不同需求。中国资讯行每天通过对全国1200余家媒体、国外几十家媒体的监测,并和国内多家官方和行业权威机构合作,不仅可以为所有用户提供197个行业的原始数据,更可以根据客户需求提供专业的个性化服务和及时的信息反馈,是了解自身、行业背景、竞争对手情况最直接有效的助手。

22. TalkingData

网址:http://www.talkingdata.com/

简介:TalkingData秉持"数据改变企业决策,数据改善人类生活"的愿景,围绕TalkingData SmartDP数据智能平台(Talking Data 数据中台)构建"连接、安全、共享"的数据智能应用生态,致力于用数据+科技为合作伙伴创造价值,帮助企业和现代社会实现以数据为驱动力的智能化转型。

23. Amazon WebServices(AWS)datasets

网址:https://aws.amazon.com/cn/datasets/

简介:Amazon提供了一些大数据集,可以在他们的平台上使用,也可以在本地计算机上使用,还可以通过EMR使用EC2和Hadoop来分析云中的数据。在亚马逊上流行的数据集包括Google Booksn-gram、NASA NEX数据集,以及百万歌曲数据集等。

政治类

1. OCCRP's Investigative Dashboard

网址:aleph.occrp.org

简介:OCCRP全称Organized Crime And Corruption Reporting Project,创建于2006年,是一个致力于报道世界各地有组织犯罪和腐败行为的非盈利组织,这个网站是他们建立的一个在线资源中心。在这个网站里,人们可以找到约一亿条法庭记录、法律条款、研究报告等文件。

2. LittleSis

网址:littlesis.org

简介:LittleSis是一个免费的数据库,通过追踪政治人物、商业领袖、游说者、金融家和他们的下属机构的关系,为有影响力的社交网络增加透明度。其部分文件来自政府文件和新闻文章等,在这里可以找到许多关于商界领袖、政治家、金融家及其附属机构的数据,并可以免费下载。

3. 中华人民共和国海关总署

网址:http://www.customs.gov.cn/?adfwkey=jrt35

简介:一个平台构建了海关总署外网主站、四十多个直属海关子站的全国海关服务网,建立了从服务指南、表格下载、结果查询到分角色快速入口和海关特色服务的一站式、全范围的办事服务体系。深度解读式在线访谈:访谈数量大、更新快,重大活动高峰期更新频率为每周一次,平时每月一次;并以高流畅的图文式访谈功能、高清晰简洁化的深入解读构建了海关特色的在线访谈典型。地图式海关网站群浏览引导,实现了全国海关地图式的信息提示,清晰明了,快速高效。

4. 北京政务数据资源网

网址:https://data.beijing.gov.cn

简介:北京市政务数据资源网是由北京市经济和信息化局牵头建设,北京市各政务部门共同参与,致力于提供北京市政务部门可开放的各类数据的下载与服务,为企业和个人开展政务信息资源的社会化开发利用提供数据支撑,推动信息增值服务业的发展以及相关数据分析与研究工作的开展。网站收录了庞大的数据记录量,已开放56家单位、1316类数据集、7916万余条数据记录,其中,定向开放64类数据集,数据记录共计7471万余条。

5. 上海市公共数据开放平台

网址:https://data.sh.gov.cnv

简介：依托市政府数据资源服务平台实现政务数据共享服务，建立数据资源共享目录。结合政务云的深化建设，研究构建跨领域、跨部门的政务数据资源共享交换机制。选择重点领域，开展共享协同试点应用。进一步提升实有人口、法人、空间地理三大基础数据库数据质量，提高数据归集的及时性、准确性和完整性，深化拓展三大基础库数据应用。围绕智慧城市建设，以网上政务大厅、事中事后综合监管平台、社区综合管理平台等系统建设为抓手，构建上下联动、纵横协管的协同应用体系。

6. IndexMundi

网址：https://www.indexmundi.com/

简介：Indexmundi是互联网上最完备的国家档案站点，包含了详细的国家统计数据，Indexmundi网站的任务是把来自世界各地的有用的原始数据进行统计分析，撷取统计分析后的数据，通过地图、图表等方式让参观者能够对复杂的信息一目了然。

7. 新加坡政府开放数据门户网站

网址：https://data.gov.sg/

简介：新加坡政府开放数据门户网站，涵盖了发展、经济、教育、环境、金融、卫生、社会、技术和交通各方面的开放数据，甚至包含新加坡国内的详细开发指南，为各国人士旅游、投资、建设提供可靠数据。

8. Five ThirtyEight Datasets

网址：https://github.com/fivethirtyeight/data

简介：Five Thirty Eight，亦称作538，专注于民意调查分析，政治，经济与体育的博客。该数据集为Five ThirtyEight Datasets使用的数据集。每个数据集包括数据、解释数据的字典和Five ThirtyEight文章的链接，可用于学习如何创建数据故事。

地理环境类

1. 地理国情监测云平台

网址：http://www.dsac.cn

简介：地理国情监测云平台是北京数字空间科技有限公司推出的首家全行业数据共享概念平台，它主要包含两部分——时空数据平台和数值模拟研究平台，特别是在现已建成的生态环境科学模型库的基础上，发展了数值模拟相关的工具库，并与时空数据平台进行集成，形成了具有国内领先水平的生态环境科学数值研究环境。

2. 年鉴汪

网址：https://www.nianjianwang.com/

简介：年鉴汪是QuantUrban旗下的一款城市统计数据检索平台，旨在为用户提供各类城市统计数据的检索、浏览和结构化数据下载服务。作为一款全国城市统计数据搜索引擎，到目前为止，已经结构化了全国数百万张统计数据表格（Excel格式），均可以在年鉴汪平台上检索、预览和下载。

3. 环境云

网址：http://www.envicloud.cn/pages/about.html

简介：环境云是一个提供稳定、便捷的综合环境数据服务的平台，收录专业数据源所发布的各类环境数据，接收云创自主建的各类环境监控传感器网络（包括空气质量指标、土壤环境质量指标检测网络）所采集的数据，依托数据托管服务平台万物云所提供的数据存储服务，为环境应用开发者提供丰富可靠的气象、环境、灾害以及地理数据服务。此外，环境云还为环境研究人员提供了历史数据报表下载功能，并可以向公众展示环境实况。

4. 资源学科创新平台

网址：http://www.data.ac.cn

简介：大数据驱动的资源学科创新示范平台在原人地系统主题数据的基础上，以资源学科与信息化的融合为手段,进行资源学科领域数据资源的深度集成整合;面向资源学科领域重大问题和科学任务,实现资源学科领域大数据资源、大数据存储与计算环境、大数据分析与可视化方法与工具等的按需贯通,形成了支撑本学科领域典型科研活动的大数据平台;在"一带一路"中蒙俄经济走廊交通与管线生态风险防控、京津冀资源环境承载力评估、西藏自治区自然资源负债表编制等应用中开展应用示范;探索大数据驱动下的资源学科综合研究信息链、跨国科学家联盟协同创新等新型研究模式;建立健全大数据驱动下的资源学科创新示范平台运维,支撑软环境和高水平、高影响力的重大发现和科研产出。

5. Climatic Research Unit(气候研究所)

网址:http://www.cru.uea.ac.uk/

简介:CRU被广泛认为是研究自然和人为气候变化的世界领先机构之一。CRU由大约15名科学家和学生组成,开发了大量广泛应用于气候研究的数据集,包括用于监测气候系统状态的全球温度记录,以及统计软件包和气候模型。CRU承担纯理论和应用研究,由学术资助委员会、政府部门、政府间机构、慈善基金会、非政府组织、商业和工业的赠款资助。

6. 中国遥感数据网

网址:http://rs.ceode.ac.cn/

简介:中国遥感数据网是遥感地球所为实施新型的数据分发服务模式,进一步提升数据服务水平,面向全国用户建立的对地观测数据网络服务平台。通过这个平台,向全国用户提供研究所在对地观测数据服务方面的最新动态、一体化的卫星数据在线订购与分发、互动式的数据处理与加工要求、数据在应用中的解决方案、对地观测数据的标准与数据共享,从而更好地满足全国用户、特别是国家重大项目对数据的广泛性、多样化、时效性的要求,服务于国家的经济建设。

健康类

1. 国家基因组科学数据中心

网址:https://bigd.big.ac.cn/databases?lang=zh

简介:国家基因组科学数据中心是针对我国基因组数据"存管用"的实际需求以及"数据孤岛""数据主权"等重大问题而组建,围绕人、动物、植物、微生物等基因组数据,重点开展基因组科学数据管理,建立基因组数据资源体系与开放共享平台,开展数据服务、数据管理、数据挖掘、技术研发等工作,提供基因组科学数据统一存储、整合挖掘、共享应用的一站式数据服务。目前这里还收录了关于新冠肺炎的一系列数据。

教育类

1. Orbis Intellectual Property——全球知识产权数据库

网址:https://orbisip.bvdinfo.com/ip

简介:"Orbis Intellectual Property——全球知识产权数据库"将1.1亿专利申请人数据(截止到目前)与Bureau van Dijk现有的2.8亿家公司信息打通,用户可以看到一个包含公司信息及其集团专利组合更广泛详细的数据视角。所有实时专利都包含所有权更迭信息,以便用户查看专利的具体时间和更迭次数,从而更有针对性的评估新技术的趋势和商业吸引力。

2. Visual Genome

网址:http://visualgenome.org/

简介:Visual Genome数据集是Stanford大学维护的图像及图像内容语义信息的数据集,相比于同样由Stanford大学维护的ImageNet图像标注数据集,Visual Genome附加了更为丰富的语义信息,用以拓展更加丰富的基于图像及语义信息的人工智能应用。目前包括108249张图片、420万区域内容描述(Region Descriptions)、170万图像内容问答(Visual Question Answers)、210万对象案例(Object Instances)、180万属性（Attributes）和180万关系（Relationships）。

3. EPS 数据狗

网址：http://www.shujugo.cn/forum.php

简介：数据狗论坛是一款综合性的数据资源分享平台，覆盖国内外各种年鉴、统计资料、调查数据、自整理数据、行业分析报告等不同类型的数据资源，并为用户提供多种数据交流社区，包含SAS、SPSS等热门数据软件的探讨学习社区、国内外文献资料的互助社区、经济学与管理学的知识应用社区、大数据前沿信息和技术的分享社区、教育行业的舆情信息及专题讨论社区，可作为科研人员、学者及师生学习研究过程中的数据资源获取与沟通渠道。

4. UCI Machine Learning Repository

网址：https://archive.ics.uci.edu/ml/datasets.html

简介：UCI机器学习库是最著名的数据存储库，可用于寻找与机器学习存储库相关的数据集。包括了各种各样的数据集，从像Iris和泰坦尼克这样的流行数据集到最近的贡献，比如空气质量和GPS轨迹等。存储库包含超过350个与域名类似的数据集（分类/回归），可以使用过滤器来确定需要的数据集。

5. GitHub

网址：https://github.com/awesomedata/awesome-public-datasets

简介：GitHub是一个面向开源及私有软件项目的托管平台，因为只支持Git作为唯一的版本库格式进行托管，故名GitHub。GitHub于2008年4月10日正式上线，除了Git代码仓库托管及基本的Web管理界面以外，还提供了订阅、讨论组、文本渲染、在线文件编辑器、协作图谱（报表）、代码片段分享（Gist）等功能。目前，其注册用户已经超过350万，托管版本数量也非常之多，其中不乏知名开源项目RubyonRails、jQuery、python等。

互联网类

1. 199IT 互联网数据资讯网

网址：http://www.199it.com/

简介：199IT互联网数据中心，是一个第三方数据整合网站，整合了国内外多个数据来源，并且各行业细分、关键字搜索都非常完整、方便，对于外国报告也会简单翻译其主要内容。相对更集中于互联网资讯，但对于其他行业资讯也有所涉猎，总体来看比较全面，致力于为中国互联网研究和咨询以及IT行业数据专业人员和决策者提供一个数据共享平台。由于平台统一抓取了所有报告，缺少对内容进行一定的核查工作，因此该平台报告的质量良莠不齐，在使用中需要关注报告来源机构的权威性来判断数据信息的水准。

2. 中国互联网数据平台

网址：http://www.cnidp.cn/

简介：中国互联网数据平台由中国互联网络信息中心（CNNIC）发起并运行，采用固定样本组（Panel）的研究方法，通过调查客户端实时、连续采集中国网民样本的互联网使用行为数据，并对数据进行统计分析，从而客观、及时地反映中国互联网发展状况的多个层面（宏观与微观），为互联网行业参与者提供多方面的决策支持。

3. 速途网

网址：http://www.sootoo.com/

简介：中国互联网行业最大的行业网站和舆论、社交阵地。速途网使用自主研发的自组织发布系统，以注册用户自主发布内容，通过注册用户投票实现自动编辑，并结合微博、微信等社会化媒体的发展趋势，专注于中国移动互联网、电子商务、创业投资、物联网、数字家庭等互联网发展应用动态的发布和分享。

4. 中国信息通信研究院

网址：www.caict.ac.cn/kxyj/qwfb/bps/

简介：中国信息通信研究院（简称信通院）是工业和信息化部直属科研事业单位，在通信行业发展的重大战略、规划、政策、标准和测试认证等方面发挥了有力支撑作用，推动信息技术产业跨越式发展。信通院定期发布市场分析报告及行业白皮书，国内手机行业、宽带、电信业务的发展势态、许可情况分析以及行业动态信息的数据集都可以查阅到。

5. Quest Mobile

网址：http://www.questmobile.com.cn/

简介：QuestMobile（北京贵士信息科技有限公司）成立于2014年，是国内移动互联网大数据公司。Quest Mobile旗下包含多条数据服务产品线，核心产品包括Truth系列、Growth系列，覆盖数据统计、数据分析、挖掘，可以为企业提供完整的移动大数据解决方案和报告，完善企业内部数据运营，绘制移动产品生命周期全貌，建立移动用户全视角画像，还可以推演行业竞品行进轨迹。

6. DataEye

网址：https://www.dataeye.com/

简介：DataEye是一家专注于移动广告情报分析的大数据公司，自2013年成立以来，在六年时间里垂直于游戏行业，为大量企业提供了移动广告情报分析的数据工具服务及定制化数据服务，市场覆盖率达95%，并一直推动行业移动营销的创新及发展。2019年开始进军电商行业，DataEye——EDX正式上线。DataEye将深耕移动广告情报分析，利用多年的技术及数据沉淀，解决移动营销信息不透明的痛点及难点。

7. 卡巴斯基网络威胁实时地图

网址：https://cybermap.kaspersky.com/cn/

简介：卡巴斯基网络威胁实时地图（又称全球网络攻击实时图）是卡巴斯基实验室一个"实时展示全球恶意软件攻击"的项目，直观呈现全球黑客的攻击活动情况，查看各个国家被攻击的数据。它像一个交互式视频游戏，页面呈现的千变万化的数据是由卡巴斯基实验室各种扫描服务器提供的。其具有一定灵活性，可以布局自定义扫描，过滤某些恶意威胁，如E-mail恶意软件、Web site攻击、漏洞扫描等等，也可以定位到某一国家或地区，观察其受到的实时网络威胁。

8. 清博大数据

网址：http://www.gsdata.cn/

简介：清博大数据是全域覆盖的新媒体大数据平台，拥有清博指数、清博舆情、清博管家等多个核心产品。提供微信、微博、头条号等新媒体排行榜，以及广告交易、舆情报告、数据咨询等。

9. 企鹅智酷

网址：https://re.qq.com/

简介："企鹅智酷"是腾讯科技旗下的互联网产业趋势研究、案例与数据分析专业机构。拥有《深度报告》《数据调研》等独家商业分析和数据挖掘产品，致力于打造中国科技商业领域智慧开放平台。

10. 数据观

网址：http://www.cbdio.com

简介：数据观是一个大数据新闻门户网站，专注于大数据分析和大数据应用，同时涉及移动互联网、征信、云计算等领域，可为读者提供专业的大数据信息交流平台。

11. 移动观象台

网址：http://mi.talkingdata.com/

简介：移动观象台是TalkingData推出的移动端大数据查询平台。该产品覆盖到七大模块的内容——应用排行、公众号排行、App Store排行、终端指数、数据报告、市场洞察、人迹地图。其数据来源主要来自两方面，一是TalkingData监测的移动端的设备数据，体量为6.5亿月活规模，二是来自合作伙伴的数据源。

体育类

1. 飞鲸数据

网址：http://www.igame007.com/

简介：飞鲸数据作为专业的体育数据网站，在成立后迅速受到广大企业与网民的青睐。其数据内容涵盖主要体育项目，以篮球与足球为主。其明星数据内容以及其旗下的飞鲸电竞数据，不仅能够提供电子竞技游戏内部的大量数据（如角色使用率、装备选择率等），还能够提供电子竞技受众群体数据、电子竞技公司行业数据，甚至还有职业比赛联赛的相关数据，可作为搜集电子竞技信息数据的重要来源。

2. SportsDT 体育大数据

网址：http://www.sportsdt.com/

简介：SportsDT 是隶属于同行科技旗下的数据服务品牌，具备强大的技术研发能力和丰富的体育运营经验，以体育大数据作为入口，为客户定制切合需求的数据产品及完整可行的解决方案。

娱乐类

1. 艺恩网

网址：http://www.endata.com.cn/

简介：艺恩是国内领先的文娱大数据服务商，以数据技术为引擎监测跨屏内容消费行为和用户画像数据，累计为近千家合作伙伴提供相关产品服务。艺恩致力于深度链接文娱业务场景，获得了业界及社会的广泛认可。荣获"国家高新技术企业""中关村高新技术企业""中国大数据创新企业"以及"中国大数据最佳行业实践案例"等称号。共持有独立研发的产品软件著作权 31 项，发明专利 1 项，得到业界及社会的广泛认可。

2. Bangumi 番剧计划

网址：https://bangumi.tv/

简介：虽然其本质和初衷是一个面向观众与 ACGN 社群的工具性网站，但是随着多年来核心群体用户的壮大以及在社群粉丝的推动下，Bangumi 开始深耕专业性动画数据分析。Bangumi 的数据领域正在起步和发展阶段，除了中国最为权威的动画大众评分榜外，碟片销量、衍生音乐与游戏销量、受众人群与世界性地区分布、甚至最佳观赏时间与最佳观赏状态等专业数据都是 Bangumi 现在专注的方向。

附录三　数据新闻重要赛事

1. 全球数据新闻奖（Data Journalism Awards，DJA）

网址：https://datajournalismawards.org/

简介：全球数据新闻奖是由非营利、非政府行业协会全球编辑网（Global Editors Network）于 2012 年设立而成，是全球第一个为嘉奖数据新闻领域的杰出作品而设立的奖项，评选出了一系列优秀的数据新闻作品，堪称最有影响力的数据新闻奖项。

2. Sigma Awards 数据新闻奖

网址：https://sigmaawards.org/

简介：Sigma Awards 是一项新的数据新闻竞赛，填补 Data Journalism Awards（全球数据新闻奖）留下的空白,Sigma 数据新闻奖是一个为表彰全球最佳数据新闻设立的奖项,旨在为全球数据新闻工作者赋能,推动与启发他们精益求精,更上一层楼。

3. 凯度信息之美奖(The Kantar Information is Beautiful Awards)

网址:https://www.informationisbeautifulawards.com/

简介:"凯度信息之美奖"(The Kantar Information is Beautiful Awards)简称"信息之美奖",由记者兼数据可视化学者大卫·麦克坎德莱思(David McCandless)和凯度集团(全球知名的研究、分析和咨询网络集团)公司创意总监艾兹·卡米(Aziz Cami)于 2012 年共同创立,旨在嘉奖优秀的数据可视化作品。奖项设置最美大奖,特别类金奖,政治与全球化类金奖,休闲、游戏与体育类金奖,艺术、娱乐与流行文化类金奖,可视化与信息设计类金奖,科学与技术类金奖,人道主义类金奖,人类、语言与身份认同类金奖,新闻与时事类金奖等多类奖项,有利于让读者发现数据可视化、信息图表、交互信息等形式背后蕴含的设计之美。

4. 菲利普·迈耶新闻奖(Philip Meyer Journalism Awards)

网址:https://www.ire.org/awards/philip-meyer-journalism-award-faq/

简介:菲利普·迈耶奖(Philip Meyer Award)看名字不难发现,本奖项以北卡罗莱纳大学荣休教授菲利普·迈耶(Philip Meyer)的名字命名,他是"精确新闻报道(Precision Journalism)"的开创者。该奖项用于嘉奖使用社会科学研究方法所做的最佳报道,由美国调查记者与编辑协会(IRE)和美国亚利桑那州立大学新闻学院共同颁发。

5. 亚洲出版业协会卓越新闻奖(SOPA Awards)

网址:http://www.sopawards.com/awards/

简介:亚洲出版业协会(The Society of Publishers in Asia,简称SOPA)成立于 1982 年,旨在维护新闻自由,表彰亚太区出色的新闻工作,以及推广出版界的专业地位。该协会每年均举办享负盛名的"卓越新闻奖",为亚太地区的新闻报道定下世界级标准。自 1999 年首度评选以来,"卓越新闻奖"一直以世界级标准表彰亚太地区卓越的新闻报道,并致力于推动国际、区域以及本地传媒的新闻创新。

6. 中国数据新闻大赛

网址:http://www.cdjcow.com/

简介:中国数据新闻大赛由西安交通大学新闻与新媒体学院陈积银教授于 2015 年在兰州发起,旨在以赛促建、推动全国高校新闻专业教学改革,通过比赛打通学界与业界壁垒,为全国培养新媒体人才助力,已逐渐形成一项具有规模的全国性赛事。大赛不限定主题,作品内容可涉及政治、经济、环境、教育、时政、娱乐、文化、扶贫等专题。

7. 国际数字媒体创新大赛(Editors Lab)

网址:暂无

简介:国际数字媒体创新大赛由全球编辑网络(Global Editors Network)主办,有"新闻编辑室创新世界杯"的美誉。

附录四 数据新闻平台清单

1. 数据新闻——全球深度报道网

网址:https://cn.gijn.org/

简介:全球深度报道网(GIJN)是一家扶持调查报道发展的非盈利性国际机构,致力于整合并分享深度报道资源,包括报道手册和书籍、国内外公开数据库、数据新闻工具包和深度报道的前沿探索。该机构举办国际会议、组织专业培训、提供行业资源,并鼓励创建更多有相同使命的非盈利组织。

2. 财新网——数字说频道

网址:https://datanews.caixin.com/

简介:财新网——数字说频道定位为"用数据解读新闻,用图表展示新闻,将数据可视化,为用户提供更好的阅读体验",在国内数据新闻实践中表现突出。自 2012 年 10 月 25 日上线至今,"数字说"专注于数据新闻制作,保持着较高的发布频率及报道质量,连续多年获得亚洲出版业协会(SOPA)卓越新闻奖,吸引了越来越多的读者。

3. 搜狐——数字之道

网址:http://news.sohu.com/matrix/

简介:"数字之道"是搜狐新闻的图表新闻下设的一个子栏目,主要负责制作和发布数据新闻。数字之道用数字剖析新闻,用图表读懂社会,民生账本、经济话题一网打尽,向读者提供民生数据、简明图表,以及有趣的解读。

4. 澎湃新闻——美数课

网址:https://www.thepaper.cn/list_25635/

简介:"澎湃新闻"是一个以原创新闻为主的全媒体新闻资讯平台,拥有互联网新闻信息服务一类资质,7 * 24 小时为中国互联网用户生产、聚合优质时政思想财经文化类内容。其"美数课"栏目结合互联网技术创新与新闻基本价值传承,通过图文、视频、动画等全媒体新型传播方式的综合运用,成为国内数据新闻的重要平台之一。

5. 网易——数读

网址:https://www.163.com/dy/media/T1558001296379.html

简介:网易"数读"是中国最早开办的数据新闻栏目之一,也是如今最成功的数据可视化栏目之一,在学界和业界都颇具影响力。自创办以来,网易"数读"就坚持严密的逻辑和理性的思考,配合简单易读的文章和图表,让读者在收获有用知识的同时,也更容易对数读产生信赖感和依赖感。

6. 经济学人——数据图表

网址:https://www.economist.com

简介:《经济学人(the Economist)》是英国的老牌商业报纸,其分析图表更是行业顶级标杆,权威严谨,风格突出,是各大商业媒体、可视化专家们学习的对象。